法治历史中的 凯尔森理论及其实践研究

Research on Kelsen's Theory and Practice in the History of Rule of Law

王银宏 著

法律出版社 LAW PRESS · CHINA

图书在版编目(CIP)数据

法治历史中的凯尔森理论及其实践研究 / 王银宏著. -- 北京：法律出版社, 2021
ISBN 978 - 7 - 5197 - 5809 - 7

Ⅰ. ①法… Ⅱ. ①王… Ⅲ. ①法理学－研究 Ⅳ. ①D903

中国版本图书馆 CIP 数据核字(2021)第 150635 号

法治历史中的凯尔森理论及其实践研究
FAZHI LISHI ZHONG DE KAIERSEN LILUN JIQI SHIJIAN YANJIU

王银宏 著

策划编辑 解 锟
责任编辑 解 锟
装帧设计 汪奇峰

出版发行 法律出版社
编辑统筹 重大项目办公室
责任校对 张 岩
责任印制 吕亚莉
经　　销 新华书店

开本 710 毫米×1000 毫米 1/16
印张 18.75 **字数** 228 千
版本 2021 年 7 月第 1 版
印次 2021 年 7 月第 1 次印刷
印刷 北京虎彩文化传播有限公司

地址:北京市丰台区莲花池西里 7 号(100073)
网址:www. lawpress. com. cn
投稿邮箱:info@ lawpress. com. cn
举报盗版邮箱:jbwq@ lawpress. com. cn
销售电话:010 - 83938349
客服电话:010 - 83938350
咨询电话:010 - 63939796

书号:ISBN 978 - 7 - 5197 - 5809 - 7
定价:82.00 元

凡购买本社图书,如有印装错误,我社负责退换。电话:010 - 83938349

本书系国家社会科学基金青年项目“纯粹法理论的实践性问题研究”(16CFX004)的阶段性成果暨中国政法大学校级科学研究项目“德意志公法文化中的宪法审查制度研究”(16ZFQ82002)的研究成果。

目录

第一章　“法治”观念及其发展

法治文明是人类文明的重要成果。一个国家的发展，一个民族的进步，可以也需要借鉴世界各国的优秀法治文明成果，但不能照搬照抄。习近平总书记指出：“法治是人类文明的重要成果之一，法治的精髓和要旨对于各国国家治理和社会治理具有普遍意义，我们要学习借鉴世界上优秀的法治文明成果。但是，学习借鉴不等于是简单的拿来主义，必须坚持以我为主、为我所用，认真鉴别、合理吸收，不能搞‘全盘西化’，不能搞‘全面移植’，不能照搬照抄。”①世界诸多国家在法治发展过程中产生的一些法治文明成果对于我国当前建设中国特色社会主义法治国家、全

---

① 习近平：《加快建设社会主义法治国家》，载《求是》2015 年第 1 期。

面推进依法治国具有一定的借鉴意义。习近平总书记指出:“我们推进国家治理体系和治理能力现代化,当然要学习和借鉴人类文明的一切优秀成果,但不是照搬其他国家的政治理念和制度模式,而是要从我国的现实条件出发来创造性前进。”①

建设法治国家并非一朝一夕就能实现,“通往法治国家的道路漫长而艰难,充满了危险、失误和幻想。许多国家数百年来在奔向民主,有时还为此付出了昂贵的社会代价。法治国家的建设应当以仔细思考的战略和策略为基础。在这里也很难不借助于其他国家的经验,但这种经验应当与本国的传统和现实相结合”。② 法治建设需要以人们生活于其中的制度和文化为基础,需要人们对自己生活于其中的制度和文化的理解和认知,需要在此基础上更好地安排制度设计和法律生活。对于法治观念中所涉及的诸如“公平正义”“权力限制”“权利保障”,以及法治所内涵的价值等问题,或许其中的一方永远不可能完全说服另一方,而重要的是我们对这些问题的反思。

第一节 “法治”观念及其意涵

人类历史上最初对国家权力的限制和对个人权利与自由的保

---

① 中共中央文献研究室编:《习近平关于协调推进“四个全面”战略布局论述摘编》,中央文献出版社 2015 年版,第 84 页。

② [俄]B. B. 拉扎列夫主编:《法与国家的一般理论》,王哲等译,法律出版社 1999 年版,第 357 页。

障并非制度设计的结果，其或是政治和法律实践中权力斗争、权利斗争及其妥协的结果，或者是对“选举”或是对某个职位任命的回报而作出的相关承诺。在国家的历史发展过程中，限制国家或统治者的权力逐渐成为国家理论和政治理论方面的重要问题，成为国家制度、政体设计的重要内容和目的。然而，这个问题与诸多其他问题联系在一起，如人民、民主、人民代表、主权、行使不同权力的国家机构的地位、各类官员的任命及其权力和法律地位等。对这些问题的解答和思考几乎都要涉及人民的权利和自由及其与国家权力之间的关系问题。

“我们认为下述真理是不言而喻的：人人生而平等，造物主赋予他们若干不可让与的权利，其中包括生存权、自由权和追求幸福的权利。”美国 1776 年《独立宣言》的这段话已为人们所熟知，其中规定的既是“自然权利”（或者“天赋权利”），也是当时人的一种理想或者追求。目前，世界各国的宪法和法律中只有少数规定了这种关于自然法或者自然权利的内容。然而，在当时的时代，这种论说是具有开创性、革命性的，对当时的其他国家或地区也产生了重要的影响。同时，这种自然法观念或“自然权利”规定也反映出人们的理性认知、启蒙运动的影响以及当时的社会法律思潮与法律观念。

1776 年《独立宣言》和 1789 年《人和公民的权利宣言》这些二百多年前的法律文献中所宣称的“自然权利”，通过人们的“理性”，有些已成为具有实在法性质的宪法上的“基本权利”。对公民基本权利的保障是法治国家发展的一个重要方面，它既是一种手段，也是目的本身。如何保障公民的基本权利，是每一个国家都要面对的重要问题，公民的基本权利保障不可能脱离当时的历史环境、政治环境和法治基础而单独存在,它是与限制国家的权力和政府的权力相伴的。限制国家权力和政府权力的方式和类型有很多,但是将国家权力和政府权力分由多个机构或个人行使是一种较为有效的方式。而接下来要考虑的一个重要问题是,如何限制和约束这些由多个机构或个人行使的权力。无疑,通过法治的方式,让这些权力依据法律、在法律的范围内行使并且对其进行法律上的制约和监督是较为可行的方式。然而,如何从理论上对此加以理解和阐释,其理论渊源是什么?为什么要制约国家的权力和保障个人的权利?对这些问题的回答,我们需要追溯"法治"的渊源及其发展。

一、"法治"观念的基本内涵

亚里士多德在《政治学》中提出:"法治应包括两重意义:已成立的法律获得普遍的服从,而大家所服从的法律又应该本身是制订得良好的法律""邦国虽有良法,要是人民不能全都遵循,仍然不能实现法治。"[①]亚里士多德的这种"法治"观念对西方近代法治思想和法治理论产生了重要影响。英格兰 19 世纪的法学家戴雪(Albert Venn Dicey)在《英宪精义》中指出,"法治"包括三个方面的含义:一是国法的"至尊"性,摒除一切特权,人民唯受法律治理;二是法律面前人人平等,一切阶级或个人均受命于法律;三是法院与议会以法律规定国家机构的权力,保障个人的权利。[②] 斯坦福大学教授劳伦斯·M. 弗里德曼指出,作为"法治"观念基础的三个核心原则:一是

① [古希腊]亚里士多德:《政治学》,吴寿彭译,商务印书馆 1965 年版,第 202 页。

② [英]戴雪:《英宪精义》,雷宾南译,中国法制出版社 2001 年版,第 244 ~245 页。

法律的效力和权威必须源于法律本身,二是法律团体应当根据法律作出决定并得到公民的信赖,三是法律面前人人平等,任何人都不能成为该法治原则的例外。[①] 约翰·菲尼斯认为,法治是法律体系在法律上达到的一种良好状态,是法律体系所特有的一种美德,应当实现法治原则的制度化。他提出了法治的八项基本要求:(1)法律规则是适用于未来的,而非溯及既往的;(2)法律规则并非以任何方式都不可能遵守;(3)法律规则要公布;(4)法律规则是明确的;(5)法律规则是彼此协调的;(6)法律规则是相当稳定的,以使人们能根据规则指引行为;(7)适用于相对特定情形的法令和命令的制定受已公布的、清晰的、稳定的和较为一般性的规则的指导;(8)以官方身份制定、实施和适用规则的人,负有责任遵守那些适用于他们的行为的规则,并且以前后一致和符合法律精神的方式执行法律。这八项基本要求涉及诸多“法治化”的制度和程序。[②]

上述“法治”的含义基本得到人们的普遍认同,概言之,法治国家的所有作用“都是以法律的形式决定的”。[③] 因此,“法治”意味着“法的统治”,是一种以法律至上为原则、严格依法办事和依法行使权力的治国理政原则和基本方式,法治要求作为反映社会主体共同意志和根本利益的法律具有至高的权威和最高的效力,要求国家事务管理和社会治理等诸多方面均以宪法法律为基础,其基本要求是

① [美]劳伦斯·M. 弗里德曼:《法治、现代化和司法制度》,载宋冰编:《程序、正义与现代化》,中国政法大学出版社 1998 年版,第 106 ~107 页。

② 黄文艺:《为形式法治理论辩护——兼评〈法治:理念与制度〉》,载《政法论坛》2008 年第 1 期。

③ [德]奥托·迈耶:《德国行政法》,刘飞译,商务印书馆 2002 年版,第 60 页。

依法而治，要求法律在全社会得到有效的实施、普遍的遵守。[①] 而“法治”理念中的宪法法律体现出一个国家和社会的公平正义观念，也是公平正义的重要载体。

历史地看，如果一种生产方式“持续一个时期，那么，它就会作为习惯和传统固定下来，最后被作为明文的法律加以神圣化”。[②] 在法律的历史发展过程中，“最后被作为明文的法律加以神圣化”的内容多是人们认为的能够体现出公平正义的内容或者能有效地维护公平正义的内容。所以，法律体现出人们对于公平正义的价值追求，而“法治”的确立基础在于人们对宪法和法律价值的认可。因此，亚里士多德说，“法律是最优良的统治者，法律能尽其本旨作出最适当的判决”，[③]“法律应在任何方面受到尊重而保持无上的权威”[④]“法治应当优于一人之治”[⑤]。

此外，对于如何实现“人民的和平、安全和公众福利”，西方历史上的思想家、政治家提出了不同的理论基础和实现路径。亚里士多德认识到“公民”的素质和美德对于一个城邦的长治久安的重要性，认为一个理想政体中的“公民”应当是“以道德优良的生活为宗旨而既能治理又乐于受治的人们”[⑥]。因此，他提出，“保全政体诸方法中，最重大的一端还是按照政体（宪法）的精神实施公民教育”，要按照政体的精神教育公民，使“公民们的情操经过习俗和教化陶冶而

① 张文显主编：《法理学》，高等教育出版社 2018 年版，第 366 ~368 页。

② 《马克思恩格斯文集》（第 7 卷），人民出版社 2009 年版，第 897 页。

③ [古希腊]亚里士多德：《政治学》，吴寿彭译，商务印书馆 1965 年版，第 174 页。

④ [古希腊]亚里士多德：《政治学》，吴寿彭译，商务印书馆 1965 年版，第 195 页。

⑤ [古希腊]亚里士多德：《政治学》，吴寿彭译，商务印书馆 1965 年版，第 171 页。

⑥ [古希腊]亚里士多德：《政治学》，吴寿彭译，商务印书馆 1965 年版，第 156 ~157 页。

符合于政体的基本精神(宗旨)”①。约翰·亚当斯(John Adams)的思想主张受到“人类美德”的观念影响,他在1776年的一篇文章中写道:“任何政府的基石都是民众判断中的原则或感觉,政府的目标在于促进普遍的幸福。”②在哲学方面,黑格尔(Georg Friedrich Hegel)主张,一个国家应以美德为出发点,“个人的奉献”首先带来良善。“具有美德的个人”存在的目的在于,“通过个人的奉献给世界带来良善”。③

亚里士多德在《政治学》中提及,当时人认为“平民政体”具有两个特别的观念:其一为“主权属于多数”,其二为“个人自由”。④亚里士多德认为,无论在品德上还是在财富上,多数集体可能优于少数人,“多数”集体地优于“少数”的统治,能够较大程度地实现“公正”,而要实现“平等的公正”就需要“以城邦整个利益以及全体公民的共同善业为依据”。⑤尽管如此,亚里士多德强调法律的重要作用,指出“公民们都应遵守一邦所定的生活规则,让各人的行为有所约束,法律不应该被看作[和自由相对的]奴役,法律毋宁是拯救”。⑥

---

① [古希腊]亚里士多德:《政治学》,吴寿彭译,商务印书馆1965年版,第280~281页。

② *Kurt Heller*, Der Verfassungsgerichtshof, Wien 2010, S. 49.

③ *Kurt Heller*, Der Verfassungsgerichtshof, Wien 2010, S. 57.

④ [古希腊]亚里士多德:《政治学》,吴寿彭译,商务印书馆1965年版,第281页。

⑤ [古希腊]亚里士多德:《政治学》,吴寿彭译,商务印书馆1965年版,第156~157页。

⑥ [古希腊]亚里士多德:《政治学》,吴寿彭译,商务印书馆1965年版,第281~282页。

二、公平正义的“法治”价值

尽管西方的法治有形式法治和实质法治的区分和论争，但是诸多国家的法治发展历史表明，真正的“法治”不能仅仅“依法而治”，而是应有特定的价值追求，最基本的是坚持公平正义的价值追求。这种法治的要求可以用“拉德布鲁赫公式”来说明：当制定法违背正义达到“不能容忍”的地步时就应丧失法律效力，这一般被称为“不能容忍公式”；当制定法在制定时有意地否认正义（尤其是作为其核心的平等）时就应丧失法的地位或者法的性质，这可以称为“否认公式”。[①] 依此，法治应是具有内在正当性的规则之治，司法在维护形式法治的同时，还应注重实现实质法治及其所蕴含的公平正义。

（一）公平正义的价值追求

公平正义是人类永恒的价值追求。由于个人所处的社会环境、社会地位和世界观的不同，每个人对“正义”的理解都不尽相同，但是人作为“人”所具有的基本价值观和道德观念是相通的。这为我们理解和认识具有共通性的“公平正义”奠定了基础。古希腊的格劳孔与苏格拉底在辩论正义时认为，“那些做正义事的人并不是出于心甘情愿，而仅是因为没有本事作恶”，即使一个正义的人拥有了可以随心所欲做事的权力，那么他也会做不正义之事，所以人们需要“订法律立契约”“把守法践约叫合法的、正义的。这就是正义的

---

① 雷磊：《再访拉德布鲁赫公式》，载《法制与社会发展》2015 年第 1 期。

本质和起源。正义的本质就是最好的与最坏的折中——所谓最好，就是干了坏事而不受罚；所谓最坏，就是受了罪而没法报复”①。亚里士多德也认为，不同政体中的不同人对于正义各有其认识，都只看到正义的某些方面，所以，“要使事物合于正义（公平），须有毫无偏私的权衡；法律恰恰正是这样一个中道的权衡”②。由此，正义是人们能接受和赞成的一种“折中”，而法律就是确立和维护这种“折中”的力量，其实际意义应该是“促成全邦人民都能进于正义和善德的（永久）制度”③。

另一种对“正义”的理解是柏拉图在《法律篇》所认为的“善”，“这种善的概念控制着每个人并且影响到他的灵魂”，若每种行为都“与这种善相一致，并且人性的任何部分受善的控制，那么我们得管它叫‘正义’，这是整个人类生活中最好的”④。此外，亚里士多德也认为，政治学上的“善”就是“正义”，正义是“社会性的品德”，⑤是某些事物的“平等”（均等）观念。⑥ “由正义衍生的礼法，可凭以判断（人间的）是非曲直，正义恰正是树立社会秩序的基础。”⑦就此而言，正义本身就意味着秩序与和谐，亦即亚里士多德所述的“优良生

① ［古希腊］柏拉图：《理想国》，郭斌和、张竹明译，商务印书馆1986年版，第46～47页。

② ［古希腊］亚里士多德：《政治学》，吴寿彭译，商务印书馆1965年版，第139页、第173页。

③ ［古希腊］亚里士多德：《政治学》，吴寿彭译，商务印书馆1965年版，第142页。

④ ［古希腊］柏拉图：《法律篇》（第2版），张智仁、何勤华译，商务印书馆2016年版，第287页。

⑤ ［古希腊］亚里士多德：《政治学》，吴寿彭译，商务印书馆1965年版，第155页。

⑥ ［古希腊］亚里士多德：《政治学》，吴寿彭译，商务印书馆1965年版，第152页。

⑦ ［古希腊］亚里士多德：《政治学》，吴寿彭译，商务印书馆1965年版，第9页。

活”和“自足而至善的生活”。[①] 18 世纪和 19 世纪的空想社会主义者提出的“公平”“正义”“平等”“理性”等观念为马克思主义的公平正义观念提供了思想渊源和理论基础。在对现实社会生产关系深刻认识的基础上,马克思对西方资本主义的正义原则及其实践予以批判,提出了马克思主义的公平正义观,指出实现社会公平正义的关键是实现社会生产关系的合理化调整与变革,只有实现了“人的全面发展”的社会制度才是公正合理的制度。[②]

近现代的法治思想本身内涵着法律对公平正义的价值追求。公平正义成为评判社会善恶的首要标准,自由、利益、效率、秩序等都是社会价值的组成之一,最终都要受到“公平正义”的评判和检验,由此,公平正义是评判社会文明程度的价值标准。[③] 在西方近现代的思想家那里,“正义”的概念越来越多地被用作评价社会制度的一种道德标准。[④] 罗尔斯在进一步概括洛克、卢梭、康德的契约论的基础上,提出了“公平的正义”理论,并且提出“正义是社会制度的首要德性”的论断。[⑤] 虽然罗尔斯提出的法治观念与“形式正义”相联系,但是,他认识到形式法治的局限性,指出法律制度在平等实施时可能包含着非正义,类似情况、类似处理并不足以保证实质正义的

---

① [古希腊]亚里士多德:《政治学》,吴寿彭译,商务印书馆 1965 年版,第 143 页。

② 何建华:《马克思的公平正义观与社会主义实践》,载《浙江社会科学》2007 年第 6 期。

③ 徐显明:《公平正义:当代中国社会主义法治的价值追求》,载《法学家》2006 年第 5 期。

④ [美]约翰·罗尔斯:《正义论》,何怀宏、何包钢、廖申白译,中国社会科学出版社 2009 年版,“译者前言”第 4 页。

⑤ [美]约翰·罗尔斯:《正义论》,何怀宏、何包钢、廖申白译,中国社会科学出版社 2009 年版,第 3 页、第 9 页。

实现。所以,在其正义原则的基础上,罗尔斯的法治主张实际上蕴含着实质法治的价值取向。① 因此,公平正义首先是制度的公平正义,国家权力的行使必须统摄于公平正义的理念之下,并以实现公平正义作为最终的行为准则。② 国家权力的行使不仅要实现实质正义,还要实现确认权利义务和利益分配的过程与方式的正义,即程序正义。③

罗尔斯在《正义论》中阐述了原初状态中实现正义的两个原则:第一,每个人享有平等的权利与自由;第二,社会和经济的不平等应基于每个人对其利益的合理期望,并“依系于地位和职务向所有人开放”。前者涉及权利义务的分配以及确定和保障公民的平等基本自由方面,后者调节社会和经济利益的分配以及规定与确立社会及经济不平等的方面。④ 据此,平等自由的原则优先于机会的公正平等原则和差别原则,而机会的公正平等原则又优先于差别原则,亦即自由的优先性原则、正义对效率和福利的优先性原则。⑤ 在《正义论》的“修订版序言”中,罗尔斯指出,“公平的正义”问题“要留给每个国家的历史条件与传统、制度与社会力量去解决”。依此,每个国家实现“公平正义”的制度方式是不同的。

---

① 高鸿钧:《现代西方法治的冲突与整合》,载《清华法治论衡》2000 年卷,第 24 ~ 25 页。

② 徐显明:《公平正义:当代中国社会主义法治的价值追求》,载《法学家》2006 年第 5 期。

③ 吕世伦、贺晓荣:《论程序正义在司法公正中的地位和价值》,载《法学家》1998 年第 1 期。

④ [美]约翰·罗尔斯:《正义论》,何怀宏、何包钢、廖申白译,中国社会科学出版社 2009 年版,第 47 ~48 页。

⑤ [美]约翰·罗尔斯:《正义论》,何怀宏、何包钢、廖申白译,中国社会科学出版社 2009 年版,第 48 页及以下页。

(二)程序正义

人类不仅有公平正义的价值追求,不断地对正义理念和正义理论进行研究和反思,同时也不断地探索实现公平正义的方式。司法公正是实现公平正义的重要方式。司法公正意味着司法活动的过程和结果体现公平、正义、平等等基本价值,其本质是公民正当的、合法的权利能够通过司法权自由、平等地实现。司法公正包括实体公正和程序公正。实体公正注重的是诉讼结果的公平,即诉讼判决结果与法律的规定相一致,当事人的合法权益能够得到法律的切实保障;程序公正注重的是诉讼过程的公平,其中最重要的原则是程序自治和当事人获得同等对待,并且程序的设计目的是确保实现预期的实体正义结果,只要当事人严格遵循法定程序,就能在制度下实现合理公正的实质结果。①

虽然各国司法体系的组织原则和基本构成不同,但基本目的都是追求司法公正。在传统的法律制度模式中,实体法是主,程序法为辅,程序从属于实体,因而,程序正义从属于实体正义。② 尽管如此,人们普遍承认程序的重要性,认为“程序是法律的心脏”③。美国最高法院大法官杰克逊曾说道:“程序的公平性和稳定性是自由的不可或缺的要素,只要程序适用公平,不偏不倚,严厉的实体法也可

---

① 徐显明:《何谓司法公正》,载《文史哲》1999 年第 6 期。

② [日]谷口安平:《程序公正》,载宋冰编:《程序、正义与现代化》,中国政法大学出版社 1998 年版,第 373 页。

③ [日]谷口安平:《程序公正》,载宋冰编:《程序、正义与现代化》,中国政法大学出版社 1998 年版,第 363 页。

以忍受。”[①]但是,衡量程序正义的价值要看它在多大程度上帮助法官找到了实体法意义上的“正义”和“真理”。[②] 美国宪法第五修正案(1791 年)和第十四修正案(1868 年)规定:“未经正当法律程序,任何人不得被剥夺生命、自由或财产。”此后,正当法律程序的观念得到世界范围内的认可和确认,诸多国家在宪法中明确予以规定。例如,1946 年《日本宪法》第 31 条规定,“除非根据法律确定的程序,任何人不得被剥夺生命或自由,也不能强加刑事处罚”。20 世纪 80 年代以来,法国刑事诉讼开始了以“程序正当化”为目标的诉讼制度改革,涉及侦查程序、预审程序、庭审程序、执行程序等方面,2000 年的立法改革将“公正程序”条款写入《法国刑事诉讼法典》的序言,确立了公正原则等基本原则。[③]

一些西方学者从“自然正义”和“正当法律程序”理念的思想基础出发,对法律程序的正当性和公正性进行探讨,提出了一系列关于程序正义的理论,也有学者运用法社会学、心理学和人类学等方法探讨程序正义的社会价值问题。[④] 但是,何谓程序正义以及程序正义的内涵包括哪些内容,不同学者持有不同的见解。美国学者戈尔丁认为,程序正义的标准有以下三个方面:第一,中立性,包括纠

---

① [日]谷口安平:《程序公正》,载宋冰编:《程序、正义与现代化》,中国政法大学出版社 1998 年版,第 375 页。

② [日]谷口安平:《程序公正》,载宋冰编:《程序、正义与现代化》,中国政法大学出版社 1998 年版,第 373 页。

③ 施鹏鹏:《基本权利谱系与法国刑事诉讼的新发展——以〈欧洲人权公约〉及欧洲人权法院判例对法国刑事诉讼的影响为中心》,载《暨南学报(哲学社会科学版)》2013 年第 7 期。

④ 陈瑞华:《程序正义的理论基础——评马修的“尊严价值理论”》,载《中国法学》2000 年第 3 期。

纷解决者的中立性、利益的中立性。具体而言，与案件相关的人不应是纠纷解决者，纠纷解决者不应有支持或反对某一方的偏见，案件的结果不涉及纠纷解决者的个人利益。第二，劝导性争端。纠纷解决者对各方当事人的诉讼都应给予公平的注意，应在另一方在场的情况下听取一方的意见，还应听取各方的论据和证据，双方当事人都应得到公平机会来对另一方的论据和证据提出自己的意见并予以反驳。第三，裁决结果的公正性。裁决结果的推理应论及各方当事人所提出的论据和证据，并在理性推演的基础上作出最终的裁决结果。[①] 戈尔丁还指出，若要使当事人各方都同意裁决结果（实现正义），需要客观性和公允性，而中立性意味着"一种维护对等的形式下的开放性和容纳性"，因为"纠纷解决者介入纠纷正是由于当事人已不能通过双方协商来解决"。[②] 所以，法律程序很重要，法律程序为他们提供了一种冲突双方可以更容易接受最终结果的解决方式。[③]

贝勒斯认为，程序正义应确定如下七个方面的原则：第一，和平原则，即程序应是和平的；第二，自愿原则，即人们应能自愿地将他们的争执交由法院解决；第三，参与原则，即当事人能以自己的影响参与法院解决争执的活动；第四，公平原则，即程序应当公平，平等地对待当事人；第五，可理解原则，即程序应能为当事人所理解；第

① ［美］马丁·P. 戈尔丁：《法律哲学》，齐海滨译，生活·读书·新知三联书店1987年版，第240~241页。

② ［美］马丁·P. 戈尔丁：《法律哲学》，齐海滨译，生活·读书·新知三联书店1987年版，第243页。

③ ［日］谷口安平：《程序公正》，载宋冰编：《程序、正义与现代化》，中国政法大学出版社1998年版，第376页。

六,及时原则,即程序应提供及时的判决;第七,止争原则,即法院应作出解决争执的最终决定。① 中国学者中,徐显明教授认为,程序公平(程序正义)由十大要素构成:纠纷的解决者不得解决自己的纠纷原则、纠纷的解决者不得在纠纷的解决过程中获利原则、法官的中立性原则、法官需绝对无差别给予当事人同等关注原则、法官采信的证据需具合法性原则、法律令状及判状由证据所决定原则、司法主体恪守程序所要求的时限原则、司法程序公开原则、程序自律原则、司法对失掉的公正实行自我恢复原则。② 陈桂明教授认为,程序正义包括五个方面的要素,即程序规则的科学性、法官的中立性、当事人双方的平等性、诉讼程序的透明性、制约与监督性。③ 张卫平教授认为,程序正义基本应包括以下方面的具体内容:裁判者的中立性、确保利害关系人参与程序、当事人平等地对话、保障当事人充分地陈述主张、平等地对待当事人、程序能为当事人所理解、充分尊重当事人的处分权、维护当事人的人格尊严、当事人不受到突袭裁判。④ 此外,日本学者谷口安平指出,“人与人之间互相尊重”也是程序正义的一个重要因素,因为法律心理学家的研究表明,“受到礼貌对待,获得尊严和尊重,并且权利和地位在社会中受到别人的尊重都会加强公平的感觉”,这符合人们的常识。⑤

---

① 迈克尔·D. 贝勒斯:《法律的原则——一个规范的分析》,张文显等译,中国大百科全书出版社 1996 年版,第 34~37 页。

② 徐显明:《何谓司法公正》,载《文史哲》1999 年第 6 期。

③ 陈桂明:《诉讼公正与程序保障》,中国法制出版社 1996 年版,第 12~15 页。

④ 张卫平:《民事诉讼基本模式:转换与选择之根据》,载《现代法学》1996 年第 6 期。

⑤ [日]谷口安平:《程序公正》,载宋冰编:《程序、正义与现代化》,中国政法大学出版社 1998 年版,第 377 页。

程序正义的实现需要程序法治的保障,但是司法程序,特别是刑事程序的运作不应破坏实体法的标准,因为程序能够在好的方面或坏的方面影响实体性执行政策的方式。[①] 依据美国宪法第六修正案,刑事诉讼中的被告人享有迅速审判的基本权利、公开审判的权利、公平审判的权利等。宪法规定被告享有这些权利的目的仅在于保护无罪的人和无辜的人。[②] 获得真相和保护无辜的人是宪法和法律规定程序正义的价值所在,而有罪的人受到刑事程序保护,仅仅是保护无辜者的"附带和不可避免的副产品"。[③]

20 世纪 60 年代,欧洲诉讼法学界提出"获得司法正义的权利"的口号。[④] 但是,对于"获得司法正义的权利"的内涵,学术界和法律界并未达成广泛的共识。英国的沃尔夫(Woolf)爵士在 1996 年的一个报告中提出,保障"获得司法正义的权利"的法律制度应符合如下基本原则:公正的结果、公平的待遇、合理的收费、合理的办案速度、易于为人所理解、关心需求、提供确定性以及有效且适当的经费和组织。[⑤] 国际法中确立的公正审判权以英美法中的"法律的正当程序"为理论依据,国际人权公约从司法组织和司法程序两个方面规定了公正审判的保障措施,作为对多元法律文化的规制,公正审

① [美]阿希尔·里德·阿马:《宪法与刑事诉讼:基本原理》,房保国译,中国政法大学出版社 2006 年版,第 290 页。

② [美]阿希尔·里德·阿马:《宪法与刑事诉讼:基本原理》,房保国译,中国政法大学出版社 2006 年版,第 173 ~175 页。

③ [美]阿希尔·里德·阿马:《宪法与刑事诉讼:基本原理》,房保国译,中国政法大学出版社 2006 年版,第 281 ~282 页。

④ [加]威廉·夏巴斯:《获得司法正义的权利——从国内运动到国际标准》,赵海峰译,载《环球法律评论》2003 年冬季号。

⑤ [加]威廉·夏巴斯:《获得司法正义的权利——从国内运动到国际标准》,赵海峰译,载《环球法律评论》2003 年冬季号。

判的国际标准体现出原则性与灵活性的结合。[①]《公民权利和政治权利国际公约》第 14 条确立了国际社会公认的公正审判权的一般国际标准，不仅适用于刑事诉讼，也适用于民事诉讼、行政诉讼及其他诉讼。依此，人人都应享有在法庭前的平等权利、由独立和无偏倚的法庭进行审判的权利、被无罪推定的权利、在刑事审判过程中享有最低限度程序保证的权利、上诉或复审的权利等。[②]《欧洲人权公约》第 6 条也规定了公正审判权，该条款又被称为“公正程序”条款，是《欧洲人权公约》在刑事诉讼领域的核心条款。[③]

通过公正的程序实现公正的结果是一种“完美的程序正义”，但是程序正义的实现受到很多因素和要素的影响，这些因素和要素之间可能会互相矛盾或者与其他价值发生冲突，但是若某一法律体系

① 熊秋红：《解读公正审判权——从刑事司法角度的考察》，载《法学研究》2001 年第 6 期。

② 赵建文：《〈公民权利和政治权利国际公约〉第 14 条关于公正审判权的规定》，载《法学研究》2005 年第 5 期。

③ 施鹏鹏：《基本权利谱系与法国刑事诉讼的新发展——以〈欧洲人权公约〉及欧洲人权法院判例对法国刑事诉讼的影响为中心》，载《暨南学报（哲学社会科学版）》2013 年第 7 期。《欧洲人权公约》第 6 条的内容包括：“1. 在决定某人的公民权利和义务或者在决定对某人确定任何刑事罪名时，任何人有理由在合理的时间内受到依法设立的独立而公正的法院的公平且公开的审讯。判决应当公开宣布。但是，基于对民主社会中的道德、公共秩序或者国家安全的利益，以及对民主社会中的少年的利益或者是保护当事人的私生活权利的考虑，或者是法院认为，在特殊情况下的公开审讯将损害公平利益，可以拒绝记者和公众参与旁听全部或者部分审讯；2. 凡受刑事罪指控者在未经依法证明为有罪之前，应当推定为无罪；3. 凡受刑事罪指控者具有下列最低限度的权利：（1）以他所了解的语言立即详细地通知他被指控罪名的性质以及被指控的原因；（2）应当有适当的时间和便利条件为辩护作准备；（3）由他本人或者由他自己选择的律师协助替自己辩护，或者如果他无力支付法律协助费用的，则基于公平利益考虑，应当免除他的有关费用；（4）询问不利于他的证人，并在与不利于他的证人具有相同的条件下，让有利于他的证人出庭接受询问；（5）如果他不懂或者不会讲法院所使用的工作语言，可以请求免费的译员协助翻译。”

过分注重程序正义或其他价值而牺牲了其他重要的价值，我们就有必要重新评估程序正义的价值及其实现方式。[①]

三、通过"法治"制约权力

在洛克看来，为了实现为人民谋福利的目的，必须限制统治者滥用权力，使人民免受"暴政的无限意志的支配"，[②]良好的制度是保障统治者和国家权力为人民谋求和平、安全和幸福的基础。阿克顿勋爵曾说道："权力趋向于腐败，绝对的权力绝对会腐败。"[③]孟德斯鸠也曾论道："一切有权力的人都容易滥用权力，这是万古不易的一条经验。有权力的人们使用权力一直到遇有界限的地方才休止。"[④]任何权力不会自己寻求限制和约束自己，所以，孟德斯鸠的结论是："从事物的性质来说，要防止滥用权力，就必须以权力约束权力。"[⑤]面对近代以来西方国家行政权力的扩张，对国家权力的控制，特别是对行政权力的控制，成为近代思想家思考的重要内容。因此，关于权力分立理论及其实践的发展是近代政治思想和法律思想的一

① [日]谷口安平：《程序公正》，载宋冰编：《程序、正义与现代化》，中国政法大学出版社 1998 年版，第 380 ~381 页。

② [英]洛克：《政府论》(下篇)，叶启芳、瞿菊农译，商务印书馆 1996 年版，第 139 页。

③ *John Dalberg-Acton*, Essays on Freedom und Power, Boston: The Beacon Press, 1949, p.364.

④ [法]孟德斯鸠：《论法的精神》(上册)，张雁深译，商务印书馆 1961 年版，第 154 页。

⑤ [法]孟德斯鸠：《论法的精神》(上册)，张雁深译，商务印书馆 1961 年版，第 154 页。

个重要方面，[①]以法律和法治为基础的“制度”被认为能在相当程度上达到控制和制约权力的目的。

（一）权力法定

权力法定意味着权力的合法性以法律作为存在的基础，一切权力都在法律规定的范围内行使，在法治的轨道中运行。法国《人和公民权利宣言》第16条规定：“凡权利无保障和分权未确立的社会，就没有宪法。”一国的宪法和法律不仅规定保障公民的基本权利，还规定国家机构权力及相应的制度安排。对于国家权力应如何行使，历史上的理论家和思想家众说纷纭，各国的制度安排也各不相同，但是通过以宪法法律为基础的制度来控制和制约权力成为一种较为有效的制度方式。

西方法治国家的相关制度与19世纪的宪法运动和自由主义的政治理想有着密切关系，[②]同时，我们也应当看到，保障公民个人的权利与自由是限制国家权力或君主权力的副产品，是权力斗争过程中的附带产物。近代西方国家为限制行政权力扩张和保障公民权利而产生对公法规范的重要需求。所以，奥托·迈耶（Otto Mayer）指出：“法治国家是一个良序的行政法国家。”[③]在法治国家中，宪法确立了立法的法律机制，国家权力基于法律而产生，其行使有一定

---

① See *M. J. C. Vile*, Constitutionalism and the Separation of Powers (2. Edition), Indianapolis: Liberty Fund 1998.

② *Walter Berka*, Lehrbuch Verfassungsrecht. Grundzüge des österreichischen Verfassungsrechts für das juristische Studium, Wien-New York 2008, S. 44.

③ “法治国就是经过理性规范的行政法国家。”参见［德］奥托·迈耶：《德国行政法》，刘飞译，商务印书馆2002年版，第60页。

的制度边界,并且受到相应的法律程序的审查,所以法治国家要求这种法律机制得到充分地运用,“使法律秩序渗透到生活中去”。[①]因而,马克斯·伊姆伯顿(Max Imboden)指出,“所有的国家职能都是法律职能”[②]。在本质上,法治国家是“对共同体中国家权力与公民个人权利之间关系问题的一种回答”,[③]法治国家意味着对公民财产和基本权利的法律保障以及对国家权力的法律控制。

1787 年,美国北卡罗来纳州最高法院在“巴雅德诉辛莱顿案”(Bayard v. Singleton)的判决中认为,“立法行为不能撤销或改变宪法”“违反宪法的法律是无效的”。[④] 原告的一位律师詹姆斯·伊莱戴尔(James Iredell)在第二年(1788 年)的一篇文章中论道:“在立法行为违反宪法时,有三种方式来进行防卫:一是请愿权……二是反抗权……三是依据人民创立的宪法通过法院来保障个人的权利,同时也保障宪法自身。”[⑤]上述三种方式中,只有第三种方式是较为有效与可行的制度方式,因为行使请愿权和反抗权之后的立法行为仍可能是违宪的。不仅行政权和司法权等权力的行使不能违反宪法和法律,体现人民意志的议会立法权也不能违反宪法和法律。即使在 19 世纪前的美国,诸如此类的法院判决和相关论述也不在少数。

---

① [德]奥托·迈耶:《德国行政法》,刘飞译,商务印书馆 2002 年版,第 60 页。

② *Friedrich Lehne*, Zur Geschichte der Verwaltungsstreitsache in Österreich. Ein Gedenkblatt für Friedrich Tezner, in: Verwaltungsgerichtshof (Hrsg.), 90 Jahre Verwaltungsgerichtsbarkeit in Österreich (Wien 1966), S.39.

③ *Walter Berka*, Lehrbuch Verfassungsrecht. Grundzüge des österreichischen Verfassungsrechts für das juristische Studium, Wien-New York 2008, S.44.

④ *Gerald Stourzh*, Vom Widerstandsrecht zur Verfassungsgerichtsbarkeit, Graz 1974, S.22 -23.

⑤ *Gerald Stourzh*, Vom Widerstandsrecht zur Verfassungsgerichtsbarkeit, Graz 1974, S.23.

美国的建国先贤中也有不少人持类似或相同的观念，亦坚持宪法的优先性观念和权力法定的原则。

（二）制度制约

通过法律规定不同的制度对权力进行制约，在法治的范域内以权力制约权力是防止权力腐败的一种重要方式。尽管各国具体的制度设计并不一致，但是其目的都是通过法治的方式以权力制约权力。近代西方国家更多地是依据孟德斯鸠的理论按照政治——社会力量的不同对国家权力进行分配，这不仅是出于功能划分的需要，同时亦可避免国家权力统一于一个机构所可能带来的危险。① 汉斯·凯尔森（Hans Kelsen）认为，在民主共和国，权力的“分立”（Trennung）应表述为权力的“分配”（Teilung），依此“分配”的国家权力并非相互孤立，而是互相制约，以保障不同的国家机构依法独立行使职权。② 所以，西方诸多国家将国家权力分为立法权、行政权、司法权或者立法权、执行权，其目的不在于“权力分立”，而是权力的制衡，实现以权力制约权力的目的。

在西方国家的权力分配中，由于立法权经常是由代表着人民的议会行使，因而容易获得相对于其他部门的优越地位，“同时又不易受到明确的限制，因此立法部门更容易用复杂而间接的措施掩盖它

① Vgl *Ernst-Wolfgang Böckenförde*, Recht, Staat, Freiheit: Studien zur Rechtsphilosophie, Staatstheorie und Verfassungsgeschichte, Frankfurt am Main: Suhrkamp 1992, S. 146.

② *Kelsen*, Wesen und Entwicklung der Staatsgerichtsbarkeit, in: VVDStRL 5 (1929), S. 55.

对同等部门的侵犯。”[①]托马斯·杰斐逊(Thomas Jefferson)(1743～1826年)在《弗吉尼亚纪事》中也表达出对立法部门权力独大的担忧,权力的集中不可避免地会导致暴君政府,无论行使这种集中权力者是一个人还是多数人:

“政府的全部权力,立法、行政和司法,都集中到立法机构。把这些权力都集中到同一个机构,恰恰是暴君政府的定义。这些权力之由多数人行使,而不是由一个人行使,并不能减轻暴政的程度。173个暴君肯定会和一个暴君一样富于压迫性……一个选举产生的暴政并不是我们为之战斗的政府;我们为之战斗的政府,不仅应该建基在自由的原则上,而且也应该把权力分开,使其平衡,使任何一个权力机构都不能越出它们的合法的限度之外,使其有效地抑制和制约……司法部门和行政部门都受制于立法部门,因为他们官职的维持,其中有些人之继续当官,都听命于立法机关……因此,他们在许多场合擅自断定一件事的是非曲直,而这个是非曲直本来是应该留给司法部门去争论的……”[②]

美国的司法审查制度“被视为法院对抗立法越权的一种自卫武器”[③]。虽然这种制度可以通过权力分立及权力制约的理论得到解

① [美]汉密尔顿、杰伊、麦迪逊:《联邦党人文集》,程逢如、在汉、舒逊译,商务印书馆2004年版,第48篇,第253页。

② [美]梅利尔·彼得森注释编辑:《杰斐逊集》(上),刘祚昌、邓红风译,北京三联书店1993年版,第263页。

③ [美]爱德华·考文:《论司法审查的确立》(上),刘宗珍译,载徐爽编:《司法审查的起源》,北京大学出版社2015年版,第35～36页。

释，但是不少学者将其视为一种“反多数的力量”和“美国的民主中一个不正常的制度”。① 美国总统亚伯拉罕·林肯（Abraham Lincoln）曾说过，若政治上的重要问题最终由最高法院所决定，那么人民就不是“真正的统治者”②，在此意义上，司法审查被视为“伟大的篡权”。③ 不仅在美国，在德国等国家也有类似的主张，例如，曾任德国联邦宪法法院法官的茨威格特（Zweigert）认为，通过宪法法院进行的审查“明显是对立法者职能的篡权”。④ 尽管如此，通过特定的制度可以在一定程度上实现权力制约的目标。

奥托·迈耶认为，以权力制约权力“首先确保了法律对司法以外的行政的控制”，因此“法治国意味着对行政尽可能的司法化”，“司法化”是控制行政权力的一种有效方式，“这是法治国向制定法规和确立这种设置的立法权提出的要求，也是法治国向制定法规命令和作出行政行为的行政机关提出的要求”⑤。虽然，不同国家在控制和制约国家权力方面所采行的制度各不相同，互有差异，但是以法治的方式，通过制度来制约权力已成为基本共识。

---

① *Alexander M. Bickel*, The least dangerous branch. The Supreme Court at the bar of politics (Indianapolis: Bobbs-Merrill Company 1962), pp. 16, 18.

② *Abraham Lincoln*, First Inaugural Address (1861. 3. 4, Washington, D. C.), in: *William Cohen*, *Jonathan D. Varat*, Constitutional Law, p. 35.

③ [美]查尔斯·比尔德、爱德华·考文、路易斯·布丁等:《伟大的篡权：美国 19、20 世纪之交关于司法审查的讨论》，李松锋译，上海三联书店 2009 年版。

④ *Detlef Merten*, Aktuelle Probleme der Verfassungsgerichtsbarkeit in der Bundesrepublik Deutschland und in Österreich, in: *Heinz Schäffer* (Hrsg.), Im Dienst an Staat und Recht. Internationale Festschrift Erwin Melichar zum 70. Geburtstag (Wien 1983), S. 118.

⑤ [德]奥托·迈耶:《德国行政法》，刘飞译，商务印书馆 2002 年版，第 65 页。

四、法治的多元化与多样性

《战国策·曾子固序》指出:“盖法者,所以适变也,不必尽同。”各国依其国情、民情而制定和实施相应的法律是通理。1811 年《奥地利普通民法典》(ABGB)的重要编纂者弗朗茨·冯·蔡勒(Franz von Zeiller)在《关于制定一部本国民事私法的必要性》中指出,每个国家在气候、居民、宪法、文化、宗教、道德、政治、教育、职业等方面均有或多或少的不同,而这些不同又影响到各个国家的法律关系和对法律认识的不同,因而不用的国家应有不同的法律。① 蔡勒在立法解释中也有过与此类似的论述:“法律立足于普遍而永恒的原则和平等的理性原则……因而使各个文明民族的民法典在大多数规定方面能取得共识,从而说明欧洲诸国何以能在长时间内将古老的罗马民法作为解决法律诉讼的主要渊源加以保留。然而每个国家毕竟需要本国民族固有的法律的特定条件……气候、资源、商业、通行的交往方式,居民的诚实与不诚实,都对法律形式和各种不同类型的法律行为、对遗嘱、契约、担保及损害赔偿法等有无可否认的影响。”②概言之,各国因其特性而应有不同于他国的法律,亦即制定一部本国法律的必要性。1896 年《德国民法典》的编纂实现了潘德克顿法学的法典化,而法典起草委员会最初面临的一个重要课题是,

---

① *Franz von Zeiller*, Notwendigkeit eines einheimischen bürgerlichen Privatrechts, in: *Franz von Zeiller*, Grundsätze der Gesetzgebung 1806/09 (Hg. von *Erik Wolf*), Frankfurt am Main 1948, S. 10 –12.

② [德]K. 茨威格特、H. 克茨:《比较法总论》,潘汉典等译,法律出版社 2003 年版,第 240 页。

“用与当前科学的各种要求相适应的方式编纂符合德意志全国情况的民法”。[①] 因此，各国因其地理、气候、资源、居民、文化等方面的特性而应有不同于他国的法律。一个国家文化的不同决定了法治文化的不同，文化的多元性决定了法治文化的多元性，亦由此产生了多样的法律形式和多元的法律制度，不同国家的法律也体现出不同的民族精神。

（一）多样的法律形式

不同国家的法律形式不尽相同，即使同一个国家在不同的历史时期也会存在不同的法律形式。根据不同的标准，法律形式有不同的分类。根据法律形式的载体不同和是否经过国家立法机关的制定程序，可将法分为制定法和非制定法（习惯法、判例法、惯例等）；根据法律规定的内容及其价值的不同，可将法分为实体法和程序法；根据法的适用范围不同，可将法分为一般法和特别法等。

根据马克思主义的一般理论，不同地区的人类社会基本都经历原始社会、奴隶社会、封建社会、资本主义社会、社会主义社会等发展阶段，在同一发展阶段有一定的共性，但又各具特色。法的发展大体经历了从氏族习惯到习惯法、从习惯法到成文法的发展过程，例如，在奴隶制社会时期，法律以不成文的习惯法为主要形式，包括习惯、道德、宗教规范等，但是不同社会在这一发展阶段的主要法律形式及其目的均有不同。在中世纪时期，西欧存在日耳曼法、罗马法、教会法、城市法、商法等不同形式的法律，各自发挥不同的作用

---

① ［日］大木雅夫：《比较法》，范愉译，法律出版社 1999 年版，第 203 页。

与功能，当时同属西欧的法国、德国、西班牙等地区的法律形式也各有不同。即使在一国内部，不同地区的法律形式也存在很大差异，例如在法国，南部地区和北部地区适用的法律有很大不同，南部主要适用罗马法，同时适用一定的地方习惯，而北部则属习惯法地区，主要适用地方习惯法，同时以罗马法为补充。近现代以来，各民族国家的法律形式的发展更各具特色。

（二）多元的法律制度

在法律制度方面，各国之间具有明显的差异，不仅各国横向对比之间存在差异，一国历史上的法律制度在纵向对比之间也存在差异。以司法制度为例，这种法律制度之间的差异更为明显。法国近代的司法制度具有普通法院系统与行政法院系统分离的特点，并且设立权限争议法庭以解决它们之间的管辖争议，同时也形成了复杂的普通法院系统和独特的最高法院。普通法院系统的复杂性不仅表现为上诉程序的复杂，还体现为设立的专门法院和特别法庭，其中专门法院包括劳动法院、审计法院、商事法院等。与其他国家的最高法院类似，法国近代的最高法院是民事与刑事案件最高审级的法院，但是其主要职能在于监督各类法院，防止司法活动偏离法律规定，并且最高法院只可撤销各法院的判决，不能针对个案作出自己的判决。①

同为德语国家的德国与奥地利的法律制度之间的差异也很大。以宪法法院制度为例，德国和奥地利宪法法院仅在组织制度方面就

---

① 何勤华、马贺、蔡迪等:《大陆法系》(上卷)(何勤华主编《法律文明史》第 9 卷)，商务印书馆 2015 年版，第 476 ~477 页。

存在很大差别。根据 1951 年颁布的《联邦宪法法院法》,德国联邦宪法法院由两个庭组成,两个庭地位平等,每个庭都是“联邦宪法法院”,第一庭受理基本权利保护相关的案件,第二庭受理与国家机构之间权力争议相关的案件,其中一个庭不能审查另一个庭的裁判。根据 1951 年《联邦宪法法院法》,德国联邦宪法法院由 24 位法官组成(现为 16 人),其中半数由联邦议会选举产生,另半数由参议院选举产生。德国联邦宪法法院设院长、副院长各一人,分别主持自己所在庭的工作。[①] 而奥地利宪法法院则不分庭,包括一位院长和一位副院长在内共由 14 位法官组成,此外还有 6 位候补法官,在法官不能履行职责时,由候补法官履行法官的职责。根据 1925 年《奥地利宪法法院法》第 8 条规定,宪法法院在主席(由院长或者副院长担任)和至少八位法官出席的情况下才能作出有效的决议(第 1 款)。对于针对联邦、州等的财产权诉求、法院与行政机构间的权限争议及其他不公开审理的案件可在主席和四位法官出席的情况下作出裁决(第 2 款)。

(三)法律体现“民族精神”

一国的法律反映和承载着一国的民族精神。德意志[②]法律中

① [德]克劳斯·施莱希、斯特凡·科里奥特:《德国联邦宪法法院:地位、程序与裁判》,刘飞译,法律出版社 2007 年版,第 41 ~46 页;郑戈:《传统中的变革与变革中的传统——德国宪法法院的诞生》,载《交大法学》2017 年第 1 期。

② 在普鲁士于 1871 年统一德意志诸邦之前,“德国”(Deutschland)并不是一个国家—政治上的概念,仅是一个德语语言和文化上的概念,在此之前的德国和奥地利的历史相互交织在一起。本书所说的“德意志”主要是指从神圣罗马帝国开始,至“德意志第二帝国”(1871 ~1918 年)之前的“德意志地区”,其中也包括奥匈帝国。按照较为详细的历史时期划分,神圣罗马帝国时期涵括了从中世纪到近代早期(约 1500 ~1800 年)近千年的历史时期。

“民族精神”的形成是法律“民族性”的一个典型。神圣罗马帝国在1806年覆灭之后，诸多中小德意志邦国慑于拿破仑的军事力量，产生了依附于法国的莱茵邦联。拿破仑在莱茵邦联的一些地区强制推行实施《法国民法典》，加之领土和利益受到侵犯，部分地区的人民奋起抵抗，促进了德意志民族意识的觉醒，产生了一种全新的“民族意识”，一些德意志邦国的人们开始关注自己的国家和人民。在他们看来，德国人民不仅拥有每个民族都拥有的历史，而且还具有某种神秘本质和价值，这是超越本国公民个人和历史的外在事实的。民族情感不仅是政治斗争背后的资源，民族精神更是唤醒了人们的历史意识，受到民族精神的鼓舞和激励，此后的德国学术界和知识界众星璀璨，涌现出一大批人文学者、诗人和法学家，促进了德意志思想和文化的发展。①

1814年，海德堡大学教授安东·弗里德里希·尤斯图斯·蒂堡(Anton Friedrich Justus Thibaut)发表了题为《论制定一部统一的德意志民法典的必要性》的论文，呼吁制定一部像《法国民法典》那样适用于德意志地区的统一的民法典。蒂堡的观点遭到萨维尼(Friedrich Carl von Savigny)的反对，萨维尼的观点集中体现在《论立法与法学的当代使命》一文中。萨维尼在《论立法与法学的当代使命》中指出，在没有充分地研究和理解分散于德意志各地区的法律及其历史之前，不可能成功地制定出一部统一的民法典，只有深入探究现有法律及其历史，才能以此为基础提炼总结出德意志法律的共同基础。在萨维尼看来，每个民族都有自己的特性和历史，各

---

① [爱尔兰]约翰·莫里斯·凯利：《西方法律思想史》，王笑红译，法律出版社2010年版，第272页。

个民族自己的精神——后来总结概括的“民族精神”(Volksgeist)——典型地体现在本民族的法律制度等各项制度之中。这种民族精神是从一个民族的历史中发展而来,虽然罗马法并非德意志民族本身的法律,但是经过继受的罗马法已经“内化”于德意志的民族精神之中,成为德意志法律的有机组成。依此,一个国家和民族的法律随着该民族的成长而不断发展,并根植于其民族精神之中。基于萨维尼的观点,德国民法典在德意志地区统一之后才制定生效,实现了潘德克顿法学的法典化。

虽然历史法学派所提出的观点是基于德国的法律及其历史发展,但是其基本原理适用于大多数民族国家及其法律制度,既推动了诸多国家的法律史研究,也成为近代民族国家建构各国法律制度的理论基础。[①] 西方法治理念的生成及其实践离不开特定的历史传统和文化根基,古希腊和古罗马的文化精神、宗教对世俗权力的限制和制约、教会法与世俗法律和罗马法的竞争融合都是其赖以生成的基础。理性与理性文化的发展对西方法治文化传统产生重要影响,法律的理性化是人类在法律领域运用理性改造和支配世界的一种努力,西方法治理念和法治传统的形成也与西方各国思想家、理论家的贡献密不可分,他们对“法治”的理念及其制度、原则的总结阐释,丰富了法治的民族内涵,[②]也体现出不同国家对于“法治”的不同需求。对于英国法的发展而言,虽然英国法在发展过程中也受到罗马法、日耳曼法、教会法等因素的影响,但是基于英国自己的历史

---

① [爱尔兰]约翰·莫里斯·凯利:《西方法律思想史》,王笑红译,法律出版社2010年版,第274页。

② 参见杨建军:《西方法治的文化成因》,载《法律科学》2017年第3期。

传统和民族性,英国法走出了一条不同于欧洲大陆诸国的法律之路,并最终形成以判例法为主要法律渊源的“英美法系”。

五、不同法治文明的交流互鉴

历史上,不同地区、民族的人们很早就开始探索“外部世界”,“一个民族从中世纪到现代的历史,也就是它打开眼界和走向世界的历史”①。钟叔河先生在“走向世界丛书”新序中指出,“纵观人类历史,走向世界……是不断出现在全人类发展进步过程中并与之同步的历史现象。”②在走向世界的过程中,原文明的基本要素吸收接纳部分新的要素而重新组合,形塑出新的文明或文明形式。这在欧洲文明的发展历史上体现的尤为突出,不同的要素之间相互作用,最终产生出近现代的欧洲文明,其中古希腊和罗马文化、基督教和日耳曼文化构成欧洲文明发展的底色和基本要素。罗马帝国与基督教的结合、罗马法与希腊文化的融合、日耳曼蛮族的征服与接受基督教,再加上后来源于意大利的文艺复兴、德意志的宗教改革、法国的启蒙运动和英国的工业革命,欧洲文明在不断的交流与融合中生成,在旧制度与新思想的激荡中发展。此外,阿拉伯人、伊斯兰教也为欧洲文明的发展作出重要贡献。

法治文明作为一个文明的有机组成,其发展离不开与其他法治文明之间的交流、融合与互相借鉴,同时亦因交流互鉴而更具活力

---

① 钟叔河:《从东方到西方》,岳麓书社 2002 年版,第 2 ~3 页。

② 钟叔河、曾德明、杨云辉主编:《走向世界丛书》,岳麓书社 2016 年版,“丛书新序”第 3 页。

和生命力。公元前8世纪埃及国王博利霍利斯的立法影响了公元前6世纪雅典的梭伦立法;作为世界上现存最早的成文法典,《汉谟拉比法典》对犹太人的律法和古希腊法产生影响;①中世纪以来西欧诸国法律的发展则深受罗马法的影响。罗马法的发展也不是囿于一个封闭的环境之中,罗马法不仅仅是《十二铜表法》,也不仅仅是《优士丁尼法典》,古罗马法学家盖尤斯在《法学阶梯》中指出:“罗马人民的法制产生于法律、平民会决议、元老院决议、君主谕令、有权发布告示者的告示、法学家的解答。”②在历史上,罗马“法”(ius)是一种“处于流动状态的复合体”,“在生活的流动中不断囊括和解决发展中出现的现实问题”,同时也受到涉及国家(城邦)结构和公共生活的“公共法律”或“官定法律”的影响。③ 罗马法在发展过程中不仅吸收了古希腊文化的精神、自然法学说,同时也融合了日耳曼法的内容、各地的不同习惯,西欧的封建制度和教会法也对罗马法的发展产生了重要影响,特别是通过教会和教会法的深刻影响扩大了罗马法的传播和影响。在罗马法复兴之后,西欧诸国法律在不同因素影响下走上了不同的发展道路。

基于法治文明的多样性和包容性,法律移植与法律的本土化是世界诸多国家都面临的重要问题。虽然法律移植是“一项制度发展

---

① 梁治平:《法辨:法律文化论集》,广西师范大学出版社2015年版,第225~226页。

② [古罗马]盖尤斯:《盖尤斯法学阶梯》,黄风译,中国政法大学出版社2008年版,第1页。

③ [意]朱塞佩·格罗索:《罗马法史》,黄风译,中国政法大学出版社1994年版,第104页。

的捷径”,各国的法律可以通过借鉴而发展,[①]但是法律移植既需要文化基础和社会基础,也需要契合时代需求。法律移植不仅意味着将某国的法律制度、法律原则和思想、学说引入进来,还要将其融入该国的制度、原则、思想和学说之中,成为自己的“本土资源”。[②] 观诸各国的法律移植,其中既有移植法律制度的成功典型,也有借鉴他国思想和制度失败的惨痛教训。

日本法律的发展是法律制度移植借鉴的一个典型。在飞鸟时代,推古天皇十一年(603 年)制定的“冠位十二阶”被认为是日本上古时代最早的制定法,按照德、仁、礼、信、义、智的顺序将官位分为十二个等级,据析,该法是仿照朝鲜法制定的。[③] 公元 604 年,圣德太子为确立以天皇为中心的中央集权制度,在吸收中国的儒家、法家等思想的基础上制定《宪法十七条》,以为对官员的道德训诫。[④] “大化革新”之后,日本开始了以中国的隋唐法律制度为借鉴模式的法典制定工作,公元 701 年制定的《大宝律令》以唐律为蓝本制定而成,公元 718 年颁布的《养老律令》的内容、篇目与唐律大体相同,只是在《大宝律令》的基础上做了部分适合日本国情的修改和补充。[⑤] 明治维新以后,日本向欧洲诸国学习,翻译外国法律,聘请外国法律

① [美]艾伦·沃森:《民法法系的演变及形成》,李静冰、姚新华译,中国法制出版社 2005 年版,第 250 页。

② 参见何勤华、李秀清:《外国法与中国法——20 世纪中国移植外国法反思》,中国政法大学出版社 2003 年版,第 618 页。

③ 李力、任海涛、程维荣、王晓峰等:《古代远东法》(何勤华主编《法律文明史》第 3 卷),商务印书馆 2015 年版,第 563 ~564 页。

④ 李力、任海涛、程维荣、王晓峰等:《古代远东法》(何勤华主编《法律文明史》第 3 卷),商务印书馆 2015 年版,第 578 页、第 598 页。

⑤ 何勤华主编:《外国法制史》,法律出版社 2011 年版,第 338 ~339 页。

专家修订法律、编纂法典，其法典编纂先是学习法国，后来学习德国，最终以德国法为蓝本编纂民法典，确立起近代化的法律制度，其中1899年颁布的“明治宪法”即以1850年的《普鲁士宪法》为蓝本制定而成。

法国大革命时期激进的制度变革则是另一种结果。1789年《人和公民权利宣言》在世界历史上具有重大意义和世界性的影响，其影响不仅局限于法国和欧洲，但是它所产生的后果不都是积极的、正面的，也为当时的法国带来了“无序和混乱”。对此，格奥尔格·耶利内克（Georg Jellinek）论道：“法国《人权宣言》之后的无序和混乱不能说由它的形式（颁布了《人权宣言》）带来的。大革命之后的混乱更多地显示的是匆匆忙忙采用外国制度所可能导致的危险。也就是说，1776年之后的美国实际上是建立在他们已经拥有的长久的历史基础之上。另一方面，法国人则撕裂了他们国家的架构。在一个国家（美国）中是巩固国家的因素在另一个国家（法国）则变成了造成进一步混乱的原因。”①格奥尔格·耶利内克接着明确指出：“美国的各种权利宣言与法国的《人权与公民权利宣言》的最重要的区别就是：在美国是制度的存在先于对个人权利的承认；而在法国则是制度的存在跟随着对个人权利的承认。”②权利宣言及相关思想在当时的美国和法国产生的不同制度效果，在一定程度上对应了哈耶克所说的两种不同的“秩序”：一种是基于本国的历史传统而产生

① [德]格奥尔格·耶利内克：《〈人权与公民权利宣言〉：现代宪法史论》，李锦辉译，商务印书馆2012年版，第19～20页。

② [德]格奥尔格·耶利内克：《〈人权与公民权利宣言〉：现代宪法史论》，李锦辉译，商务印书馆2012年版，第40～41页。

的“自生自发的秩序”(a grown or spontaneous order),另一种是所谓的“人造的秩序”(a made order)。[①] 费奈特(Fenet)也曾指出:“法律不是单纯出自于权力的法令……法律应该适应它所为之服务的人民的时代特点和社会习惯。在立法领域,应该对于全新的立法素材审慎对待。盲目地致力于追求绝对完美事物是荒谬的……”[②]

不仅不同的法律文明和不同国家的法律制度之间存在交流互鉴,在一国法律体系内的不同法律部门之间也存在交流互鉴。德国近代行政法学的发展对于民法学和其他学科理论的借鉴即是其中之一。弗里茨·弗莱纳(Fritz Fleiner)于1906年论道:“从一种包含有历史、政治和国民经济的混合理论中,德国行政法学已发展成为一个法学学科,它有着自己严格的法学方法——从民法学发展而来,并且发展出对公共行政关系进行判断和裁决的法律原则。”[③]当然,这种情况的出现主要是基于《德国民法典》的典范性和德国民法学的发达,“欧洲国家的许多民事立法多以德国民法典为蓝本而属于德国法系;在历史、文化及传统上与德国无任何联系的国家或地区,甚至某些曾以《法国民法典》为其民法模式而原本属于法国体系的国家(如20世纪前的日本、意大利)在德国民法典问世后,也以其

① *F. A. Hayek*, Law, Legislation and Liberty (Vol. 1): Rules and Order, Routledge&Kegan Paul London 1973, 2. Kapitel "Cosmos and Taxis".

② 何勤华、马贺、蔡迪等:《大陆法系》(上卷)(何勤华主编《法律文明史》第9卷),商务印书馆2015年版,第318页。

③ *F. Fleiner*, Über die Umbildung zivilrechtlicher Institute durch das öffentliche Recht, Tübingen 1906, S. 8; *Michael Stolleis*, Konstitution und Intervention. Studien zur Geschichte des öffentlichen Rechts im 19. Jahrhundert, Frankfurt am Main 2001, S. 275.

为蓝本重新制定民法典而进入德国法系的行列。”①

第二节　普通法传统中的“法治”观念及其发展

英国的“法治”(rule of law)和“法治”观念源于对国王权力的限制和约束。1215 年《大宪章》要求国王遵守其中的规定,尊重贵族及其臣属的权利,保障商人的权利和利益……其中第 39 条和第 40 条被视为“法治”的重要内容:“凡自由民除经贵族依法判决或遵照内国法律之规定外,不得加以扣留、监禁、没收其财产、褫夺其法律保护权或加以放逐、伤害、搜查或逮捕”(第 39 条);“朕不得对任何人滥用、拒绝或延搁权利或赏罚”(第 40 条)。② 而“法治”的概念及其原则的正式提出和确认则见于 1610 年英国下议院针对国王詹姆斯一世提出的《控诉请愿书》(The Petition of Grievances),该请愿书提出:“在处于您尊贵的祖先、国王们和女王们治下的您阁下的臣民所享有的诸多其他幸福和自由中,在他们看来,没有什么比受确定的法治(certain rule of law)的引导和统治,而不受任何不确定的或专断的统治形式奴役更为珍贵。”③1641 年,英国废除一系列特权法庭尤其是星座法院(Star Chamber),“在此后 20 年的论战中,如何防止政府的专断行动日渐发展成了核心问题”,而判断一项政府的行动

① 申建平:《德国民法典的演进及其分析》,载《学习与探索》2000 年第 6 期。

② 郑永流:《法治四章:英德渊源、国际标准和中国问题》,中国政法大学出版社 2002 年版,第 5 ~6 页。

③ 郑永流:《法治四章:英德渊源、国际标准和中国问题》,中国政法大学出版社 2002 年版,第 3 页。

是否“专断”则“取决于该项行动是否符合既已存在的一般性的法律原则”。[①] 在这种观念下,“所有行政官员的自由裁量权都应当受到法律的严格限制”,当时居于支配性的观点就是“法律应当为王”或者“法律即王”。[②]

1660 年 1 月,在英国王政复辟之前,《威斯敏斯特议会宣言》记载了宪法所应具有的基本原则:“对于一个国家的自由来讲,最为至关重要的乃是人民应当受到法律的统治,正义或司法只有通过对弊政(mal-administration)负有说明责任来加以实现;据此我们进一步宣告,任何涉及本国每个自由人的生命、自由和财产的诉讼(proceedings),都应当依本国的法律进行裁定,而且议会不得干预日常行政,也不得干涉司法机构的活动;规定人民享有免受政府之专断的自由,乃是本届议会的重要原则……”[③]经过 17 世纪和 18 世纪的“自由法治”的发展,到 18 世纪末期,英国出现了功利自由主义法治和新自由主义法治的观念以及此后以戴雪为代表的“放任自由主义法治观”。[④] 基于英国历史和社会现实影响的“法治”观念不断发展,“法治”的内涵也不断丰富。对于“法治”观念,不少学者坚持“形式法治观”。例如,被誉为英格兰最伟大的法学家之一的威廉·布莱克斯通(William Blackstone)认为,为保障人民的生命、自由和

---

① [英]弗里德里希·冯·哈耶克:《自由秩序原理》,邓正来译,生活·读书·新知三联书店 1997 年版,第 212 页。

② [英]弗里德里希·冯·哈耶克:《自由秩序原理》,邓正来译,生活·读书·新知三联书店 1997 年版,第 212 页。

③ [英]弗里德里希·冯·哈耶克:《自由秩序原理》,邓正来译,生活·读书·新知三联书店 1997 年版,第 213 页。

④ 参见郑永流:《法治四章:英德渊源、国际标准和中国问题》,中国政法大学出版社 2002 年版,第 13 ~80 页。

财产，应消除专断法官的控制，法官的判决必须要受到法律的基本原则的制约，“尽管立法机构有可能会背离法律的基本原则，但是法官则必须服从这些基本原则”[1]。基于此，1803 年，美国最高法院关于“马伯里诉麦迪逊案”判决的出现，看似偶然，实则必然。对此，马歇尔大法官固然功不可没，而实际上，这种观念在普通法传统中有其思想渊源、理论基础和实践经验。

一、培根与柯克的思想主张

布莱克斯通在《英国法释义》中指出，早在 13 世纪，《恩准宪章》(Confirmatia Cartarum)由爱德华一世批准之后，“所有与《大宪章》规定相悖的判决都被宣布无效……任何言谈、行为或诉讼只要有任何地方与该宪章内容相悖或在任何程度上违反了它的规定，当事人都会遭到被驱逐出教会的惩罚”[2]。弗朗西斯·培根(Francis Bacon)曾论道：“刑律之中若有久已不行者或不适于当时者，贤明的法官就应当限制其施行：‘司法官底职责，不仅限于审察某案底事实，还要审察这种案件底时候及环境……’”[3]可以认为，法官在实践中“限制”适用某一律文的做法在一定程度上带有“审查法律”的意味，或者说其中暗蕴着“审查法律”的意涵。当然，我们也可以认为，培根的这种论述所表达的仅是法官在司法实践中可以“选择”法律

---

① [英]弗里德里希·冯·哈耶克：《自由秩序原理》，邓正来译，生活·读书·新知三联书店 1997 年版，第 395 页注释 85。

② [英]威廉·布莱克斯通：《英国法释义》(第 1 卷)，游云庭、缪苗译，上海人民出版社 2006 年版，第 147 页。

③ [英]培根：《培根论说文集》，水天同译，商务印书馆 1958 年版，第 194 页。

予以适用的权力，但是，选择适用法律是法官在审理案件中所必然要行使的权力，若没有了这种权力，法官根本就不能成其为法官。培根将法律视为一个国家和政府存在的基础，他在1596年说道，国家有一个基本的制度，可以称为“根本性法律”，国王以此统治国家，其任务是“……依据各种重要的根本性法律进行统治，政府首先建立在这一基础之上。”①

英国法官爱德华·柯克爵士（Sir Edward Coke）在1610年关于卡尔文案（Calvin’s Case）的法律报告中以自然法思想为基础，不仅提出一个国家的法律不能违反“永恒的”自然法，而且主权者的权力在自然法上也具有正当性。但是，这种以“自然法”为基础的权力受到“永恒的”自然法的限制。以这种自然法理论为基础，柯克在1610年博纳姆（Thomas Bonham）医生案判决的“附论”中表述得更为直接和明确：“在许多情况下，普通法会审查议会的法令，有时会裁定这些法令完全无效，因为当一项议会的法令有悖于共同权利和理性、或自相矛盾、或不能实施时，普通法将对其予以审查并裁定该法令无效，这种理论在我们的书本里随处可见。”②由于这里所说的“法令”的制定主体是议会，所以，依据柯克的观点，依据“普通法”进行审查的主体应当是法官，其审查的标准是“普通法”，并且柯克作为该案的法官在这个案件中也是行使了这种审查权的。依此，普通法的法官若认为相关的制定法规范与“普通法”相抵触，可以认为该法规范是无效的，不能在案件中予以适用。柯克在该案中最终不是诉

① *Kurt Heller*, Der Verfassungsgerichtshof, Wien 2010, S. 26.

② ［美］爱德华·S. 考文：《美国宪法的“高级法”背景》，强世功译，李强校，生活·读书·新知三联书店1996年版，第42～43页。

诸“宪法”，而是诉诸“普通法”以及“共同权利和理性”，这种“普通法”以及“共同权利和理性”在他看来就是“既可以约束议会也可以约束普通法院的高级法规则”①。依此，“普通法”以及“共同权利和理性”是议会行为之基础，英国的议会主权观念是立基于“普通法”以及“共同权利和理性”之上的。

此外，柯克还反复强调其主张：“有悖于《大宪章》的制定法是‘无效的’。”②但是，英格兰法中的这种具有司法审查理念的法律发展，自17世纪中叶开始与柯克所持的这种观念的联系甚少，因为议会在与国王的斗争中取得了胜利，产生了不受限制的议会主权的观念，亦即戴雪所说的“巴力门的无限立法威权”③，并且也不存在宪法、一般法律与法规在效力等级上的区分。④ 在这种制度和观念之下，审查议会制定和通过的法律没有了制度基础和理论逻辑上的可能性。

值得一提的是，在柯克去世十多年之后，克伦威尔统治时期的英格兰在1647年颁布了一项《人民协定》(agreement of the people)。该协定规定了人民的权利，限制了贵族的特权。《人民协定》，如其名字所言，应当是一部具有最高效力的法律，它是以契约为基础，基

---

① [美]爱德华·S.考文：《美国宪法的“高级法”背景》，强世功译，李强校，生活·读书·新知三联书店1996年版，第47~48页。

② [美]爱德华·S.考文：《美国宪法的“高级法”背景》，强世功译，李强校，生活·读书·新知三联书店1996年版，第48页。

③ [英]戴雪：《英宪精义》，雷宾南译，中国法制出版社2001年版，第117页。

④ 参见[英]戴雪：《英宪精义》，雷宾南译，中国法制出版社2001年版，第128~129页。

于人民的参与而产生的。① 相对于议会制定颁布的法令,《人民协定》的优先性表现为:议会的权力是从属于人民的权力的。这种基于人民而产生法律的思想与人民的制宪权相联系,由此突出了现代意义上宪法的优先性。② 但是,这种宪法的优先性观念并未在当时英格兰的普通法中得到实践,也未能发展出议会权力应当受到限制以及议会制定通过的法律应当受到审查的理念和制度。

在英国,国王和议会之间的斗争是长时间以来政治斗争的主要方面,而议会的胜利最终导致了议会主权观念的产生,“按爱德华·柯克爵士的说法,议会的强制力和管辖权是一种至高无上的绝对权力,对任何案件或个人而言,这种权力都是无限的……对于议会这一高等法院而言,谈到年代久远,它是最古老的;谈到地位尊贵,它是最为高尚的;谈到管辖权限,他的管辖权又是最大的。”③议会所享有的这种权力,“除了议会本身,其他任何机构或个人都无法确切知道议会究竟享有何种特权,而这正是议会享有者的最主要的特权”。④ 在布莱克斯通看来,议会之所以享有这种让人无法确知其行使界限的权力,是因为议会的主要目的“不仅是为了保护议会成员不受其他臣民的侵扰,更重要的是为了保护他们不受来自王权

① *Christian Starck*, Vorrang der Verfassung und Verfassungsgerichtsbarkeit, in: *Christian Starck*, *Albrecht Weber* (Hrsg.), Verfassungsgerichtsbarkeit in Westeuropa. Teilband 1: Berichte, Baden-Baden 1986, S. 18.

② *Christian Starck*, Vorrang der Verfassung und Verfassungsgerichtsbarkeit, in: *Christian Starck*, *Albrecht Weber* (Hrsg.), Verfassungsgerichtsbarkeit in Westeuropa. Teilband 1: Berichte, Baden-Baden 1986, S. 18.

③ [英]威廉·布莱克斯通:《英国法释义》(第1卷),游云庭、缪苗译,上海人民出版社2006年版,第181页。

④ [英]威廉·布莱克斯通:《英国法释义》(第1卷),游云庭、缪苗译,上海人民出版社2006年版,第185页。

的压迫”。[①]

议会主权原则意味着议会有权颁布法律或者不颁行法律，而任何个人或机构均无权改变议会的立法或者宣告其为无效。戴雪在《英宪精义》中也大段援引了柯克和布莱克斯通的论述。其他暂且不论，仅从上述柯克、布莱克斯通和戴雪的论述，我们即可大致了解为什么英格兰长期以来没有所谓的“司法审查”制度，因为议会的权力是这个国家的最高权力和绝对权力，对此不能存有任何的质疑和怀疑。这同时也产生了“议会不可能为非”的观念，同时也意味着作为议会之基础的“人民”是不能“为非做恶”的，意即人民总是“善”的。从这样一种理念出发，对作为主权者的议会的行为进行审查是不可能的，也是没有必要的。

二、北美的“法治”理念与实践

与英国本土的法律和“法治”理念的发展不同，北美的殖民地接受了上述在英格兰的政治和法律实践中中断了的宪法的优先性观念和法律传统。孟德斯鸠的《论法的精神》对法国大革命时期的革命者产生了重要影响，“成为革命者的必读书籍”，他关于共和制的理论学说及其特性也对北美殖民地的国家建构产生重要影响。[②] 美国作为一个联邦制国家，其建立并非基于诸多法国思想家提出的“人民主权”的理念，“在《独立宣言》时期，这个‘联合的国家’

① ［英］威廉·布莱克斯通：《英国法释义》（第1卷），游云庭、缪苗译，上海人民出版社2006年版，第185页。

② *Kurt Heller*, Der Verfassungsgerichtshof, Wien 2010, S. 49.

(united states)应当是一个君主国,还是民主共和国,是不确定的"[①]。孟德斯鸠所说的关于共和制的特性及相关制度的论述并不涉及"古代统治者的政治美德,而是关涉人类的普遍幸福、平等和实质利益"[②]。

北美殖民地的革命者经常援引其母国人的法律观点来反对其母国施行于殖民地的法律,[③]上述柯克的观点常被援引。早在"吉丁斯诉布朗案"(Giddings v. Brown)中,柯克的意见就在马萨诸塞州的司法实践中得到了运用。当时的马萨诸塞州地方治安法官在该案的判决中写道:"上帝和自然赐予人民的基本法不受侵犯。财产权就是这样一种权利。在本案中,个人财产权的转让未经本人同意,该城镇的决定违反了基本法,因而无效……"[④]1761 年 2 月 24 日,波士顿的律师詹姆斯·奥蒂斯(James Otis)作了一个著名的演讲,他说道:"与议会相关的行为,若违反宪法,则是无效的。违反自然正义的行为,也是无效的;若是议会颁布的法律,那么也是无效的。负责执行的法院应当宣告不能将其予以适用。"[⑤]

对于 1772 年发生在弗吉尼亚州的"罗宾诉哈德威案"(Robin v. Hardaway),麦迪逊评论道:"违反自然权利的法案本身是无效的"

---

① *Kurt Heller*, Der Verfassungsgerichtshof, Wien 2010, S. 49.

② *Kurt Heller*, Der Verfassungsgerichtshof, Wien 2010, S. 49.

③ 在理论上,英国议会通过的法律是否对殖民地具有效力,也是有疑义的,特别是当这些法律侵害了殖民地人民的利益并且议会中没有殖民地人民的代表时,这些法律的效力问题更是令人生疑。

④ [美]爱德华·考文:《论司法审查的确立》(上),刘宗珍译,载徐爽编:《司法审查的起源》,北京大学出版社 2015 年版,第 11 页。

⑤ *Henry Steele Commager*, Documents of American History (9. Aufl.), Vol. 1, Engelwood Cliffs (NJ) 1973, p. 45; *Kurt Heller*, Der Verfassungsgerichtshof, Wien 2010, S. 25 -26.

“如果自然权利、独立自主、不完善的代表制和拒绝保护原则都不足以使他们免受我们法律的强迫，那我们还能依据什么原则来反对最近英国立法机关对我们行使权力时制定的一些法律？……现在看来，所有明显违反自然权利和公正的议会法案，根据我们的法律，自然是无效的；就事物的本质来说，必然也是无效的。自然法是上帝的立法，他的权威是地上任何权力都不得超越的……凡是违反自然法的人类宪法，从良心上讲，我们是不应该遵守的。我们秉持正义的法院的司法裁决也一样。”[①]这里，北美的殖民地人民不再像柯克那样诉诸“普通法”，而是诉诸“自然法”“自然权利”和“自然正义”，法院有权不适用议会颁布的“非正义的”法律。这为殖民地脱离母国的统治又提供了一个法律上的理由和理论上的辩护理由。

1786 年，罗得岛州的律师詹姆斯·瓦纳姆(James Varnum)在“特莱维特诉维登案”(Trevett v. Weeden)中援引了瑞士国际法学家瓦泰尔(Emmerich de Vattel)的观点，认为立法不能改变一国的宪法，因为立法只是源于宪法的一种权能。他的结论是，立法仅有权颁布不违反宪法的法律，司法权的职能是执行这些法律，依据这些法律进行判决，但不承认违反宪法的立法为法律。北卡罗来纳州最高法院于 1787 年在“巴雅德诉辛莱顿案”(Bayard v. Singleton)的判决中认为“立法行为不能撤销或改变宪法”“违反宪法的法律是无效的”[②]，该案中原告的一位律师詹姆斯·伊莱戴尔(James Iredell)

---

① [美]爱德华·考文：《论司法审查的确立》(上)，刘宗珍译，载徐爽编：《司法审查的起源》，北京大学出版社 2015 年版，第 14～15 页。

② *Gerald Stourzh*, Vom Widerstandsrecht zur Verfassungsgerichtsbarkeit, Graz 1974, S. 22–23.

在1790年被华盛顿任命为最高法院的法官,成为美国最高法院最早的一批法官之一。伊莱戴尔在一个案件的判决中明确地反对自然法被归属于宪法,并且认为最高法院可以进行规范审查①,亦即最高法院有权审查议会制定通过的法律。

1793年,弗吉尼亚州的法官斯宾塞·罗安(Spencer Roane)(1762~1822年)(他在第二年成为弗吉尼亚州上诉法院的首席法官),在一个案件的判决中写下了如下体现着人民主权和宪法优先性观念的判决理由:

"这个国家的人民是唯一的主权权力,立法不属于任何一种主权权力,而是一种低等级的权力;它从属于伟大的宪法,由人民依据基本制度创造的宪法是立法之存在及其权威的基础……立法者没有权力改变基本制度……若立法行为侵犯了宪法,则立法决议不应被颁布并予以坚持;若此,……人们的自由则完全系于立法者的怜悯。"②

作为美国政党制度的创建者和美国的第一任财政部长,汉密尔顿亦明确主张和支持由法院来审查法律合宪与否,法院有权宣告违宪的法律为无效。他在《联邦党人文集》第78篇论道:法院是"人民维护公正与安全的支柱"和"人民与立法机关的中间机构",是保障其他国家权力在其职能范围内行使权力的适宜机构,因而"法院必须有宣布违反宪法明文规定的立法为无效之权。如无此项规定,则

① *Kurt Heller*, Der Verfassungsgerichtshof, Wien 2010, S. 34.

② *Kurt Heller*, Der Verfassungsgerichtshof, Wien 2010, S. 34-36.

一切保留特定权利与特权的条款将形同虚设”。[①] 由于司法机关是“分立的三权中最弱的一个”，它“既无强制，又无意志，而只有判断”，所以“应要求使它能以自保，免受其他两方面的侵犯”，而法院的独立性是保障其有效履行职能的重要前提。[②] 汉密尔顿还指出，法院进行司法审查的基准应当是具有最高法律效力的宪法（“高级法”）、“人民的意志”与“人民的幸福”，而非“低级法”和“代表人民的意志”。[③]

1776 年 7 月 4 日的《独立宣言》确立了宪法具有优先性的政治基础。1787 年美国联邦宪法的序言中亦写道：“我们，合众国人民……为美利坚合众国制定和确立宪法。”以此，人民主权观念在政治和法律实践中实现。属于主权的制宪权奠定和限制了国家权力及其组织，授予其职能，确定其行使权力的程序和规则。这种通过宪法而确立的国家权力受到宪法的约束；立法权成为国家权力的一个部门，任何国家权力无例外地都要受到宪法的约束。这成为美国和英国法律制度之间至今仍存在的一个重要差别。[④] 在美国宪法中，公民的基本权利也是作为对国会的限制和禁止性规定而予以表述的：“国会不应制定法律……限制表达自由……或者剥夺人民和

① ［美］汉密尔顿、杰伊、麦迪逊：《联邦党人文集》，程逢如、在汉、舒逊译，商务印书馆 2004 年版，第 78 篇，第 392 页。

② ［美］汉密尔顿、杰伊、麦迪逊：《联邦党人文集》，程逢如、在汉、舒逊译，商务印书馆 2004 年版，第 78 篇，第 391～392 页。

③ ［美］汉密尔顿、杰伊、麦迪逊：《联邦党人文集》，程逢如、在汉、舒逊译，商务印书馆 2004 年版，第 78 篇，第 393～394 页。

④ *Christian Starck*, Vorrang der Verfassung und Verfassungsgerichtsbarkeit, in: *Christian Starck*, *Albrecht Weber* (Hrsg.), Verfassungsgerichtsbarkeit in Westeuropa. Teilband 1: Berichte, Baden-Baden 1986, S. 21－22.

平集会的权利……”

不仅如此，作为美国的“建国之父”，托马斯·杰斐逊和约翰·亚当斯在通信往来中曾多次提及柯克，而美国著名的大法官霍姆斯(Oliver Wendell Holmes)在马萨诸塞州任法官时也曾在1884年的一个判决中提及博纳姆医生案的判决。[①] 在当时美国制宪会议的代表中还有“相当一部分人在制宪会议召开之前、在议程中或会后表现出对司法审查的个人偏好”[②]，并且制宪会议的讨论也“触及了联邦司法权以宪法为依据审查国会立法的可能问题”“司法审查的观念被视为法院对抗立法越权的一种自卫武器，这一观念在制宪会议的成员中已经得到了长足发展”[③]。马歇尔大法官不可能不受这些思想观念的影响，或许他本人就坚持司法审查的立场，所有这些都为马歇尔大法官在1803年创造性地作出“马伯里诉麦迪逊案”的判决奠定了基础。所以，我们有理由认为，“马伯里诉麦迪逊案”的判决是普通法传统中的“司法审查”理念发展的一个成果，“是制宪时代普遍思想共识自然发展的结果”[④]，即使没有马歇尔大法官，也会有其他大法官在特定案件中作出类似于“马伯里诉麦迪逊案”判决的判决。

对于在美国法律史上具有重要意义的“马伯里诉麦迪逊案”，我们也应当看到，该案带有明显的党争色彩，该案也使案件的双方——先后任美国总统的亚当斯与杰斐逊之间的私人关系有了裂

---

① *Kurt Heller*, Der Verfassungsgerichtshof, Wien 2010, S.29.

② [美]爱德华·考文:《“马伯里诉麦迪逊案”与司法审查原则》，载徐爽编:《司法审查的起源》，北京大学出版社2015年版，第131页。

③ [美]爱德华·考文:《论司法审查的确立》(上)，刘宗珍译，载徐爽编:《司法审查的起源》，北京大学出版社2015年版，第35~36页。

④ [美]爱德华·考文:《“马伯里诉麦迪逊案”与司法审查原则》，载徐爽编:《司法审查的起源》，北京大学出版社2015年版，第131页。

隙，而这两位美国总统之间的矛盾最后以一种温和的方式得以解决。杰斐逊的妻子在1804年逝世时，亚当斯的夫人阿比盖尔·亚当斯（Abigail Adams）给杰斐逊写了一封信，对他和亚当斯之间的关系表示遗憾。后来的通信往来中，杰斐逊逐渐消除了对亚当斯的怨气，亚当斯夫人也转达了亚当斯对他的敬重。杰斐逊在1804年9月11日给亚当斯夫人的信中曾表达出对最高法院有权审查议会通过的法律的忧虑：“但是，法官有权决定法律是否违宪，不仅是在其职权范围内，而且在立法和执行范围内会使得司法部门成为一个专制的部门。”①杰斐逊在1820年9月28日写给威廉·C. 贾维斯（William C. Jarvis）——一位外交官和商人的信中也表达出类似的担忧：“法官被视为所有宪法问题的最终裁决者……将使我们处于寡头政治的专制主义统治之下。”②

三、欧洲人对美国宪法和政治制度的认知

对于美国的宪法制度和法律思想在欧洲的传播和影响，曾在1785年至1789年任美国驻法大使的托马斯·杰斐逊和于1787年回到欧洲并曾任法国国民议会议员的托马斯·潘恩（Thomas Paine）等人都起到过重要作用。杰斐逊在1813年10月28日致约翰·亚当斯的信中谈及美国的权利保障制度对欧洲产生的影响：“在欧洲，在人心中发生了显著的变化。科学解放了好学深思者的思想，而且

---

① *Kurt Heller*, Der Verfassungsgerichtshof, Wien 2010, S. 40 – 41.

② *Kurt Heller*, Der Verfassungsgerichtshof, Wien 2010, S. 41 – 42.

美国的例子在人们中间点燃了争取权利的热情……”[①]差不多同一时间,欧洲人也开始系统地研究美国的宪法和政治制度,促进了美国宪法制度和法律思想被欧洲特别是西欧各国的了解和认知。

对于欧洲人中较早地介绍和研究美国的宪法制度者,我们不能不提及托克维尔(Alexis de Tocqueville)。托克维尔在1835年和1840年出版了《论美国的民主》的上下两卷。在《论美国的民主》上卷中,托克维尔特别指出,美国法院司法审查权不同于法国司法权的一个特别之处在于“美国人允许法官可以不应用在他看来是违宪的法律”,易言之,“法官之有权对公民进行判决是根据宪法,而不是根据法律”。[②] 在托克维尔看来,美国宪法不像英国的法律“那样可被社会的公认权威所修改。它是一部与众不同的法典,代表全体人民的意志,立法者和普通公民均须遵守”“它拥有唯一无二的权威”。[③] 托克维尔对美国法院的这种司法审查权给予高度评价:“授予美国法院的这种范围有限的可以宣布某项法律违宪的权力,也是人们迄今为反对议会政治的专横而筑起的强大壁垒之一。”[④]而美国人授予法官这种特殊权力的同时又使其不至于侵犯其他权力的缘由在于,“在美国,国家永远可以通过修改宪法的办法使法官服从,所以不必害怕这种危险。因此,在这一点上,政治和逻辑是一致

① [美]梅利尔·彼得森注释编辑:《杰斐逊集》(下),刘祚昌、邓红风译,北京三联书店1993年版,第1531页。

② [法]托克维尔:《论美国的民主》(上卷),董果良译,商务印书馆2004年版,第111页。

③ [法]托克维尔:《论美国的民主》(上卷),董果良译,商务印书馆2004年版,第112页。

④ [法]托克维尔:《论美国的民主》(上卷),董果良译,商务印书馆2004年版,第115页。

的,而人民和法官也都保存了他们自己的特权”。[①] 因此,“在要求美国的法院援引一项在法官看来是违宪的法律时,法官可以拒绝援引。这项权利虽然是美国法官所特有的,但却产生了巨大的政治影响”。[②] 所以,对于美国的这种制度,托克维尔的结论是:“美国法院的做法不仅十分有利于公共秩序,而且十分有利于自由。”[③]

托克维尔对美国的政治和法律制度多持肯定和褒扬的态度,但是,他对“多数原则”是持怀疑态度的,因为“在民主共和国,人们有巴结大多数的思想,而且使这个思想立即渗入各个阶级”[④],“民主政府的本质,在于多数对政府的统治是绝对的,因为在民主制度下,谁也对抗不了多数。美国大部分州的宪法,还设法人为地加强了多数的这种天然的力量”。[⑤] 所以,托克维尔认为,“多数人”也会施行暴政:“如果你承认一个拥有无限权威的人可以滥用他的权力去反对他的敌手,那你有什么理由不承认多数也可以这样做呢?”[⑥]他认为,“立法机构代表多数,并盲目服从多数”,[⑦]“在所有的政权机构中,

---

① [法]托克维尔:《论美国的民主》(上卷),董果良译,商务印书馆2004年版,第113页。

② [法]托克维尔:《论美国的民主》(上卷),董果良译,商务印书馆2004年版,第113页。

③ [法]托克维尔:《论美国的民主》(上卷),董果良译,商务印书馆2004年版,第114页。

④ [法]托克维尔:《论美国的民主》(上卷),董果良译,商务印书馆2004年版,第296页。

⑤ [法]托克维尔:《论美国的民主》(上卷),董果良译,商务印书馆2004年版,第282页。

⑥ [法]托克维尔:《论美国的民主》(上卷),董果良译,商务印书馆2004年版,第288页。

⑦ [法]托克维尔:《论美国的民主》(上卷),董果良译,商务印书馆2004年版,第290页。

立法机构最受多数意志的左右”①。托克维尔认为,这种由多数人进行统治和管理的理念由移民到北美殖民地的人们在社会和政治生活中加以实践,并在实践中不断得到强化,以至于这种观念“已经风行于社会,深入到日常生活的一切细节”②。在托克维尔看来,在美国,“多数的统治极为专制和不可抗拒,以致一个人如想脱离多数规定的路线,就得放弃自己的某些公民权利,甚至要放弃自己做人的本色”③。同时,“多数专制”的作用和倾向不断加强,④并且“一些特殊的环境条件还在促使多数的力量不仅居于压倒一切的地位,而且促使它成为不可抗拒的力量”⑤。所以,托克维尔对于美国政治发展的基本判断是:“美国共和政体的最大危险来自多数的无限权威”⑥,“假使有一天自由在美国毁灭,那也一定是多数的无限权威所使然,因为这种权威将会使少数忍无可忍,逼得少数诉诸武力。”⑦

托克维尔虽然赞赏美国依其法制和民情建立了一个自由和民主的国家,但是他清楚地认识到,美国的制度模式并非通过简单模

① [法]托克维尔:《论美国的民主》(上卷),董果良译,商务印书馆 2004 年版,第 282 页。

② [法]托克维尔:《论美国的民主》(上卷),董果良译,商务印书馆 2004 年版,第 283 页。

③ [法]托克维尔:《论美国的民主》(上卷),董果良译,商务印书馆 2004 年版,第 297 页。

④ [法]托克维尔:《论美国的民主》(上卷),董果良译,商务印书馆 2004 年版,第 296 页。

⑤ [法]托克维尔:《论美国的民主》(上卷),董果良译,商务印书馆 2004 年版,第 283 页。

⑥ [法]托克维尔:《论美国的民主》(上卷),董果良译,商务印书馆 2004 年版,第 298 页。

⑦ [法]托克维尔:《论美国的民主》(上卷),董果良译,商务印书馆 2004 年版,第 299 页。

仿就可达成的,并且仍然存在个人专制统治的危险:“如果我们不及时建立绝大多数人的和平统治,我们迟早要陷于独夫的无限淫威之下。”①

此外,还需提及的是罗伯特·冯·莫尔(Robert von Mohl)(1799～1875 年)。在他出生 7 年后,神圣罗马帝国覆亡,而他去世时,普鲁士已经统一德国多年。莫尔曾任图宾根大学和海德堡大学教授,在1848/1849 年革命期间任德意志帝国议会议员和法兰克福国民大会代表及司法部长等职,在 1848 年革命后的宪法讨论中发挥了重要影响。莫尔在《符腾堡王国的国家法》(1829 年)一书中首次对一般国家法与政治进行了准确详细地探讨,对德国“法治国家”(Rechtsstaat)观念的形成和发展亦作出了奠基性贡献。② 早在 1824年,比托克维尔早 11 年,莫尔就写成了系统介绍美国宪法与行政制度的著作《北美合众国的联邦国家法》。在该书的前言中,他论道:合众国赖以建立的原则是基于“学术界长期以来形成的关于国家、不同权力之间的分立以及公民权利和义务的理论。除了奴隶制的污点之外,这些原则得到了很好地贯彻。”③莫尔对美国法律制度的认知和了解要归功于他与美国最高法院的年轻法官、哈佛大学教授约瑟夫·斯托里(Joseph Story)(1779～1845 年)之间的联系和

① [法]托克维尔:《论美国的民主》(上卷),董果良译,商务印书馆 2004 年版,第367 页。

② Vgl *Ernst-Wolfgang Böckenförde*, Entstehung und Wandel des Rechtsstaatsbegriffs, in: *derselbe*, Recht, Staat, Freiheit. Studien zur Rechtsphilosophie, Staatstheorie und Verfassungsgeschichte, Frankfurt am Main 1991, S. 144.

③ *Kurt Heller*, Der Verfassungsgerichtshof, Wien 2010, S. 63.

交往。[1]

莫尔在诸多著作中论及司法性的审查权，在《北美合众国的联邦国家法》一书中也对美国的司法审查制度有着详细地论述，在此意义上，赫伯特·哈勒(Herbert Haller)教授称他为“依据宪法进行审查的先行者”[2]。莫尔特别强调了美国最高法院在解决联邦与州之间的法律争议以及解决公民的跨州的争议方面的权力和地位，并将此视为宪法法院制度的核心方面之一，他也详细地论述了对立法进行的司法审查：“合众国的人民是不受限制的主权者，为建立国家，他们在主权之下设立三种独立的权力，以成文宪法为其规范且不能违反。当三种权力中的一个违反规范时，其他权力必须予以纠正。这毋宁说是法院有义务阻止违宪规定的贯彻实施……”[3]莫尔是在规范的位阶等级理论的语境下论述的，他主张宪法的优先性地位，认为宪法规定的效力高于命令性规范(befehlende Normen)，也高于一般的法律规范。[4] 在政治实践中，莫尔是“司法性审查权的捍卫者”[5]。为避免相互矛盾的判决造成法律的不确定性，他认为，中

---

① *Kurt Heller*, Der Verfassungsgerichtshof, Wien 2010, S. 63. 约瑟夫·斯托里在1811年由民主共和党总统詹姆斯·麦迪逊(James Madison)任命为最高法院法官，当时年仅32岁。

② *Herbert Haller*, Die Pfüfung von Gesetzen. Ein Beitrag zur verfassungsgerichtlichen Normenkontrolle, Wien-New York 1979, S. 8.

③ *Robert von Mohl*, Das Bundesstaatsrecht der Vereinigten Staaten von Nord-Amerika, Stuttgart 1824, S. 298; *Kurt Heller*, Der Verfassungsgerichtshof, Wien 2010, S. 64 –65.

④ *Herbert Haller*, Die Pfüfung von Gesetzen. Ein Beitrag zur verfassungsgerichtlichen Normenkontrolle, Wien-New York 1979, S. 11 –12.

⑤ *Herbert Haller*, Die Pfüfung von Gesetzen. Ein Beitrag zur verfassungsgerichtlichen Normenkontrolle, Wien-New York 1979, S. 10.

央最高法院的判决是所有法院都须遵循的“普遍性决定”(Gemeinbescheid),是这种制度行使审查权的必需前提。[①]

实际上,在“马伯里诉麦迪逊案”之前,欧洲人就有了应当如何限制和约束议会权力的思想观念,而“马伯里诉麦迪逊案”的意义在于其实践性,在于将限制议会权力的思想观念付诸实践。可以说,美国人将源于欧洲的政治法律思想付诸实践,通过其制度实践反过来又对欧洲产生了影响。

第三节 德意志地区的“法治”与“自治”

一、德意志的“法治国家”观念

德意志地区的“法治国家”(Rechtsstaat)观念不同于英国的“法治”观念。德国的法治国家观念是从其国家理论中发展出来的,源于早期自由主义的、受理性法影响的国家理论。根据恩斯特－沃夫冈·伯肯弗尔德(Ernst-Wolfgang Böckenförde)教授的论述,罗伯特·冯·莫尔在《符腾堡王国的国家法》(1829年)中首次对一般国家法和政治进行了准确详细地探讨,卡尔·托德·威尔克(Carl Theodor Welcker)于1813年首次使用“法治国家”概念。而后,约翰·克里斯托夫·冯·阿莱汀男爵(Johann Christoph von Aretin)于

① *Herbert Haller*, Die Pfüfung von Gesetzen. Ein Beitrag zur verfassungsgerichtlichen Normenkontrolle, Wien-New York 1979, S. 14.

1824年在《立宪君主国的国家法》中使用过。① 他们最初都是将“法治国家”视为一种特殊的国家种类(或国家类型)。在他们看来,“法治国家”是“理性的国家”(卡尔·托德·威尔克)、“理智的国家”(罗伯特·冯·莫尔),“依据理性的整体意志进行统治且仅以普遍的共同利益为目的”的国家(约翰·克里斯托夫·冯·阿莱汀男爵)。由此,最初的法治国家是“理性法国家,在这样的国家中,理性的原则在公众的共同生活中实现并且是为了公众的共同生活而实现”。②

在伯肯弗尔德教授看来,康德在其“国家”概念即“国家是许多人依据法律组织起来的联合体”③中所阐释的“法律”实质上已经是“理性的原则,这些原则显现出早期法治国家概念的形成特征并由国家法理论不断地予以发展和具体化”。依此,法律是国家的基础,而人民的意志则是法律的基础。在这样的一个联合体(国家)中,公民“作为人,享有社会每个成员所享有的自由;作为臣民,享有与其他人同样的平等;作为公民,享有每个国家成员所享有的独立自主。”④

---

① *Ernst-Wolfgang Böckenförde*, Entstehung und Wandel des Rechtsstaatsbegriffs, in: *derselbe*, Recht, Staat, Freiheit. Studien zur Rechtsphilosophie, Staatstheorie und Verfassungsgeschichte, Frankfurt am Main 1991, S. 144 –145.

② *Ernst-Wolfgang Böckenförde*, Entstehung und Wandel des Rechtsstaatsbegriffs, in: *derselbe*, Recht, Staat, Freiheit. Studien zur Rechtsphilosophie, Staatstheorie und Verfassungsgeschichte, Frankfurt am Main 1991, S. 145.

③ [德]康德:《法的形而上学原理》,沈叔平译,林荣远校,商务印书馆2005年版,第138页。

④ *Ernst-Wolfgang Böckenförde*, Entstehung und Wandel des Rechtsstaatsbegriffs, in: *derselbe*, Recht, Staat, Freiheit. Studien zur Rechtsphilosophie, Staatstheorie und Verfassungsgeschichte, Frankfurt am Main 1991, S. 147.

基于不同时期法律思想的发展和法律实践的影响，德国的“法治国家”的观念经历了从形式法治国到实质法治国、从自由法治国到社会法治国的发展。无论怎样理解“法治”的含义，其本质内涵都是不变的：限制和约束国家权力与政治统治，保障和维护个人的自由与权益。在法治国家中，国家权力依法行使，公民权益得到保障，社会秩序和谐稳定，公平正义得以实现。因此，真正的“良法善治”既包括形式法治的内容，也包括实质法治的内涵，不仅要坚持依法而治，而且要坚持公平正义、民主平等等价值追求。实质法治国的基本特征是，国家权力与某些最高位阶的法律原则或法律价值相联结，首要的是注重确立实质正义的法律状态，而非法律形式上对权利和自由的保障，这要求任何机构和个人的行为都不能逾越宪法的内在价值规定。[①] 在《永久和平论》中，康德论道：“如果没有自由以及以自由为基础的道德法则的存在，而是一切发生的或可能发生的事情都仅仅只是大自然的机械作用，那么政治（作为利用这种作用来治理人的艺术）就完全是实践的智慧，而权利概念就是一种空洞的想法了。”[②]所以，在康德看来，自由和权利是相辅相成的，自由和以自由为基础的道德法则是实现权利的基础。依据恩斯特－沃夫冈·伯肯弗尔德教授的论述，“法治国家”包含以下几个方面的基本

---

① Vgl *Werner Kaegi*, "Rechtsstaat und Demokratie", in: Demokratie und Rechtsstaat. FS Giacometti, Zürich 1953, S. 107－142; *Helmut Quaritsch*, "Kirchen und Staat. Verfassungs-und Staatstheoretische Probleme der Staatskirchenrechtlichen Lehre der Gegenwart", in: Der Staat 1 (1962), S. 184－185; *Ernst-Wolfgang Böckenförde*, Recht, Staat, Freiheit: Studien zur Rechtsphilosophie, Staatstheorie und Verfassungsgeschichte, Frankfurt am Main: Suhrkamp 1992, S. 164－165.

② ［德］康德：《永久和平论》，载康德：《历史理性批判文集》，何兆武译，商务印书馆1996年版，第131页。

内容①：

“一是摒弃那些超越个人的国家观念和国家目标；国家并非神的馈赠或者神圣的制度，而是关涉所有个人的幸福和利益。国家制度应以自由、平等、自主的个人及其尘世生活目标为基准和出发点；其具体实施则系于国家的目的和具有合法性的理由……

二是相对于个人的自由、安全及其财产保障，国家的目的和任务有其限度，即保障个人自由和实现个人的自由发展。这并不意味着国家的权利保障功能是有限度的……

三是国家的组织机构和国家行为的规定符合理性的原则。其中最重要的是肯定和确认公民的基本权利（所谓的社会状态），如公民的自由（保障人身自由、信仰和良心自由、新闻自由、迁徙自由、契约自由和职业自由）、法律上的平等、对（所取得的）财产的保障；此外，还有法官的独立性（司法保障、刑事陪审）、责任（立宪）政府、法律统治、人民代表及其参与立法的权利……”

二、德意志地区的“自治”观念与实践

德意志地区的“法治”与“自治”之间有密切的联系，并且德意志地区的“自治”实践和观念有着悠长的历史传统。19 世纪初，德意志国家在“基本法律”和“法治”理念之下发展出明确的“地方自治”原

---

① *Ernst-Wolfgang Böckenförde*, Entstehung und Wandel des Rechtsstaatsbegriffs, in: *derselbe*, Recht, Staat, Freiheit. Studien zur Rechtsphilosophie, Staatstheorie und Verfassungsgeschichte, Frankfurt am Main 1991, S. 145.

则。从神圣罗马帝国的邦国“自治”到莱茵邦联、德意志邦联、北德意志邦联和奥匈帝国这些具有些许“联邦”或“邦联”性质的德意志“国家”,其各个“组成部分”都具有高度的自治性。因此,这里所谓的“自治”是指公法上相关团体和机构的自治,而非私法上的自治。在这种观念的发展过程中,鲁道夫·冯·格内斯特、洛伦茨·冯·斯坦因、奥托·冯·基尔克等人分别从法治国家理念下的“代表制自治”、国家行政内部的行政自治、共同体自治等方面为自治理论和法治理论作出了重要贡献。

(一)神圣罗马帝国时期的邦国“自治”

神圣罗马帝国皇帝卡尔四世(亦称“查理四世”)于1356年颁布的《金玺诏书》一般被称为神圣罗马帝国的“帝国基本法”(Reichsgrundgesetz),直至1806年神圣罗马帝国灭亡,它是作为帝国的“宪法”而发挥作用的。1356年《金玺诏书》规定了德意志国王(“罗马人的国王”)由七位选侯选举的制度,该制度成为之后神圣罗马帝国最为稳定的制度。[1] 此外,1356年《金玺诏书》更是规定选侯们享有广泛的特权,不仅包括铸币权、征税权、关税权及矿藏所有权等,还有领地范围内的最高司法裁判权与外交权,可以说他们享有高度的自治权力,甚至可以认为,他们在自己的领地内享有“主权”。正是在此意义上,卡尔·马克思将1356年《金玺诏书》称为“德意志

① 王银宏:《1356年〈金玺诏书〉与德意志国王选举制度》,载《史学月刊》2016年第7期。

诸多邦国的基本法”[①],有些学者还将1356年《金玺诏书》视为帝国的选侯和诸侯的“主权宣言”。

在这方面看来,1356年《金玺诏书》是对神圣罗马帝国“领地化”实践和发展的确认。实际上,“领地化”是“自治”的另一种表述。随着世俗和教会邦国之领地化的进展以及“中央权力”与“离心力量”之间的冲突,皇帝和“帝国中央”逐渐丧失其权力。1648年《威斯特伐利亚和约》结束了“三十年战争”,使神圣罗马帝国内部实现和平与秩序奠定了“法律”基础,同时也继续扩大和确认了各选侯和地方邦国的权力,在很大程度上确认了德意志诸邦的“主权”和独立地位。1784年关于德意志诸邦的“普鲁士草案”更是提及了1356年《金玺诏书》对于德意志国家的发展所起的基础性作用。[②] 此外,几乎各邦国均设立了自己的大学,以其教学和研究的独立性为基础,各邦国通过大学培育了自己的“官员”,为各邦的“自治”及相关制度的实施奠定了理论和行政基础。

在神圣罗马帝国的“帝国改革”(Reichsreform)时期,于1500年设立的帝国大区(Reichskreise)最初是作为神圣帝国的皇帝与地方诸侯之间的中间阶层而发挥作用,之后在地区的统治方面逐渐起到重要作用,其职能亦愈加广泛,如选举帝国最高法院(Reichskammergericht)的法官(1507年)、执行帝国最高法院的判

---

① *Eckhard Müller-Mertens*, Geschichtliche Würdigung der Goldenen Bulle, in: *Wolfgang D. Fritz*, Die Goldene Bulle. Das Reichsgesetz Kaiser Karls Ⅳ. vom Jahre 1356, Weimar 1978, S. 19.

② *Eckhard Müller-Mertens*, Geschichtliche Würdigung der Goldenen Bulle, in: *Wolfgang D. Fritz*, Die Goldene Bulle. Das Reichsgesetz Kaiser Karls Ⅳ. vom Jahre 1356, Weimar 1978, S. 10.

决、协调征收赋税、监督货币管理、协调各领地提供军队参与维持秩序等。[①] 帝国大区在一定程度上发展成为地区性的“自治行政机构”以及维持帝国内部和平与秩序的“联盟”。[②] 可以说，神圣罗马帝国时期选侯、诸侯、城市及帝国大区的“自治”实践奠定了德意志国家的自治思想、自治制度发展的历史传统和历史基础。在这种“自治”传统中，城市、诸侯领地以及帝国层面上的帝国议会、帝国最高法院等机构成为对抗君主集权专制和在一定程度上保障民众自由权利的重要制度存在。

约翰·斯蒂芬·皮特（Johann Stephan Pütter）被认为是神圣罗马帝国最伟大的国家法专家和倡导者，“他所说的话会成为格言在全德意志帝国得到迷信一样的承认和追随”，由于皮特在哥廷根大学任教，所以，当时的哥廷根大学成为帝国宪法实务官员和领地君主请教国家法和宪法问题的“朝圣地”。[③] 格尔德·克莱因海尔与扬·施罗德主编的《九百年来德意志及欧洲法学家》一书对皮特的介绍没有涉及自治理论，但是他的国家法和宪法理论深深地影响了之后德意志国家法与宪法的发展，其中也包括自治理论，而他的学生，如卡尔·冯·斯坦因男爵（Karl Freiherr von Stein）则通过在普鲁士的改革践行了邦国和城市“自治”的理念。

另外一位重要的帝国法学家尤斯图斯·莫泽（Justus Möser）曾

---

① 参见[英]彼得·威尔逊：《神圣罗马帝国 1495～1806》，殷宏译，北京大学出版社 2013 年版，第 92～93 页。

② *Hans Boldt*, Deutsche Verfassungsgeschichte （Band 1）（3. Aufl.），München 1994，S. 257.

③ [德]格尔德·克莱因海尔、扬·施罗德主编：《九百年来德意志及欧洲法学家》，许兰译，法律出版社 2005 年版，第 337 页、第 339 页。

任帝国的枢密顾问和骑士阶层的法律事务代表,他的国家理论思想被看作具有一种捍卫等级制的特性。他主张帝国的各阶层应拥有其内部事务的自治权,他所描绘的理想图景是各等阶层之间的民主合作。他的自治理论思想对 19 世纪产生了重要影响,特别是对卡尔·冯·斯坦因男爵的自治思想和基尔克(Otto von Gierke)的“共同体理论”有着重要影响。[①]

(二)近代德意志地区的自治实践

神圣罗马帝国覆亡之后,德意志地区先后出现了依附于拿破仑的莱茵邦联(Rheinbund)、以奥地利为“永久主席国”的德意志邦联(Deutscher Bund)、以普鲁士为主导的北德意志邦联(Norddeutscher Bund)和以奥地利帝国(Kaisertum Österreich)(1804 ~ 1867 年)为主导的奥匈帝国。这些“国家”虽然各有特点,但它们无疑都不能划归中央集权类型的国家形态,因为它们的各个组成部分都具有高度的自治性,特别是莱茵邦联和德意志邦联,其组织的松散程度更甚于神圣罗马帝国。在德意志地区,较为明确的地方自治原则可以追溯到 19 世纪初,而城市自治是地方自治的一个重要方面,属于自治范围内的事务由各地方的(阶层)代表组织——议会来决议。

作为约翰·斯蒂芬·皮特的学生,卡尔·冯·斯坦因男爵虽然在自治理论方面没有作出较大的贡献,但是他通过在普鲁士进行的城市改革践行了城市自治的理念,他推行的城市改革被一些学者视

---

① [德]格尔德·克莱因海尔、扬·施罗德主编:《九百年来德意志及欧洲法学家》,许兰译,法律出版社 2005 年版,第 284 ~285 页。

为"德国现代行政自治的起点"[①]。自1807年起,他与哈登贝格(Karl August von Hardenberg)共同进行普鲁士的改革。但是,由于其强硬地反对拿破仑的立场,他之后被威廉三世解除职务。[②] 普鲁士在1808年进行的城镇改革秉承了自治的理念,明确了城市的自治地位及公民对城市事务所享有的管理权和决定权。1808年11月19日颁布的《普鲁士君主国所有城市法令》取消了之前的城市特权,赋予城市市民重要的政治权利——选举权,城市议会和市行政机构均由选举产生,以行使城市的自治管理之权。斯坦因男爵在改革中反对中央集权式的官僚体制,而通过改革所赋予市民的政治权利及上述选举权仍是以等级和财产为基础的,但这种改革在19世纪初无疑是一种很大的进步,并且他还意欲将城市改革的模式在全帝国范围内推行,以实现"普遍的国民代表制"。[③] 虽然政府和有识之士意欲推进地方自治,但是由于旧的贵族等级和利益阶层的阻碍,普鲁士所进行的自治改革困难重重。无论如何,这一时期具有民主性的自治实践奠定了德意志近代自治制度发展的基础。

1848年欧洲革命在很多地方都没有取得成功,却动摇了中欧保守势力的政治统治,1815年维也纳会议确立的所谓"欧洲新秩序"——"梅特涅体系"亦宣告崩溃。革命后,德意志邦联国民大会

---

① [德]格尔德·克莱因海尔、扬·施罗德主编:《九百年来德意志及欧洲法学家》,许兰译,法律出版社2005年版,第403页。

② [德]格尔德·克莱因海尔、扬·施罗德主编:《九百年来德意志及欧洲法学家》,许兰译,法律出版社2005年版,第399页、第404页。

③ 参见[德]格尔德·克莱因海尔、扬·施罗德主编:《九百年来德意志及欧洲法学家》,许兰译,法律出版社2005年版,第402~403页。关于卡尔·冯·斯坦因的自治思想较为深入的研究,参见*Dieter Schwab*, Die „Selbstverwaltungsidee" des Freiherrn vom Stein und ihre geistigen Grundlagen, Frankfurt am Main 1971。

于1849年3月28日通过了德意志邦联宪法(又称"保罗教堂宪法"),它是德意志历史上第一部由国民大会讨论通过的宪法,但是由于普鲁士的反对和拒绝而未能生效。该宪法共197条,其中第184条正式规定了乡镇自治制度:每个乡镇都有权选举其行政长官和代理人,有权依用当地警察在内的机构处理自治范围内的乡镇事务,公开乡镇的财政,按照规定公开处理事务。在该宪法中,这一条款是规定在"德意志人民的基本权利"之下,乡镇自治被视为一种宪法上的"基本权利"。因而,此时带有民主性的乡镇自治可以看作是嵌入君主制中的一种"异质物"。

在奥地利帝国,在革命的暴乱中登基的帝国新皇帝弗朗茨·约瑟夫一世被迫通过一些较多地体现出民众权利和自由的法律与政策,如扩大地方自治的范围和权限以及保证各族平等,以应对民众的宪法诉求,维持帝国的统治。奥地利帝国于1849年3月17日颁布的《乡镇临时法》(Provisorisches Gemeindegesetz)被看作是一部开创性的法律,这部法律被视为德意志地区现代意义上最早关于地区自治的法律。该法第1条规定:"自由国家的基础是自由的乡镇。"而自由乡镇的基础则是其自治权力与自治制度。在弗朗茨·约瑟夫一世巩固了自己的统治之后,奥地利帝国进入了所谓的"新专制主义时期",这一时期的明显特征是对公民自由和权利的压制与"倒退",而1862年3月5日颁布的《帝国乡镇法》最终在奥地利确立了乡镇自治制度。[①]

在1866年与普鲁士之间的"德意志战争"战败之后,奥地利帝

---

① *Ludwig K. Adamovich*, *Bernd-Christian Funk*, *Gerhart Holzinger*, Österreichisches Staatsrecht (Band 2), Wien-New York 1998, S. 214–215.

国皇帝弗朗茨·约瑟夫一世被迫与匈牙利的贵族妥协，成立奥匈帝国。这个“制度多元”的多民族“帝国”更是给予匈牙利王国前所未有的高度自治权力，包括匈牙利王国内独立的立法权、行政权和司法权，只有外交、军事和财政权力属于“帝国中央”。匈牙利王国的这种高度的自治权力对于存在诸多民族问题的奥匈帝国而言，特别是对于哈布斯堡家族而言，是一种危险的力量，因为这种高度自治的权力与民族和民族运动思想紧密地联系在一起，尤其是那些没有获得与匈牙利贵族同等地位的民族，他们强烈地要求获得同等的自治权力与自治地位。这种危险状况与其他具有偶然性的因素相结合最终导致了第一次世界大战的爆发和奥匈帝国的解体。

奥地利帝国和统一之前的德国均非纯粹的中央集权制国家，而是由各个邦国“组成的”(zusammengesetzten)国家，其中的一个重要和特殊的方面就是包含地方各邦国和各等级所代表的权力及以此为基础的相当大程度的“独立自主”。这种“独立自主”与地方自治和地方主义或者地方分离主义密切相联，在此基础上形成的所谓“联邦制”并非现代国家观念意义上的联邦制。① 在奥地利，特别是在1848年革命之后的奥地利帝国，其联邦制并非通过“自下而上”的方式形成的，而是通过“谨慎的权力配置”以及国家权力的“分散化”以“自上而下”的方式实现的，具体而言，就是在国家(主权)权力由皇帝和帝国中央逐渐转移至作为自治单位的邦(州)的过程中

---

① *Thomas Simon*, Die Föderalisierung des Kaisertums Österreich nach 1860 und der Gedanke der Selbstverwaltung, in: *Helmut Neuhaus* (Hg.), Selbstverwaltung in der Geschichte Europas in Mittelalter und Neuzeit. Tagung der Vereinigung für Verfassungsgeschichte in Hofgeismar vom 10. bis 12. März 2008 (= Der Staat, Beiheft 19), Berlin 2010, S. 261 -262.

形成的。①

(三)近代的德意志自治理论:以代表制自治、行政自治与共同体自治为主的论述

基于神圣罗马帝国时期以来的“自治实践”的历史和传统,相应地,德意志地区的自治理论也有了很大的发展。鲁道夫·冯·格内斯特(Rudolf von Gneist)、洛伦茨·冯·斯坦因、奥托·冯·基尔克等人分别从法治国家理念下的“代表制自治”、国家行政内部的行政自治和共同体理论等方面为自治理论作出了重要贡献。在基尔克看来,自治理论与“共同体理论”“法人理论”有着密切的联系。以“共同体”的国家理论看来,国家与其他团体,特别是国内的民众联合体,属同一类型,国家只是最高层级的人民共同体,而非统治者管理或者统治臣民的机构。② 按照这种思路,自治是“共同体”的国家理论中所必然包含的内容。

鲁道夫·冯·格内斯特是普鲁士的法学家和政治家,他一生游走在法学和政治学之间,因而艾利希·哈恩(Erich J. Hahn)称其为“政治性法学家”。鉴于普鲁士在1848年革命之前与革命之

---

① *Thomas Simon*, Die Föderalisierung des Kaisertums Österreich nach 1860 und der Gedanke der Selbstverwaltung, in: *Helmut Neuhaus* (Hg.), Selbstverwaltung in der Geschichte Europas in Mittelalter und Neuzeit. Tagung der Vereinigung für Verfassungsgeschichte in Hofgeismar vom 10. bis 12. März 2008 (= Der Staat, Beiheft 19), Berlin 2010, S. 257.

② *Otto von Gierke*, Das deutsche Genossenschaftsrecht (Band 1), Berlin 1868, S. 831f.; vgl *Ernst-Wolfgang Böckenförde*, Recht, Staat, Freiheit. Studien zur Rechtsphilosophie, Staatstheorie und Verfassungsgeschichte, Frankfurt am Main 1992, S. 154.

后对国家权力的滥用，格内斯特认识到，其主要原因在于中产阶层被官僚体制和容克贵族排除出国家权力之外，未能参与国家权力的行使，他所设想的解决的方式之一是在地方层面建立自治团体，鼓励民众参与，以作为普鲁士施行代表制的基础。① 职是之故，他积极主张践行“法治国家”(Rechtsstaat)理念和“法治国家”基础上的权力之间的相互制约，要求将普鲁士建设成为一个“宪法国家”(Verfassungsstaat)。他在国家制度发展方面的重要贡献是在其法治国家理念主导下进行了 1872～1886 年普鲁士行政改革，并于 1875 年在德国创设了行政法院。他对英国的自治制度和宪制制度青睐有加，基于对英国自治形式的研究，他反对 1789 年法国大革命思想意义上“国家的社会制度”中对自由—民主的设想，②而是主张将英国的公民自治思想与欧洲大陆的团体自治理念相结合，从而达到自治之作为国家与社会之间桥梁和纽带的重要作用。③ 格内斯特的自治理念并非仅是基于英国的自治经验，同时也承继了斯坦因和哈登贝格在 19 世纪初的普鲁士改革中未能完全贯彻的自治理念：通过让公民以民主选举代表的方式参与城市的行政管理——自治，使其形成一种共同意识，在此基础上建立一种新的城市和地区的自治团

① *Erich J. Hahn*, Rudolf von Gneist 1816－1895, Frankfurt am Main 1995, S. 79－80.

② *Rudolf Gneist*, Verwaltung, Justiz, Rechtsweg, Berlin 1869, S. 57. Vgl *Ernst-Wolfgang Böckenförde*, Recht, Staat, Freiheit. Studien zur Rechtsphilosophie, Staatstheorie und Verfassungsgeschichte, Frankfurt am Main 1992, S. 153.

③ 郭冬梅：《德国对日本近代地方自治的影响——以格奈斯特、莫塞和山县有朋的地方自治观为中心》，载《日本学论坛》2007 年第 4 期。

体,以作为实现全普鲁士的普遍代表制和共同自治之基础。[①] 对于格内斯特而言,法治国家中存在一个行政"自治"形式的"组织架构",它是依据国家法律通过国家官员所进行的"社会自治"而实现地区性的国家任务,最终由从行政中发展出的、独立的行政诉讼制度——行政法院来达到对行政权进行必要控制和保障公法权利的目的。[②] 由于格内斯特是站在国家主义的立场上,意欲使具有民主参与性的"代表制自治"与上层统治融合在一起,因而其自治理论最终指向政治上的共同负责,[③]具有一定的传统性和保守性。

洛伦茨·冯·斯坦因(Lorenz von Stein)对自治理论的贡献主要是通过其行政理论展现出来的。斯坦因的著作及理论也受到了鲁道夫·格内斯特的影响——对他人著作的评判自然也是受其影响的一种表现。在斯坦因所著的对德国行政法具有深远影响的《行政理论》第一卷(1865年)的前言中,洛伦茨·冯·斯坦因特地向鲁道夫·格内斯特致意,称其为"令人敬重的朋友",其中也提及格内斯特关于英国法律制度著作的影响。在《行政理论》一书中,斯坦因以一整章的篇幅论述了自治及其组织。在斯坦因看来,国家是一个自治的政治共同体,是一国领域范围内所有个人的集合整体,具有一种抽象的人格,国家只是建立了一个自治的领域,在这个自治的

---

① *Erich J. Hahn*, Rudolf von Gneist 1816 – 1895, Frankfurt am Main 1995, S. 80.

② *Ernst-Wolfgang Böckenförde*, Recht, Staat, Freiheit. Studien zur Rechtsphilosophie, Staatstheorie und Verfassungsgeschichte, Frankfurt am Main 1992, S. 153.

③ [德]米歇尔·施托莱斯:《德国公法史:国家法学说和行政学(1800—1914)》,雷勇译,法律出版社2007年版,第518页。

领域内,国家行使着监管的职能。[①] 行政权不仅包括国家机构的行政(管理)权力,还包括自治(或曰自我管理)(Selbstverwaltung),国家的行政权力的目的在于实现国家意志和公共利益,而自治的目的在于充分实现个人与自治团体的意志与利益。由此,国家权力中的执行权除了需要国家元首和政府来行使之外,也需要通过行政自治和相关自治团体来实现,他们同样要在各自的范围内服从行政命令权、组织权和强制权。基于此,行政自治是国家行政的一种固有的形式,也是实现国家目的的一种必要的形式。[②] 然而,在洛伦茨·冯·斯坦因看来,自治并不仅是自由行政实践中贯彻的原则,其毋宁是国家执行权中完全自主的有机组织。他为“自治”所下的定义是:自治是国民参与具有自主独立性的地方行政组织的一种方式,这种具有自主独立性的地方行政具有自身的内涵、功能与权利。[③] 自治依赖于两种在本质上不同的因素:一是自由国民的普遍原则,国民由此享有独立自主地参与国家管理的权利;二是各地无限相异的生活关系,这一事实使各地的自治组织具有自己的特性和原则。因而,依其实质,无论何时何地的自治都是相同的,而依其形式,则是各不相同的。[④] 自治由此具有两个方面的特性:一是代表性,国民可以以此参与国家行政意志之建构,主要表现为制定法规的权力;二是(真正地)自我管理,即国民实质性地参与执行地方事务,主要

① [荷]Mark R. Rutgers:《公共行政学研究可以撇开国家概念吗? ——对劳伦斯·冯·斯坦因思想的反思》,韩莹莹译,载《天津行政学院学报》2012 年第 3 期。

② [德]格尔德·克莱因海尔、扬·施罗德主编:《九百年来德意志及欧洲法学家》,许兰译,法律出版社 2005 年版,第 408 ~409 页。

③ *Lorenz Stein*, Die Verwaltungslehre (Erster Theil), Stuttgart 1865, S. 364.

④ *Lorenz Stein*, Die Verwaltungslehre (Erster Theil), Stuttgart 1865, S. 364.

体现为组织自治机构的权力与警察权（管理权）。[①] 概言之，洛伦茨·冯·斯坦因的自治理论所指涉的主要是国家内部行政上的自治，是国家行政的一种形式，这种行政自治亦以民主为其基础。

奥托·冯·基尔克（Otto von Gierke）的“共同体理论”由其导师格奥尔格·贝塞勒（Georg Beseler）的理论发展而来，为德意志自治理论和自治思想的发展奠定了重要基础。基尔克认为，国家和其他社会团体等共同体都是“有生命的组织和真实的人，不仅具有其机构和成员，还有自己的意志……它不是拟制的人，而是一个团体人，它的意志就是团体意志”。[②] 在共同体中，众多个体基于共同目的的行为表现为共同体的行为，也体现了共同体的意志。[③] 这种共同体不仅可以是私法上的团体，也可以是公法上的团体，它“不仅行使私法权利，而且还行使通常的法人权利：自治权、特定领域的司法权和共同体的自我管理权”，其合法性和正当性不是源于共同体外部的国家及其法律，在根本上是源于其自身。[④] 现实的整体人格（reale Gesammtpersönlichkeit）思想是基尔克共同体理论的核心，其直接的结果就是将共同体视为一个现实的人（集合式的人）。[⑤] 由此，共同

---

① *Lorenz Stein*, Die Verwaltungslehre (Erster Theil), Stuttgart 1865, S. 366.

② *Otto von Gierke*, Das deutsche Genossenschaftsrecht (Band 2), Berlin 1873, S. XV. 转引自仲崇玉：《论基尔克法人有机体说的法理内涵和政治旨趣》，载《现代法学》2013 年第 2 期。

③ *Otto Gierke*, Die Genossenschaftstheorie und die deutsche Rechtsprechung, Berlin 1887, S. 135.

④ 仲崇玉：《论基尔克法人有机体说的法理内涵和政治旨趣》，载《现代法学》2013 年第 2 期。

⑤ *Otto Gierke*, Die Genossenschaftstheorie und die deutsche Rechtsprechung, Berlin 1887, S. 5.

体在整体(Einheit)与诸多个体(Vielheit)之间建立起联系成为可能。[1] 基尔克“共同体理论”的基本思想是,通过个体与共同体的自治和自由塑造平等的社会生活关系,从这种“共同体理论”大致可以看出,基尔克趋向于反对和否定国家主义观念,而这本身即蕴含着社会自我控制和自我管理之义。[2] 在基尔克看来,国家也是人民的共同体中的一种,因而国家权力机构也应像其他机构一样须在自己的“章程”和“法律范围内”活动,因为宪法与其他社会团体的组织规章在本质上属同一类型。[3] 这为共同体基于自身的合法性和正当性而进行自治奠定了理论前提。

胡果·普罗伊斯(Hugo Preuß)是基尔克的学生,也是魏玛宪法的起草者,曾于1919年短暂担任帝国的内政部长,被看作是“魏玛宪法之父”,虽然最后通过的魏玛宪法文本与他起草的草案之间有不少相异之处。魏玛宪法中也有不少关于自治方面的规定,其中主要是关于行政自治以及社会和宗教团体的自治。普罗伊斯的自治思想既源于他的老师基尔克的共同体理论,也承继了卡尔·冯·斯坦因男爵的自治理念。他的教授资格论文《乡镇、国家、作为领土团体的帝国》(1889年)以及为拉班德所写的祝贺论文《自治、乡镇、国家、主权》(1908年)等发展了基尔克的“共同体理论”,将

---

① *Otto Gierke*, Die Genossenschaftstheorle und dio deutsche Rechtsprechung, Berlin 1887, S. 8.

② [德]米歇尔·施托莱斯:《德国公法史:国家法学说和行政学(1800—1914)》,雷勇译,法律出版社2007年版,第485页。

③ 基尔克的这种国家整体人格理论还对法治国家中“国家受法律之统治”思想产生了广泛影响。Vgl *Ernst-Wolfgang Böckenförde*, Recht, Staat, Freiheit. Studien zur Rechtsphilosophie, Staatstheorie und Verfassungsgeschichte, Frankfurt am Main 1992, S. 155, FN 45.

基尔克的共同体理论的基本思想扩展应用到社区自治与工人联合会等领域,对于胡果·普罗伊斯而言,国家宪法和地方自治都只是“共同体理论”在不同领域的应用。[①] 胡果·普罗伊斯的理论目的是通过对自治进行民主的理解和解释,最终达至民主的自治和自治的民主。

三、“法治”“自治”与近代德意志国家

德意志地区的“法治”观念以及“自治”实践和“自治”理论生发于其特有的历史传统与制度需求。从神圣罗马帝国直至普鲁士统一德国之前,德意志地区的最高统治者都没有像其他地区的统治者所拥有的那种较为纯粹的具有集权性质的专制权力,其权力的行使要受到诸多方面的限制,其权力行使的基础主要是基于让步和妥协以及以此为基础而达成的“契约”及以这种“契约”为基础的“基本法律”,亦即“帝国基本法”。“契约性统治”是德意志“国家”各个“组成部分”的制度根基。在这种制度中,以“契约”和“基本法律”为基础的邦国特权与“城市自治”也是德意志“国家”得以维系的重要基础。在近代,德意志的“自治”不仅仅意味着前国家(vorstaatlich)时期近代“联邦国家”中有组织的共同体的自治,而且也蕴含着对国家权力,甚至是对国家主权有意识的追求,但是这种追求若突破一定的限度就会成为统一国家的一种危险因素,会导致

---

① [德]米歇尔·施托莱斯:《德国公法史:国家法学说和行政学(1800—1914)》,雷勇译,法律出版社2007年版,第485页。

特定的团体或民族的“解放”,[①]奥匈帝国就是这方面的一个明显例证。因而,自治需要有一定的限度,也需要以“法治”为基础,适度范域内的自治可增强作为自治的地域单位与作为整体的国家之间的制度活力和良性发展。

在奥地利帝国和奥匈帝国以及普鲁士统一德国之前的“德意志帝国”等所谓的“联邦国家”(或曰“邦联国家”),其各邦(州)在很大程度上行使着主权之下的行政职能,即行政上的“自治”。但较为特殊的是,王室世袭领地的“自治地位”问题。一般的主流观点是,王室世袭领地是纯粹的自治单位,是独立于“国家”之外的自治单位,不具有国家法意义上“乡镇/地区的联合体”的特性,而作为“乡镇/地区的联合体”的“州”(Länder)则构成近现代联邦制国家的基础。但是有一种观点趋向于认为,王室世袭领地至少是近似于联邦的州的一种模式,它与“国家”和“州”的形成有着重要的联系,并且作为一种自治单位的王室世袭领地亦成为“乡镇”自治的模范和先导。王室世袭领地虽异于一般的自治单位,但它具有自治的某些特性却是不争的事实。另一方面,作为这些“国家”的“组成部分”的地方——邦或者州——的议会逐渐发展成为代表着不同阶层利益的制度化的机构,但是在奥匈帝国,各地的议会则发展成为代表不同民族(或种族)利益的机构,这也是奥匈帝国自始即存在的民族问题

① *Thomas Simon*, Die Föderalisierung des Kaisertums Österreich nach 1860 und der Gedanke der Selbstverwaltung, in: *Helmut Neuhaus* (Hg.), Selbstverwaltung in der Geschichte Europas in Mittelalter und Neuzeit. Tagung der Vereinigung für Verfassungsgeschichte in Hofgeismar vom 10. bis 12. März 2008 (= Der Staat, Beiheft 19), Berlin 2010, S. 264.

的一个重要表现,①并且最终导向民族主义,所谓的民族独立和“民族解放”。

在德意志地区,自治理论与“法治”和“民主”理论联系在一起,自治需要以“法治”和“民主”作为合法性和正当性的基础,而实现民主的方式主要是通过选举——包括直接选举和间接选举——来任命自治团体和自治机构的成员。当然,任何形式的自治都不意味着完全的“自我治理”或者“自我管理”,而只能是“依法之治”。“法治”是自治的基础,自治行为不能违反法律的规定,只能在法律授权的范围内行为。《魏玛宪法》第127条规定,自治区及行政区在法律规定的范围内享有行政自主权。在奥地利,虽然宪法上规定的自治乡镇可以在行政方面不受上级行政指令的约束,但是要受到联邦或者州的监督,监督的首要目的是确保乡镇在其自治的范围内合法地履行职能,同时其“立法权”亦要受到一定的限制,即它们制定的法规若被认为违反宪法或者法律则要受到帝国法院(宪法法院)的审查。

在德国,地方自治制度与其他自治制度,如大学自治、社会团体自治等,一起构成德意志“法治国家”的一个重要方面,在“基本法律”观念之下,德意志地区的“自治”实践和理论不断发展,同时也丰富了“法治国家”观念的意涵。第二次世界大战之后的《德国基本法》(Grundgesetz)明确规定了地方的自治权及相应的救济制度,其

---

① *Thomas Simon*, Die Föderalisierung des Kaisertums Österreich nach 1860 und der Gedanke der Selbstverwaltung, in: *Helmut Neuhaus* (Hg.), Selbstverwaltung in der Geschichte Europas in Mittelalter und Neuzeit. Tagung der Vereinigung für Verfassungsgeschichte in Hofgeismar vom 10. bis 12. März 2008 (= Der Staat, Beiheft 19), Berlin 2010, S. 279f.

中第28条规定:“各乡镇在法律范围内处理地方团体一切事务的权利受到保障。乡镇联合区在其法定职权内依法享有自治权。自治权之保障亦涵括财政自主之基础。”依据《德国基本法》第93条的规定,若乡镇的这种自治权受到法律的侵害,可向宪法法院提起宪法诉愿。这为地方自治提供了宪法和司法保障。同为德意志国家的奥地利在其《奥地利联邦宪法法》(B-VG)中亦规定了类似的自治权。《奥地利联邦宪法法》第五部分的第115条至第120c条规定了自治制度,不仅包括乡镇自治,还包括社会团体、经济团体及其他团体的自治,并且规定自治团体须依据民主的原则而成立等内容。

第二章　从自然法到"基本法律"及其"法律化"

自然法观念是西方法律思想的一个重要方面,在欧洲法律和"法治"的发展过程中,无论在观念上还是在理论中,自然法和自然权利观念都居于重要地位。基于人的"理性"以及人们对"理性"认识的深入,欧洲法律的发展经历了从宗教的自然法到世俗的自然法的发展,从注重超验的"上帝之法"和自然法到重视政治现实中反映主权者意志和利益的实证法的转变。在这种转变和发展过程中,作为"高级法"的"基本法律"具有重要意义,这种"基本法律"跟"自然法"一样,在一个国家的法律规范体系中具有地位和意义上的"优先性"。同时,通过自然法法典的编纂,自然法观念中的"自然权利"转化成为人们实在享有的"基本权利"。在"基本法律"之下,德意志地区的法律理念及其实践发展和丰富了“法治”的意涵。

第一节 “自然法”与“基本法律”的优先性

霍布斯、洛克等人关于“自然状态”的假设为人类通过“社会契约”进入社会、服从集体、建立国家奠定了理论基础。以“契约”为基础的社会和国家均需遵从特定的法律规则，国家权力的行使和公民权利的保障均应以法律为基础，而人类社会的法律也要遵从一些永恒不变的规则，即“自然法”或“上帝之法”。

一、作为“基本法律”基础的“自然法”

根据托马斯·霍布斯的理论假设，在国家产生之前存在一种“自然状态”，这种“自然状态”是一种“乌合之众的混乱状态”[①]。在这种“自然状态”中，没有某种权威使人们遵从，因而“偏私、自傲、复仇等的自然激情相互冲突”，在没有建立一个权力或权力不足的情形下，人们的安全得不到保障，“每一个人就会、而且也可以合法地依靠自己的力量和计策来戒备所有其他人”“互相抢劫都是一种正当职业”[②]“在没有共同敌人的时候，也易于为了各人自己的利益而

---

① ［英］霍布斯：《利维坦》，黎思复、黎廷弼译，杨昌裕校，商务印书馆1985年版，第133页。

② ［英］霍布斯：《利维坦》，黎思复、黎廷弼译，杨昌裕校，商务印书馆1985年版，第128页。

相互为战"①。因此,为了抵御外来侵略和制止人们之间的相互侵害,需要一种"使大家畏服、并指导其行动以谋求共同利益的共同权力",这种"共同权力"以人们之间的"信约"为基础。依此,"每一个人都与每一个其他人订立信约""自愿地服从一个人或一个集体,相信他可以保护自己来抵抗所有其他的人",因此,"把大家所有的权力和力量托付给某一个人或一个能通过多数的意见把大家的意志化为一个意志的多人组成的集体",人们"承认这个人或这个集体,并放弃管理自己的权利,把它授予这人或这个集体","承认他的一切行为"。这样,国家就诞生了,实现"对内谋求和平,对外互相帮助抗御外敌"的目的。②

虽然约翰·洛克对于"自然状态"的设想不同于霍布斯,但是,在洛克看来,在自然状态中,"人人有惩罚别人的侵权行为的权力,而这种权力的行使既不正常又不可靠,会使他们遭受不利,这就促使他们托庇于政府的既定的法律之下,希望他们的财产由此得到保障。正是这种情形使他们甘愿放弃他们单独行使的惩罚权力,交由他们中间被指定的人来专门加以行使;而且要按照社会所一致同意的或他们为此目的而授权的代表所一致同意的规定来行使。这就是立法和行政权力的原始权利和这两者之所以产生的缘由"③。因此,人类联合成社会的目的是"用整个社会的集体力量来保障和保

---

① [英]霍布斯:《利维坦》,黎思复、黎廷弼译,杨昌裕校,商务印书馆 1985 年版,第 129 页。

② [英]霍布斯:《利维坦》,黎思复、黎廷弼译,杨昌裕校,商务印书馆 1985 年版,第 131~133 页。

③ [英]洛克:《政府论》(下篇),叶启芳、瞿菊农译,商务印书馆 1996 年版,第 78 页。

护他们的财产,并以经常有效的规则来加以限制”①,这种长期有效的规则是人们生活的准绳,“这种规则为社会一切成员所共同遵守,并为社会所建立的立法机关所制定。这是在规则未加规定的一切事情上能按照自己的意志去做的自由,而不受另一人的反复无常的、事前不知道的和武断的意志的支配……”②因此,洛克认为,所有的国家权力及其行使均应以这种规则为基础,受到这些规则的约束和制约,这种规则就是“法律”,并且应当是公开的、有效的“法律”:“谁握有国家的立法权或最高权力,谁就应该以既定的、向全国人民公布周知的、经常有效的法律,而不是以临时的命令来实行统治;应该由公正无私的法官根据这些法律来裁判纠纷;并且只是对内为了执行这些法律……才得使用社会的力量。而这一切都没有别的目的,只是为了人民的和平、安全和公众福利。”③洛克指出:“无论国家采取什么形式,统治者应该以正式公布的和被接受的法律,而不是以临时的命令和未定的决议来进行统治……一方面使人民可以知道他们的责任并在法律范围内得到安全和保障,另一方面也使统治者被限制在他们的适当范围之内,不致为他们所拥有的权力所诱惑……”④

洛克的论述实际上涵括了我们通常所说的“法治”的两个重要

---

① [英]洛克:《政府论》(下篇),叶启芳、瞿菊农译,商务印书馆1996年版,第85页。

② [英]洛克:《政府论》(下篇),叶启芳、瞿菊农译,商务印书馆1996年版,第16页。

③ [英]洛克:《政府论》(下篇),叶启芳、瞿菊农译,商务印书馆1996年版,第80页。

④ [英]洛克:《政府论》(下篇),叶启芳、瞿菊农译,商务印书馆1996年版,第86页。

方面的内容：一是限制国家的权力，二是保障个人的权利和自由。这两个方面也是近现代宪法的重要内容。据考析，德语中的"宪法"（Verfassung）一词，最早出现在 14 世纪，但其含义与其现代意义无涉，法律上的协约、关于争端的调解协议等均可以被称为"宪法"，其中涵括了社会共同生活的多个层面和多种形式。"宪法"之具有政治和国家法意义上的内涵是自 16 世纪开始从政治和法律规则中发展和抽象出来的，尤其是对政治体、王室和政治联盟的实际状况的描述。基于自然法理论以及美国和法国革命的影响，宪法的概念在 18 世纪具有了规范性的内容，其政治性功能在 19 世纪达到高潮——通过权力分立和对国家权力的法律控制来保障个人的权利和自由。在 20 世纪，宪法的概念具有了"内在性差别"，一方面，如格奥尔格·耶利内克（Georg Jellinek）所言，"每一个国家都有一部宪法……是必要的"；另一方面，通过适用宪法来实现特定的国家统治成为可能。① 宪法不仅成为一个国家存在的正当性和合法性基础，也是一个国家的制度基础。

宪法的优先性可追溯至上帝之法②或自然法所具有的优先性，即上帝之法或自然法是最高的规范，统治者及其颁布的法律亦要受其约束或以其基础。托马斯·阿奎那将人类的法律称为 mensura mensurata，是从自然法规范推导而来的。若人类的法律违反了自然的

---

① Vgl *Adalbert Erler* u. a. (Hrsg.), Handwörterbuch zur deutschen Rechtsgeschichte (V. Band), Berlin 1998, S. 698 -699.

② 斯宾诺莎论道："上帝之被说成是一个立法者或者国君，称他是公正的、仁慈的等等，只是因为迁就一般人的理解力与一般人不完善的知识。"所以，"理智并不把上帝看作是人的立法者"，"以上帝为人的立法者这种想法证明是无知"。参见［荷兰］斯宾诺莎：《神学政治论》，温锡增译，商务印书馆 1997 年版，第 74 页。

法律，则就不再是法律，而是堕落或者败坏的法律（Gesetzesverderbnis），不能将其用以审判或司法实践。[①] 这种在中世纪明确的、脱胎于明晰概念的法律等级的思想通过西班牙的后期经院哲学为近代的法律思想所承继，其中以格劳秀斯、沃尔夫（Christian Wolff）、瓦特尔（Emer de Vattel）为代表，在他们那里，神学被哲学所代替。[②] 自然法不仅包括了人的“天赋权利”（或曰“自然权利”），而且也成为法律的等级观念的基础。在神圣罗马帝国，波希米亚的胡斯等人为代表的教会改革派也主张，教皇和教会应服从自然法和神法的统治。

在斯宾诺莎看来，人是自然的一部分，所以人类要遵从人性的必然性，亦即遵从自然本身，也就是要遵从“神律”，因而人的法律要遵从“神律”：“神律是一种基于人的命令的律，称之为神律是由于其目的的性质”[③]。“神律”是普遍的，是一切人所共有的，“是从普遍的人性里抽释出来的”“神律的最高报酬就是这个律自身”，亦即最高的善和最高的幸福——“爱上帝”和“了解上帝”。[④] 他还指出，“公正”是“尊重别人权利的一种恒常的意志”，这种意志是发自内心的，是源于“善”的，而不是因为害怕违反法律受到惩罚而尊重别人

---

① *Christian Starck*, Vorrang der Verfassung und Verfassungsgerichtsbarkeit, in: *Christian Starck*, *Albert Weber* (Hrsg.), Verfassungsgerichtsbarkeit in Westeuropa, Teilband 1: Berichte, Baden-Baden 1986, S. 15.

② *Christian Starck*, Vorrang der Verfassung und Verfassungsgerichtsbarkeit, in: *Christian Starck*, *Albert Weber* (Hrsg.), Verfassungsgerichtsbarkeit in Westeuropa, Teilband 1: Berichte, Baden-Baden 1986, S. 15 – 16.

③ [荷兰]斯宾诺莎：《神学政治论》，温锡增译，商务印书馆 1997 年版，第 66 ~67 页。

④ [荷兰]斯宾诺莎：《神学政治论》，温锡增译，商务印书馆 1997 年版，第 68 ~70 页。

的权利,即“凡为法律所辖制的人不能因为守法即为一公正之人”[①]。所以,在斯宾诺莎那里,“神律”与“自然”是最高的,也是“明明可知的”,人律要遵从“神律”,不能与“神律”相违背。

爱德华·柯克爵士(Sir Edward Coke)在1610年关于卡尔文案(Calvin's Case)的法律报告中阐述了他的自然法思想:“1. 依照自然法,臣民对主权者的忠诚与服从是正当的;2. 自然法是英国法的一部分;3. 这种自然法先于世界上任何审判所采用的法律或国内法;4. 自然法是永恒的,不能被改变。”[②]柯克还提出:“上帝在造人的时候,为了保全和指导人类而在人心中注入了自然法。它就是Lex aeterna,即道德法,也称为自然法。这种法由上帝的手指写在人的心灵上,在摩西书写法律之前,上帝的子民长期以来一直由这种法管理着……”[③]所以,柯克的论述很明确,自然法即“上帝之法”,它先于国家和人类社会而存在,同时,自然法是一个国家法律的有机组成部分,其效力高于一国的制定法。

布莱克斯通认为,所有生命和事物都“自然而然地遵循着一种神奇的方式在运行着,并受到伟大的造物主所设定的永恒正确的规律的指引”,人作为造物主的一种创造物,“不可避免地受其创造者所设定的规制的控制”“在所有方面均须遵从其创造者的意志”,这种造物主的意志就是“自然法”。[④] 所以,在最普遍、最广泛的意义

---

① [荷兰]斯宾诺莎:《神学政治论》,温锡增译,商务印书馆1997年版,第67页。

② [美]爱德华·S.考文:《美国宪法的“高级法”背景》,强世功译,李强校,生活·读书·新知三联书店1996年版,第44页。

③ [美]爱德华·S.考文:《美国宪法的“高级法”背景》,强世功译,李强校,生活·读书·新知三联书店1996年版,第44页。

④ [英]威廉·布莱克斯通:《英国法释义》(第1卷),游云庭、缪苗译,上海人民出版社2006年版,第50~51页。

上,法律就是一种“运动规律”,这种运动规律是由某些地位较高者预先设定的,所有地位较低者都必须予以遵守。[①] 所以,布莱克斯通在《英国法释义》的“导论”中写道:“自人类存在之日起便由上帝亲自制定自然法,其所具有的约束力理所当然地高于其他任何法律。这种约束力无时不有,无所不在,所有与之抵触的人类法律均归于无效。至于那些有效的人类法律所具有的全部的强制力和权威性,也都直接或间接地源于自然法。”[②]同时,造物主将法律的公平正义与每个人的幸福紧密地联系在一起,因此,人类要认识自然法,探寻自然法的基本原则必须依靠人类的“正确的理性”。[③] 布莱克斯通所说的“理性”亦即洛克所言的“人的意识”,“因为,既然自然法是不成文的,除在人们的意识之外无处可找,如果没有专职的法官,人们由于情欲或利害关系,便会错误地加以引证或应用而不容易承认自己的错误”[④]。

无论在古代中国还是西方,人类社会法律的发展与宗教和道德存在密切关系,相互之间存在重要影响。如梅因所指出的:“把法律从道德中分离出来,把宗教从法律中分离出来,非常明显属于智力发展的较后阶段的事。”[⑤]诸多研究表明,西方的宪法观念和法律理

---

① [英]威廉·布莱克斯通:《英国法释义》(第1卷),游云庭、缪苗译,上海人民出版社2006年版,第50页。

② [英]威廉·布莱克斯通:《英国法释义》(第1卷),游云庭、缪苗译,上海人民出版社2006年版,第53页。

③ [英]威廉·布莱克斯通:《英国法释义》(第1卷),游云庭、缪苗译,上海人民出版社2006年版,第52页。

④ [英]洛克:《政府论》(下篇),叶启芳、瞿菊农译,商务印书馆1996年版,第84页。

⑤ [英]梅因:《古代法》,沈景一译,商务印书馆1959年版,第10页。

论根植于其基督教信仰及与之相关的政治思想，现代西方国家的法律制度是建立在过去两千年中基督教所创造的各种心理基础和诸多价值之上的。① 但是，法律不同于宗教，人类对法律的认知和遵从也不同于宗教信仰。在西方，从“自然法”向“实在法”转化的过程中，人的“理性”起到根本性作用，经过人的理性“转化”之后的“自然法”或“上帝之法”成为适用于人类社会的法律。所以，在洛克看来，用以限制国家权力以及保障个人权利和自由的“法律”必须是这种通过人的“理性”而产生的“法律”，其中，立法者的“理性”尤为重要。按照这样的逻辑，执法者履行职权必须以这种“法律”为基础：“立法或最高权力机关不能揽有权力，以临时的专断命令来进行统治，而是必须以颁布过的经常有效的法律并由有资格的著名法官来执行司法和判断臣民的权利。”②

博登海默将古典自然法哲学的发展分为三个阶段，其中第一个阶段是“文艺复兴和宗教改革以后发生的从中世纪神学和封建主义中求解放的过程”，其主要标志是新教的兴起和政治上的开明专制。③ 在这一阶段以及此后的发展过程中，人的“理性”得到重视并且在法律的发展中发挥了重要作用，人们通过“理性”来制定法律规则，同时，法律的功能和作用的范围不断扩大。

近代早期以来，立法也遵循着“理性”和“法治”的理念或者说以

---

① [美]伯尔曼：《法律与宗教》，梁治平译，中国政法大学出版社 2003 年版“代译序”，第 6 页。

② [英]洛克：《政府论》（下篇），叶启芳、瞿菊农译，商务印书馆 1996 年版，第 84 页。

③ [美]博登海默：《法理学：法律哲学与法律方法》，邓正来译，中国政法大学出版社 1999 年版，第 41 页。

“理性”和“法治”的理念为基础，其中法典编纂和“调控性立法”是两种重要的立法方式。从总体上看，法典编纂的目的在于将流传下来的法院惯例(usus fori)与学术理论统一化和系统化并以法典的形式表现出来。① 在本质上，法典编纂是追溯既往的，因为它的中心目标就是对法官造法和学术界系统化的长期成果予以体系化，埃塞尔将法典编纂释义为“在深奥的法学中追溯完善的系统知识”②。与法典编纂相比，“调控性立法”的发展规模和适用的范围都在不断扩大，其典型特征是与政治有着紧密的联系。调控性立法起因于特定的政治目的，而这种政治目的的实现需借助于作为政治行为工具的规范制定，因此，立法在国家制度建构和制度发展过程中一直充当重要的行动工具和调控工具。“它是一种政治工具，用来为政府和行政部门实现一定的制度目的。”③在中世纪政治理论的比喻中，它就是那个舵，使国王的水手能够像驾驭舟船那样驾驭其所意欲控制

① *Thomas Simon*, Was ist und wozu dient Gesetzgebung? Kodifikation und Steuerungsgesetzgebung: Zwei Grundfunktionen legislativer Normsetzung, in: *Gerald Kohl*, *Christian Neschwara*, *Thomas Simon* (Hg.), Festschrift für Wilhelm Brauneder zum 65. Geburtstag. Rechtsgeschichte mit internationaler Perspektive, Wien 2008, S. 640.

② *Thomas Simon*, Was ist und wozu dient Gesetzgebung? Kodifikation und Steuerungsgesetzgebung: Zwei Grundfunktionen legislativer Normsetzung, in: *Gerald Kohl*, *Christian Neschwara*, *Thomas Simon* (Hg.), Festschrift für Wilhelm Brauneder zum 65. Geburtstag. Rechtsgeschichte mit internationaler Perspektive, Wien 2008, S. 641.

③ *Thomas Simon*, Was ist und wozu dient Gesetzgebung? Kodifikation und Steuerungsgesetzgebung: Zwei Grundfunktionen legislativer Normsetzung, in: *Gerald Kohl*, *Christian Neschwara*, *Thomas Simon* (Hg.), Festschrift für Wilhelm Brauneder zum 65. Geburtstag. Rechtsgeschichte mit internationaler Perspektive, Wien 2008, S. 639.

的政治组织。[①] 因此,“调控性立法”以将来的预期为目标,具有调整“社会整体状况”变化的功能。立法者常以这种立法行为力求规制个别问题的裁决、限制司法机构的自由裁判。[②]

二、作为“高级法”的“基本法律”

虽然自然法可以为世俗国家的法律提供“高级法”的基础,但是在实际效力方面还是有明显的“缺陷”。在此,我们或许可以求助于“契约”思想,将其作为“统治契约”观念的基础,也可作为统治者和各阶层之间“契约”的基础。这种意义上的“契约”即为“基本法律”(leges fundamentales),国家的权力亦应依据“基本法律”行使,因为在自然法上,“约定必须遵守”(pacta sunt servanda)是一个基本的原则。因此,在自然法和契约观念的基础上,“基本法律”(或曰“宪法”)规范的优先性得以确立。[③] 所以,这种导源于自然法理论的观念被应用于以契约为基础的“基本法律”或宪法,这些“基本法律”或宪法成为具有较高等级的实在法,并且至少部分地涵括了实在化了

---

① *Thomas Simon*, „Gute Policey“. Ordnungsleitbilder und Zielvorstellungen politischen Handelns in der frühen Neuzeit, Frankfurt am Main 2004, S. 47.

② *Thomas Simon*, Was ist und wozu dient Gesetzgebung? Kodifikation und Steuerungsgesetzgebung: Zwei Grundfunktionen legislativer Normsetzung, in: *Gerald Kohl*, *Christian Neschwara*, *Thomas Simon* (Hg.), Festschrift für Wilhelm Brauneder zum 65. Geburtstag. Rechtsgeschichte mit internationaler Perspektive, Wien 2008, S. 639 –640.

③ *Christian Starck*, Vorrang der Verfassung und Verfassungsgerichtsbarkeit, in: *Christian Starck*, *Albert Weber* (Hrsg.), Verfassungsgerichtsbarkeit in Westeuropa, Teilband 1: Berichte, Baden-Baden 1986, S. 19.

的自然法。[①] 在此意义上，自然法在两个方面提供了重要基础：在内容方面，提供了人的“自然权利”或“天赋权利”的观念，为个人免受国家权力的不法侵害提供了理论上的基础；在形式方面，提供了法律规范等级观念的基础，即自然法或上帝之法具有最高的效力。

在中世纪的西欧，如维诺格拉多夫(Paul Vinogradoff)所言，“封建制度”[②]占据了支配地位，但是我们不可能对其准确地予以定义，因为各个地区在不同时期的发展程度是不一样的，所以各个地区的“封建制度”都各具特色。[③] 尽管如此，西欧的封建制度既体现出一种人身关系，也体现出一种财产关系，其中既包含有私权利，也涵括有公义务，同时也具有忠诚和服务的意涵。领主和封臣之间的这种关系亦类似于一种契约关系，契约双方既享有一定的权利和利益，又需承担一定的义务和责任。马克·布洛赫认为，“附庸的臣服是

---

① *Christian Starck*, Vorrang der Verfassung und Verfassungsgerichtsbarkeit, in: *Christian Starck*, *Albert Weber* (Hrsg.), Verfassungsgerichtsbarkeit in Westeuropa, Teilband 1: Berichte, Baden-Baden 1986, S. 16.

② 这里姑且以“封建制度”称之。据析，“Feudal”系 17 世纪的法国和英国的法学家为论述中世纪的“法律制度”、法律习俗及政治机构而创造的一个概念，该词源于法语中的“领地”(feu, feud 或 feudum)，并由此产生了“feudalism”的概念。弗朗索瓦·冈绍夫认为，它“创造并规定了一种自由人(附庸)对另一种自由人(领主)的服从和役务——主要是军役——的义务，以及领主对附庸提供保护和生计的义务。”《简明不列颠百科全书》将“封建主义”的基本特性概括如下：“一种以土地占有权和人身关系为基础的关于权利和义务的社会制度。在这种制度中，封臣以领地的形式从领主手中获得土地。封臣要为领主尽一定的义务，并且必须向领主效忠……在这样的社会里，那些完成官方任务的人，由于同他们的领主有私人的和自愿的联系，接受以领地形式给予的报酬，这些领地可以世袭。封建主义的另外一个方面是采邑制或庄园制，在这种制度中，地主对农奴享有广泛的警察、司法、财政和其他权利。”参见冯天瑜：《“封建”考论》，武汉大学出版社 2007 年版，第 146 ~152 页。

③ 参见[美]乔治·萨拜因：《政治学说史：城邦与世界社会》(第四版)，托马斯·索尔森修订，邓正来译，上海人民出版社 2015 年版，第 340 页。

一种名副其实的契约,而且是双向契约。如果领主不履行诺言,他便丧失其享有的权利。因为国王的主要臣民同时也是他的附庸,这种观念不可避免地移植到政治领域时,它将产生深远的影响。"[①]虽然在这种契约中,双方的地位是不平等的,但是他们之间存在相互依存的义务关系:附庸(封臣)服从的条件是领主认真履行契约所规定的义务。[②] 在《封建社会》一书的最后,马克·布洛赫指出,西欧封建主义的独特性在于,它强调一种可以约束统治者的契约观念,并且给西欧文明留下了人们"现在依然渴望拥有的某种东西"。[③] 无疑,这种人们"现在依然渴望拥有的某种东西"中的重要一种就是马克·布洛赫所述的通过封建制度来约束统治者的"契约观念"及以此为基础的法律观念。

尽管这种"封建契约"的观点受到一些学者的批评,但是借助于这种观点,我们可以更好地理解神圣罗马帝国的制度状况以及自1495年开始的"帝国改革"(Reichsreform)[④]所体现出的一些思想观念。在神圣罗马帝国,这种领主和封臣(附庸)之间的契约关系体现

---

① [法]马克·布洛赫:《封建社会》,张绪山译,郭守田、徐家玲校,商务印书馆2004年版,第712页。

② [法]马克·布洛赫:《封建社会》,张绪山译,郭守田、徐家玲校,商务印书馆2004年版,第367页。

③ [法]马克·布洛赫:《封建社会》,张绪山译,郭守田、徐家玲校,商务印书馆2004年版,第714页。

④ 神圣罗马帝国的"帝国改革"始于1495年,但是对于"帝国改革"的时间下限,学术界则没有达成统一的认同。多数学者将其限定为1495年至1521年(或者延至"第二帝国咨政院"结束),但是此时的帝国改革远未结束,也有少数学者将其下限延至1555年《奥格斯堡宗教和约》的达成。但是,直至1648年的《威斯特伐利亚和约》才对帝国的相关问题,特别是帝国改革所涉及的诸多问题作出终局性的规定。参见王银宏:《1495年"帝国改革"与神圣罗马帝国和平秩序建构之制度困境的反思》,载《比较法研究》2016年第4期。

得更为明显。被誉为神圣罗马帝国最伟大的国家法专家的约翰·斯蒂芬·皮特(Johann Stephan Pütter)在1784年论道,神圣罗马帝国“是由联系松散的主权国家组成,如同欧洲国家之联合”。神圣罗马帝国可被视为一个由一些具有“较大独立性”的世俗和教会领地通过“契约关系”而联合在一起的集合体。在神圣罗马帝国,帝国的皇帝①也是这种契约关系中的一方当事人。作为帝国“统治者”的皇帝和帝国各阶层之间的“统治契约”成为帝国得以存续的重要基础。在此意义上,这种“统治契约”即帝国的“基本法律”或曰“宪法”。最晚自17世纪开始,这种“基本法律”(Grundgesetze)的观念在欧洲国家的政治理论和法律实践中发挥了重要作用,并且“始终与有意识地限制权力相关联”②。在神圣罗马帝国,这种“基本法律”在限制帝国皇帝的权力方面起到重要作用。

神圣罗马帝国的这种“基本法律”观念体现为帝国议会通过的诸多“帝国基本法”(Reichsgrundgesetz),包括1356年《金玺诏书》、1495年《永久和平条例》、1555年《奥格斯堡宗教和约》、1648年《威斯特伐利亚和约》以及自卡尔五世在1519年当选为帝国皇帝之后每位帝国皇帝的当选者与选侯之间签署的《选举让步协议》(Wahlkapitulation)等。这些“帝国基本法”既体现出“契约”的观念特性,也具有法律效力方面的优先性。例如,1495年《永久和平条例》规定,无论其特权和地位如何,任何人都不得藐视该条例,任何

---

①　根据1356年《金玺诏书》,选侯们选出“德意志国王”或“罗马人的国王”,经加冕后成为神圣罗马帝国的皇帝,帝国的皇帝同时也是其家族的世袭领地的统治者。

②　*Christian Starck*, Vorrang der Verfassung und Verfassungsgerichtsbarkeit, in: *Christian Starck*, *Albrecht Weber* (Hrsg.), Verfassungsgerichtsbarkeit in Westeuropa. Teilband 1: Berichte, Baden-Baden 1986, S.16.

法律亦不能废除该条例，与此相对立的特权、习俗和结盟亦被禁止（第 9 条、第 11 条）。

值得注意的是，神圣罗马帝国的这些“帝国基本法”并非自始就被称为“帝国基本法”并发挥“帝国基本法”的作用，而是在之后的历史发展过程中被赋予了“基本法律”的地位和意义。例如，将 1356 年《金玺诏书》称为“帝国基本法”的官方表述，最早可见于费迪南三世（Ferdinand Ⅲ.）1636 年颁发的《选举让步协议》。[①] 对于 1555 年《奥格斯堡宗教和约》而言，虽然它规定了天主教和路德新教之间“宗教和解”以及帝国阶层的宗教自由，也体现出一定程度的“宗教宽容”“权利保障”与“利益保护”的观念，但是，“宗教宽容”和“权利保障”并非当时各方的主观意愿和主要目的，在很大程度上是各方妥协的产物和不得不作出的让步。[②] 在之后的历史发展过程中，1555 年《奥格斯堡宗教和约》完成了“意义的转化”，从一种临时性的宗教解决方案转变为体现了宗教自由和宗教平等的“神圣的帝国基本法”。[③] 对于 1648 年《威斯特伐利亚和约》而言，也是如此。《威斯特伐利亚和约》规定了较为广泛的宗教自由和宗教平等的内

---

① 对《金玺诏书》的第一次学术讨论出现在 1610 年，时值普法尔茨选侯家族的两个分支就后来的普法尔茨选侯弗里德里希五世（Friedrich V.，Winterkönig）（1610～1623 年在位）的监护问题以及与之相关的选侯权力问题爆发争论。Vgl *Armin Wolf*, Die Goldene Bulle, Graz 2002, S. 90, FN 67.

② 参见王银宏：《人性、宗教信仰与帝国秩序——1555 年〈奥格斯堡宗教和约〉及其规制意义》，载《史学月刊》2019 年第 11 期。

③ *Martin Heckel*, Der Augsburger Religionsfriede. Sein Sinnwandel vom provisorischen Notstands-Instrument zum sakrosankten Reichsfundamentalgesetz religiöser Freiheit und Gleichheit, in: *Joachim Gaertner*, *Erika Godel* (Hrsg.), Religionsfreiheit und Frieden. Vom Augsburger Religionsfrieden zum europäischen Verfassungsvertrag, Frankfurt am Main 2007, S. 13.

容,并且试图以此为基础来实现神圣罗马帝国内部的宗教和平与世俗秩序,同时还规定在仍存在宗教争端的地区,在达成友好的宗教协议之前,各方应和平共处、彼此尊重,任何一方不得干扰另一方的宗教活动、教堂仪式及对教堂的使用,而《奥斯纳布吕克和约》[①]第5条更是明确指出,更为广泛的宗教自由协议仍未达成,但是期待各方在下一届帝国议会或其他地方以友好的方式进行调停或斡旋。在此意义上,特鲁茨·伦托夫(Trutz Rendtorff)认为,1648年《威斯特伐利亚和约》可以被看作是一种“暂时的妥协”方案。[②] 就此而言,《威斯特伐利亚和约》在国际法史上具有重要地位,被视为“近代国际法的开端”“欧洲公法的开端”“在宗教信仰方面保障少数人权利的国际法”“奠定国家主权及其相互之间平等的基础”等,[③]其重要原因在于《威斯特伐利亚和约》在之后的历史发展过程中因其自身的内容而被赋予了这些历史意义。

在德意志地区,“基本法律”虽然不是现代意义上的宪法,但是同样包含了高于一般性规范的观念,这首先体现在王位继承法、皇帝与帝国各阶层之间订立的基本性契约——“帝国基本法”之中,所

---

① 1648年《威斯特伐利亚和约》由《奥斯纳布吕克和约》和《明斯特和约》组成,最终于1648年10月24日分别在当时的奥斯纳布吕克和明斯特签署,其原称分别是《神圣罗马皇帝与法兰西国王以及其同盟者之间的和平条约》和《神圣罗马皇帝与瑞典女王以及其同盟者之间的和平条约》。

② *Trutz Rendtorff*, Religion und Konfession. Zur Bedeutung des Westfälischen Friedens von 1648 für den politischen Rechtsfrieden, in: Leviathan, Vol. 27, No. 2, 1999, S. 239.

③ *Meinhard Schröder*, Der Westfälische Friede—eine Epochengrenze in der Völkerrechtsentwicklung?, in: *Meinhard Schröder* (Hg.), 350 Jahre Westfälischer Friede: Verfassungsgeschichte, Staatskirchenrecht, Völkerrechtsgeschichte, Berlin: Duncker & Humblot GmbH, 1999, S. 120 –121.

以,17 世纪和 18 世纪的德意志国家法理论首先涉及的是这些“基本法律”的效力以及与统治者的“主权”相关的问题。[①] 在奥地利宪法史著作中,“宪法”在实质意义上大多是作为“国家组织法”来理解的,因而,哈布斯堡家族的王室法、继承法及 1713 年《关于哈布斯堡领地继承权的王室法》等均属于“宪法”,因为在一个绝对主义君主国中,关于王位继承的规定是最重要的宪制问题。[②] 因而,所谓的神圣罗马帝国的“宪法”并不是近现代国家法意义上具有统一的成文形式的法律性文件,其毋宁是在“基本法律”(leges fundamentales)的观念下对传统惯例、习俗以及实践中所确立和适用的规范的确认。尽管如此,这种“基本法律”观念及其所具有的优先性地位奠定了近现代宪法在一国法律体系中的效力基础。

三、法律规范的位阶等级

根据马克思主义法学的一般定义,法律规范是由国家制定或认可并由国家强制力保证实施的,反映由特定社会物质生活条件所决定的统治阶级意志或人民意志,以权利义务为内容,以确认、保护和发展对统治阶级或人民有利的社会关系、社会秩序和社会发展目标为目的的行为规范体系。[③] 按照不同的标准,法律规范可以划分为不同的类型,例如授权性规范、义务性规范和禁止性规范的区分,强

---

① *Christian Starck*, Vorrang der Verfassung und Verfassungsgerichtsbarkeit, in: *Christian Starck*, *Albert Weber* (Hrsg.), Verfassungsgerichtsbarkeit in Westeuropa, Teilband 1: Berichte, Baden-Baden 1986, S. 19.

② *Kurt Heller*, Der Verfassungsgerichtshof, Wien 2010, S. 85.

③ 张文显主编:《法理学》(第 5 版),高等教育出版社 2018 年版,第 83 页。

制性规范和任意性规范的区分，调整性规范和构成性规范的区分等。按照法律规范所具有的不同法律效力，一般可分为宪法、法律、法规、规章等。法律规范体系是指由一国现行的全部法律规范按照不同的法律部门分类组合而形成的一个体系化的、有机联系的统一整体。这就要求法律规范体系结构严密，要求法律规范的内在协调和融贯统一，一切法律规范都不能与宪法相抵触，下级规范不能与上级规范相抵触，同时也要求同级规范之间的和谐一致。法律规范体系是客观法则和主观属性的有机统一，其统一性和系统性“决定于一国现行法规范都是同一经济基础的上层建筑的特殊组成部分，反映着同一社会政治制度的特点和同样的阶级意志，有着共同的指导思想和完成着同样的使命”。[①]

在不同国家存在不同层级的法律规范及相关的法律规范理论，例如，对于何为“法律规范”、何为“无效的”法律规范，不同国家有不同的规定，不同学者对此提出了不同的理论。一般认为，被一国的相关法律机构宣告为违宪的法律规范即为无效的法律规范，被相关机构撤销的法律规范原则上不再具有法律效力。在奥地利，被宪法法院裁定为违宪的规范一般自裁决公告之日起无效（通常是在联邦法律公报或州法律公报上公告），但是，宪法法院也可以为被宣告为违宪的规范设定其失效的期限：对于法规，该期限不超过6个月；对于法律，不超过18个月。自该期限届满之日起，该被宣告为违宪的规范才不再具有法律效力。

尽管各国的法律形式和法律制度各有不同，但是保持其法律规

---

① 张文显主编：《法理学》（第5版），高等教育出版社2018年版，第100~101页。

范的统一性是各国法律制度都要解决的重要问题。法律体系中不同层级法律规范之间的统一性涉及法律规范的位阶等级理论。该理论由凯尔森的学生阿道夫·梅克尔(Adolf Julius Merkl)在凯尔森的法律理论基础上最终发展和完善的,因此,该理论一般被看作是阿道夫·梅克尔的理论。梅克尔曾指出,法律规范体系是授权性法规范(ermächitigende Rechtsnormen)的"遗传体系"。[①] 在这个体系中,上级规范决定下级规范的制定程序和内容。在凯尔森的纯粹法理论中,基础规范(Grundnorm)是所有实在法规范的最终效力根据。但是,这种基础规范仅涉及法律秩序中规范的创制,并不决定规范的具体内容。在实在法秩序中,法律规范的内容完全由立法者的意志行为所决定。[②] 由于立法者的意志行为有时可能是错误的,这意味着立法者所制定的法律有可能是违宪或者违反上级规范的,所以,在实践中,低等级规范与高等级规范之间的冲突是不可避免的。[③] 因此,对法律规范的合宪性和合法性进行审查是必要的,也是实现法律规范体系统一性的重要方式。

宪法在一国法律体系中具有最高的法律效力,现在已成为基本共识,但是各国的宪法规范和宪法的类型并不相同。例如,奥地利宪法与英国宪法一样,可归入"柔性宪法",从形式上看,奥地利宪法的核心是在第二次世界大战后重新生效适用的1929年修改后的

---

① *Adolf Merkl*, Prolegomena einer Theorie des rechtlichen Stufenbaues, in: Gesellschaft, Staat und Recht. Festschrift für Hans Kelsen, Wien 1931, S. 252ff.

② *Hans Kelsen*, On the Basic Norm, in: California Law Review, 47. Band, 1959, Nr. 1, pp. 107 -110;也见《论基础规范》,张书友译,载张书友:《凯尔森:纯粹法理论》附录二,黑龙江大学出版社2013年版,第212 ~216页。

③ *Hans Kelsen*, Reine Rechtslehre (2. Aufl.) (Wien 1960), S. 271.

《联邦宪法法》(B-VG),此外还包括约100个宪法性法律及300多个散见于联邦法律和国家条约中的宪法决议和宪法规定等。在法律效力的等级方面,在联邦宪法性法律之上还有“整体改变的”(gesamtänderte)宪法,“整体改变”意味着《奥地利联邦宪法法》的整体改变或者重新颁布一部新宪法。但是,在奥地利的法律理论中,“整体改变”原则中也存在一些不容改变的宪法内容和宪法原则,在第二次世界大战之前这些不容改变的宪法内容主要是民主——共和原则和联邦国家原则,第二次世界大战之后增加了法治国家原则,此外还有一些由此衍生的重要宪法原则,例如自由原则、分权原则、世俗与宗教分离的原则等。①

在“法治国家”中,宪法和宪法规范在一国的法律规范体系中具有优先性,不仅需要通过相应的制度保障公民个人的宪法权利(或曰基本权利),而且要通过相应的制度保障宪法通过其自身所确立的优先性地位以及保障其他法律规范不与宪法规范相抵触,保障下级规范不违反上级法律规范,同时也保障国家机构在宪法和法律确定的范围内活动,以宪法和法律为基础实现政治的“法治化”。但是,我们应当看到,在西方历史上,对个人权利和自由的保障最初只是针对某个特定等级或阶层的人所享有的权利和自由,而非所有人的平等权利和自由。

① *Manfred Stelzer*, Grundzüge des Öffentlichen Rechts (Wien 2005), S. 12 - 13.

第二节 自然法观念的“法律化”

在西方的自然法观念到实在法的转变过程中,人们的“理性”起到“中介”和“桥梁”的作用,基于此,不少学者和思想家所持的是“法的发现观”,即基于“理性”之法是客观存在的,需要人们通过其智慧和认知来发现。在18世纪末和19世纪初,欧洲历史上出现的1794年《普鲁士一般邦法典》、1804年《法国民法典》、1811年《奥地利普通民法典》等自然法法典编纂活动并非偶然。这些法典被视为欧洲18~19世纪法典化运动中典型的立法成果,因其深受自然法思想的影响,因而被称为“自然法法典”。这里以1811年《奥地利普通民法典》的编纂为例予以论述。卡尔·安东·冯·马蒂尼(Karl Anton von Martini)和弗朗茨·冯·蔡勒(Franz von Zeiller)是神圣罗马帝国后期重要的自然法学者,也是德意志历史上自然法学的重要代表。通过马蒂尼、蔡勒等人的智识和努力,特别是通过他们编纂奥地利民法典将自然法的理念融入法典编纂之中,自然法与实在法、自然权利与个人实在享有的基本权利及相关权利之间的理论和实践逻辑被建构起来,实现了自然法观念和自然权利的“法律化”和“法典化”。

一、马蒂尼和蔡勒的自然法思想

卡尔·安东·冯·马蒂尼是德意志地区的一位十分重要的自然法学者,也是神圣罗马帝国最重要的自然法学代表者。他在年仅

28岁时就成为维也纳大学的法学教授,之后成为神圣罗马帝国皇帝约瑟夫二世(Joseph Ⅱ.)(1741～1790年)和利奥波德二世(Leopold Ⅱ.)(1747～1792年)的老师,并担任诸多宫廷和帝国的职位,在法律史、自然法和国家法等方面具有重大的影响。马蒂尼不仅通晓自然法,还精通罗马法,为约瑟夫二世时期的改革(政治改革、司法改革、学校改革等)和1811年《奥地利普通民法典》(ABGB)的编纂作出了重要贡献。约瑟夫・冯・索南费尔斯(Joseph von Sonnenfels)(1733～1817年)、弗朗茨・冯・蔡勒等均是他的学生。

弗朗茨・冯・蔡勒被誉为奥地利民法典的“创造者”(Schöpfer)。蔡勒于1751年出生于格拉茨(Graz),在他完成高中学业之前,其父亲菲利普・蔡勒(Philipp Zeiller)就去世。蔡勒勤奋好学,在1768年即已完成哲学博士相关课程的学习,而后到维也纳大学学习法学,在维也纳大学受到当时重要的自然法学者马蒂尼的影响,并于1774年成为他的“代理教师”(Supplent),之后接替马蒂尼的教授讲席。马蒂尼去世之后,他又继续马蒂尼的民法典编纂工作,最终在1811年完成了《奥地利普通民法典》的编纂。蔡勒曾多年担任维也纳大学法学院院长和维也纳大学校长,即使在编纂奥地利民法典期间,他亦未中断大学课程的讲授。①

马蒂尼和蔡勒的法律理论均与启蒙运动和自然法观念紧密联系。马蒂尼和蔡勒的自然法观念是一种“市民——理性的”观念,既体现出市民的自由和平等理念,也反映出时代的自然理性观念。他们通过民法典的编纂,以其智慧和渊博的学识帮助奥地利铺设了

① Vgl *Franz von Zeiller*, Grundsätze der Gesetzgebung 1806/09 (Hg. von *Erik Wolf*), Frankfurt am Main 1948, S. 43－45.

“通往市民社会之路”。[①]

自然法在马蒂尼的理论体系中居于重要地位。《自然法理论观念》是马蒂尼的重要著作。《自然法理论观念》一书的内容分为两大部分，第一部分主要论述人的本质和道德状态及人的一般权利、自然法的渊源、特性及其在不同方面的适用；第二部分则主要论述了人对上帝的义务、自然正义、财产取得的方式、契约及其类型、与共同体（家庭）相关的权利和义务及继承权等方面的内容。[②] 马蒂尼在《自然法理论观念》一书中亦反复强调自然法的重要性：自然法是所有法学知识中最重要和最必不可少的科学。不同民族的道德与习俗，无论被视为理性的还是非理性的，都需要受到自然法标准的评断。[③] 自然法指向人类所有的自由行为，永远不会被任何新的制定法废除或更改，[④]而完整明晰的自然法观念首先通过“理性”才能获得[⑤]。马蒂尼也从自然理论出发，以契约（社会契约）作为共同体建构的基础：契约与法律是共同体（包括家庭和婚姻）成立的基础，而当法律和契约被解除，不再具有拘束力时，共同体亦不再具有存在的基础。[⑥] 在马蒂尼看来，婚姻是一种最简单和具有存在必要性的共同体，其中男女双方的地位是同等的，双方都不具有对另一方的

① *Hermann Klenner*, Über Martinis Naturrechtsbegriff, in: *Heinz Barta*, *Rudolf Palme*, *Wolfgang Ingenhaeff* (Hg.), Naturrecht und Privatrechtskodifikation. Tagungsband des Martini-Colloquiums 1998, Wien 1999, S. 208.

② Vgl Freyherr von Martini, Lehrbegriff des Naturrechtes, Wien 1787.

③ Freyherr von Martini, Lehrbegriff des Naturrechtes, Wien 1787, S. 95.

④ Freyherr von Martini, Lehrbegriff des Naturrechtes, Wien 1787, S. 89.

⑤ Freyherr von Martini, Lehrbegriff des Naturrechtes, Wien 1787, S. 32.

⑥ Freyherr von Martini, Lehrbegriff des Naturrechtes, Wien 1787, S. 287.

统治权，二人互信互爱，目的是生育和培养子女。① 由此，马蒂尼的自然法理论观念涵括了婚姻自由和男女平等等基本原则。

马蒂尼的诸多论著都体现出世俗自然法的平等和自由观念，他也力图以自然法理论来改进罗马法，将自然法的理念贯彻于民法典的编纂之中。马蒂尼的自然法理论观念对奥地利民法典编纂的影响，不仅体现在具体的条文规定之中，也是奥地利民法典整体“建筑设计”的自然法之基。约翰内斯·米歇尔·莱纳（Johannes Michael Rainer）指出，无论是在法典的结构（依据盖尤斯《法学阶梯》的结构）方面，还是在实质内容方面，1811 年《奥地利普通民法典》的多数规定在“马蒂尼草案”中都有迹可循，如民法典中关于婚姻、家庭、监护以及物权、所有权、获取财产的方式等诸多方面。② 而“马蒂尼草案”中的不少规定亦是直接源于马蒂尼的论著，例如“马蒂尼草案”第三部分的第 7 条、第 9 条以及第 18 条以下诸条关于契约方面的规定几乎逐字抄录了马蒂尼的《自然法理论观念》一书中 §452、§453 以及 §458 以下诸节的论述。③ 此外，“马蒂尼草案”和 1811 年最终公布的《奥地利普通民法典》中关于天赋权利、意思自治、财产、占有、法律解释等方面的规定亦可在马蒂尼的《自然法理论观念》中找到各相对应的论述。

---

① Freyherr von Martini, Lehrbegriff des Naturrechtes, Wien 1787, S. 289, 290 – 291.

② Vgl *Johannes Michael Rainer*, Zur Entstehung des ABGB, in: *Michael Geistlinger* u. a. (Hg.), 200 Jahre ABGB—Ausstrahlungen. Die Bedeutung der Kodifikation für andere Staaten und andere Rechtskulturen, Wien 2011, S. 33.

③ *Moriz Wellspacher*, Das Naturrecht und das allgemeine bürgerliche Gesetzbuch, in: Festschrift zur Jahrhundertfeier des Allgemeinen Bürgerlichen Gesetzbuches (Erster Teil), Wien 1911, S. 182, FN 24.

值得一提的是,1811 年《奥地利普通民法典》中著名的第 7 条规定明确体现了自然法理念的规定亦是源于“马蒂尼草案”,其中规定,自然法是所有立法的最高渊源,因而,法官在进行裁决时应以自然法为最终准据。① 蔡勒后来在《关于奥地利君主国所有德意志世袭领地的普通民法典之原则的论文》中亦指出,法官需依循“自然的法律原则”进行裁决,他们“处理法律问题的理性可以通过对自然法原则的不断学习得到完善”。② 这条规定在奥地利民法典草案的讨论和审议过程中并无原则性分歧,与会者一致同意蔡勒的意见:对法律漏洞的填补,不能寄希望于法官,也不能寄希望于专制特权,而应选择以“自然的法律原则”为基础填补法律的漏洞。③

如果说马蒂尼的著作主要是对自然法理论观念的阐发和“理性”表达,而蔡勒的著作则主要是在其老师的自然法理论基础上建构自然法与实证法之间的理论关系,奠定民法典编纂的理论基础。蔡勒所著《自然私法》(Das natürliche Privatrecht)(1802 年)一书对《奥地利普通民法典》的编纂具有重要影响。在该著中,蔡勒论述了

---

① *Moriz Wellspacher*, Das Naturrecht und das allgemeine bürgerliche Gesetzbuch, in: Festschrift zur Jahrhundertfeier des Allgemeinen Bürgerlichen Gesetzbuches (Erster Teil), Wien 1911, S. 184.

② *Hofrath von Zeiller*, Abhandlung über die Principien des allgemeinen bürgerlichen Gesetzbuches für die gesammten deutschen Erbländer der österreichischen Monarchie, in: *Wilhelm Brauneder* (Hg.), Abhandlung über die Principien des allgemeinen bürgerlichen Gesetzbuches für die gesammten deutschen Erbländer der österreichischen Monarchie vom Hofrath von Zeiller (Wien 1816 – 1820), Wien 1986, S. 27.

③ *Herbert Hofmeister*, Die Rolle Franz v. Zeillers bei den Beratungen zum ABGB, in: *Walter Selb*, *Herbert Hofmeister* (Hg.), Forschungsband Franz von Zeiller (1751 – 1828), Wien-Graz-Köln 1980, S. 110.

法的概念与法理论的基本原则、人的天赋权利、财产权的法律后果、契约及其类型、一般共同体的权利及特殊共同体(如家庭)的权利等。在该著的第二部分,蔡勒专门论及自然私法的适用问题,具体包括自然法在多大程度上与自然状态相关、法理论与道德的区别、实证法的学术化与哲学性、自然私法的价值以及自然法对实证法的制定与适用的重要影响等方面。① 蔡勒指出,自然法确定了人们经验实践中所有权利和义务的最高原则,也涵括了人的天赋权利及后天获得的权利,因而人们在实证法的立法中应注意人类从自然状态到社会状态的转变,应依据普遍的公民权利和一般的国家法及国家的政治状况进行相应的改变,即在既定的国家中依据自然秩序原则规定人们的法律行为和法律行为的种类,通过制定法律来避免法律行为一般概念中的不确定性,以此最大限度地达至法典的完备性。②

蔡勒对公法与私法有着明确地界定。③ 他认为,涉及公民与国家间关系的基本权利不属于私法,因而这方面的规定是一部民法典中的不谐和之物,不应规定在民法典之中。④ 以此,蔡勒将约

① *Franz Edler von Zeiller*, Das natürliche Privatrecht (3. Aufl.), Wien 1819, S. 26ff.

② *Franz Edler von Zeiller*, Das natürliche Privatrecht (3. Aufl.), Wien 1819, S. 41 –42.

③ *Franz Edler von Zeiller*, Das natürliche Privatrecht (3. Aufl.), Wien 1819, S. 27 –28.

④ *Kurt Heller*, Der Verfassungsgerichtshof, Wien 2010, S. 87.

瑟夫·冯·索南费尔斯所写的具有宪法基本原则性质的“序编”(Einleitung)[①](用以代替其老师马蒂尼所写的“序编”)从《奥地利普通民法典》中删除。[②] 但是,蔡勒将民法典视为保障公民自由和权利的重要基础,故而将“马蒂尼草案”第16条规定的天赋权利条款予以保留,这显现出自然法理念对蔡勒的影响与蔡勒对自然法和自然权利的信念。蔡勒在《自然私法》一书中将这种“天赋权利”定义为“原初权利”(Urrecht):这种权利是理性和自由之人据以维护其尊严之所在,也是维护法定自由之权。[③] 在法典草案的制定过程中,蔡勒亦明确地表达出自己的自然法观念:“法律不是人类拙劣的作品,当权者不是法律的创造者,也不是法律的给予者。所有的法律均源于理性。立法者只是法律理性的宣告者。”[④]

马蒂尼在1788年指出,一部好法典在法典的语言和外在形式方面应具有明晰、简短、准确、简单等特征,唯有如此,法典才能得到人

---

① 索南费尔斯所写的“序编”共13个条款,主要涉及“公民的权利”“公民的自由”“公民的义务”“法律应予遵循的一般理由”“民事私法及其分类”等。Vgl *Sigmund Adler*, Die politische Gesetzgebung in ihren geschichtlichen Beziehungen zum allgemeinen bürgerlichen Gesetzbuche, in: Festschrift zur Jahrhundertfeier des Allgemeinen Bürgerlichen Gesetzbuches (Erster Teil), Wien 1911, S. 114.

② [德]格尔德·克莱因海尔、扬·施罗德主编:《九百年来德意志及欧洲法学家》,许兰译,法律出版社2005年版,第386页。

③ 这种“天赋权利”被基尔克视为“最高的私法权利,是所有其他权利的基础并通过它而得以实现”。参见 Vgl *Franz Edler von Zeiller*, Das natürliche Privatrecht (3. Aufl.), Wien 1819, S. 65; *Moriz Wellspacher*, Das Naturrecht und das allgemeine bürgerliche Gesetzbuch, in: Festschrift zur Jahrhundertfeier des Allgemeinen Bürgerlichen Gesetzbuches (Erster Teil), Wien 1911, S. 188。

④ *Moriz Wellspacher*, Das Naturrecht und das allgemeine bürgerliche Gesetzbuch, in: Festschrift zur Jahrhundertfeier des Allgemeinen Bürgerlichen Gesetzbuches (Erster Teil), Wien 1911, S. 182.

们的认可和普遍遵行。[①] 蔡勒承继了马蒂尼的这种观念，并将其贯穿于民法典的编纂之中。这个方面即是蔡勒所言的一部法典之“形式上的合理性”，也是评判一部法典的外在标准。在蔡勒看来，立法工作除了上述“外在形式”方面的工作之外，另一方面的重要工作是以自然的公平正义为基准，兼顾与其他法律制度的协和性以及所调整国家关系的合理性，进行关于内容原则方面的起草。[②] 蔡勒特别重视对个人自由平等和财产的保障，他亦将这些源于理性自然法的自由理念实践于法典的编纂之中。[③] 基于自然正义和平等的观念，蔡勒批评《法国民法典》在人法和家庭法方面很少有自由性的规定，特别是它过于强调家父权，几乎没有规定女性的权利，尤其是已婚妇女的权利。[④]

---

① *Carl Anton von Martini*, Allgemeines Recht der Staaten, 1788, S. 34f; zitiert nach *Johannes Michael Rainer*, Zur Entstehung des ABGB, in: *Michael Geistlinger* u. a. (Hg.), 200 Jahre ABGB —Ausstrahlungen. Die Bedeutung der Kodifikation für andere Staaten und andere Rechtskulturen, Wien 2011, S. 29, 32f.

② *Wilhelm Braunoder*, Gesetzgebungslehre und Kodifikationspraxis am Beipiel des ABGB, in: *Barbara Dölemeyer*, *Heinz Mohnhaupt* (Hg.), 200 Jahre ABGB (1811 –2011). Die österreichische Kodifikation im internationalen Kondext, Frankfurt am Main 2012, S. 35.

③ *Theo Mayer-Maly*, Zeiller, ABGB und wir, in: *Walter Selb*, *Herbert Hofmeister* (Hg.), Forschungsband Franz von Zeiller (1751 –1828), Wien-Graz-Köln 1980, S. 10.

④ *Johannes Michael Rainer*, Zur Entstehung des ABGB, in: *Michael Geistlinger* u. a. (Hg.), 200 Jahre ABGB—Ausstrahlungen. Die Bedeutung der Kodifikation für andere Staaten und andere Rechtskulturen, Wien 2011, S. 33.

二、马蒂尼、蔡勒与《奥地利普通民法典》的编纂

1811 年《奥地利普通民法典》的编纂可追溯至 1766 年纂成的混合了自然法与罗马法内容的《特雷西娅法典》。奥地利民法典的编纂受到政治权力和皇帝个人偏好的影响，编纂工作时断时续，在约瑟夫二世和利奥波德二世时期分别颁布了《约瑟夫法典》(1786 年)和《约瑟夫法典》的修正案(1791 年)。但是，马蒂尼的自然法理论观念和蔡勒的法典编纂工作最终使 1811 年《奥地利普通民法典》成为一部深受自然法影响的“罗马法法典”。

1790 年，利奥波德二世继承其兄约瑟夫二世的帝国皇帝之位后继续进行民法典的编纂。利奥波德二世为托斯卡纳大公爵(Großherzog der Toskana)时就热衷于法典的编纂，并亲自参与托斯卡纳宪法的制定。1790 年 4 月 2 日，利奥波德二世将原来的“编纂委员会”解散，代之以新成立的“法律事务王室委员会”(Hofkommission in Gesetzsachen)，主席是他最重要的一位老师马蒂尼，原“编纂委员会”的成员没有一位继续留任。《奥地利普通民法典》的立法工作从此与马蒂尼密切联系在一起。[①] 该委员会的任务是，“审查迄今为止颁布的民法、刑法、现行的司法条例及相关立法”，因而其成立的最初目的并不是继续进行法典的编纂，而是审查

---

① 事实上，马蒂尼自 1764 年起就参与了当时几乎全部重要立法的工作，自 1771 年(一说为 1773 年)起就成为前述“编纂委员会”的成员。

和评估约瑟夫二世时期所颁布的法律。[①] 尽管如此,该委员会还是进行了相关的立法准备工作,皇帝亦准许对《约瑟夫法典》进行修改,并在1791年2月22日批准了一个关于《约瑟夫法典》的修正案。该修正案主要涉及八个方面的内容,如限制非婚生子女的权利、由地方侯爵对有疑义的法律进行解释等。[②]

1792年3月1日,利奥波德二世英年早逝,人们担心民法典的编纂工作会再次中断,但是马蒂尼坚持进行法典的编纂工作,在1794年完成了法典草案的第一部分,其内容不同于之前的草案,但亦得益于霍尔滕的工作。在其学生弗朗茨·格奥尔格·冯·基斯(Franz Georg von Kees)的协助下,马蒂尼于1796年年底完成了整部法典草案的编纂,被称为“马蒂尼草案”。[③] 之后,马蒂尼的草案被送交各地区的委员会征求意见,并要求两年内返送回意见。[④] 然而,在1797年2月13日,该草案被略加修订后,由神圣罗马帝国皇帝弗朗茨二世(Franz Ⅱ.)颁布为《西加利西亚法典》(Westgalizisches

① *Philipp Harras Ritter von Harrasowsky*, Geschichte der Codification des österreichischen Civilrechtes, Frankfurt am Main 1968 (Nachruck der Ausgabe Wien 1868), S. 153 – 154; *Christian Neschwara* (Hg.), Die ältesten Quellen zur Kodifikationsgeschichte des österreichischen ABGB, Wien-Köln-Weimar 2012, S. 46.

② Vgl *Philipp Harras Ritter von Harrasowsky*, Geschichte der Codification des österreichischen Civilrechtes, Frankfurt am Main 1968 (Nachruck der Ausgabe Wien 1868), S. 154.

③ *Johannes Michael Rainer*, Zur Entstehung des ABGB, in: *Michael Geistlinger* u. a. (Hg.), 200 Jahre ABGB—Ausstrahlungen. Die Bedeutung der Kodifikation für andere Staaten und andere Rechtskulturen, Wien 2011, S. 28.

④ *Philipp Harras Ritter von Harrasowsky*, Geschichte der Codification des österreichischen Civilrechtes, Frankfurt am Main 1968 (Nachruck der Ausgabe Wien 1868), S. 161.

Gesetzbuch),在西加利西亚地区施行。[①] 同年 11 月,该法典又在东加利西亚(Ostgalizien)地区施行。《西加利西亚法典》的体例、立法技术及法律用语等均成为 1811 年《奥地利普通民法典》编纂的基础。《西加利西亚法典》明确地体现出马蒂尼的自然法理念,其中第一部分和第二部分包含了大量与马蒂尼自然法理念相一致的基本权利方面的规定,其中还区分了以人类本性为基础的天赋权利(马蒂尼称为"人权")与在社会生活中形成的实证法权利(第 4 条)。《西加利西亚法典》第 29 条规定:"属于人类天赋权利的,首要的是人类维持其生命的权利、得到必要生活资料的权利、提升身体和精神力量的权利、保卫自身的权利、主张自己良好声誉的权利以及最终的自由处理和管理完全属于自身的权利。"财产和契约自由(第 30 条)也在该法中被归属于自然权利。第 31 条规定:"这些自然权利是公民社会中不可更改的,因为依据这些权利,人类所被许可的,不能被其他人禁止;人类所被禁止的,其他人也不能予以许可。"我们甚至可以在该法典中找到法治国家的萌芽,例如,第 39 条规定:"未通过规定的司法程序或者所谓的法官意见的判决,不具有任何效力或效果。"除了这些实质性的法律规定之外,该法典还包括了一些人们可以通过法律保护予以的价值(如第 36 条及以下诸条)。[②]

1800 年,马蒂尼逝世。为进行接下来的审议工作,神圣罗马帝国组成了一个审议委员会(Berathungscommission),罗特涵伯爵(Graf Rottenhann)为主席,而弗朗茨·冯·蔡勒于 1801 年成为"法

---

① 这为人们所批评,因为草案还在征求意见的过程中,政府就将其颁布施行,尽管只是在一个地区试行。

② Vgl *Kurt Heller*, Der Verfassungsgerichtshof, Wien 2010, S. 86 -87.

律事务王室委员会”的负责人。[①] “法律事务王室委员会”的第一次会议在1801年12月21日召开，蔡勒在会上作了题为《关于制定一部民事私法的必要性》的演讲，主要从七个方面论述了社会生活中的实证法与法律理论相比所具有的优点，亦即制定普通私法的必要性：(一)一般的法理论只以最具普遍性的法律关系作为研究对象，而普通私法则明确规定一个国家中具有多样性法律行为的一般法律原则及其相应的权利和义务；(二)一般的法理论并不在一般的意义上规定人们的行为或者行为目的，而立法者则必须规定人们的行为及其界限，并且尽可能地预防潜在的争端；(三)思想家只是描述人类的生活状况，而国家的权力者则必须确立法律的范围，保障共同体中所有成员的权利并从多个方面予以界定，必要时还需使用刑罚；(四)诸多在自然法上不确定的或者有问题的财产取得方式，如继承权、时效取得、不能用遗嘱取消的合法继承份额等，则在实证法中得到了明确规定；(五)人们不能从法学教师那里得到权益保障并使行为得到规范，而法律则可以通过司法程序为人们的权益提供保障；(六)自然法学者所提出的那些基本概念和最高原则若在司法实践中直接适用就会出现偏差，而法律作为这些最高原则之具体推论的结果，在其适用过程中则会避免这种状况；(七)法律体系不能总是令人满意地为人们提供关于某一行为的法律后果，因而法律推测(rechtliche Vermutungen)是不可避免的，而制定法律可对此明晰地

---

① *Wilhelm Brauneder* (Hg.), Abhandlung über die Principien des allgemeinen bürgerlichen Gesetzbuches für die gesammten deutschen Erbländer der österreichischen Monarchie vom Hofrath von Zeiller (Wien 1816 – 1820), Wien 1986, S. 9; *Philipp Harras Ritter von Harrasowsky*, Geschichte der Codification des österreichischen Civilrechtes, Frankfurt am Main 1968 (Nachruck der Ausgabe Wien 1868), S. 162f.

予以规定,从而避免司法官员的任意裁断。[①] 以这些内容为基础,蔡勒论述了制定一部民法典的必要性。在蔡勒看来,制定一部民法典的必要性还表现在,可以通过民法典来保障帝国臣民的自由和权利,他在1801年的一次演讲中提及,公平和正义要求“人们有必要通过民法典来保障自由。自由是每一个理性之人的追求;若无自由,人们不再可能实现美满和幸福……”[②]

在1801年成为“法律事务王室委员会”的负责人之后,蔡勒此后工作的重点是奥地利民法典的编纂,[③]他也实质性地推进了民法典的编纂工作。可以说,奥地利民法典的编纂完成在相当大程度上要归功于蔡勒,他将相关的法律编纂材料(特别是婚姻法、损害赔偿、无因管理及合同等方面)完全重新编排,并使之法典化。[④] 1811年6月1日,皇帝弗朗茨二世最终批准颁布了整部法典,名为《奥地利君主国所有德意志世袭领地的普通民法典》,自1812年1月1日起生效。

---

① *Franz von Zeiller*, Notwendigkeit eines bürgerlichen Privatrechts, in: *Franz von Zeiller*, Grundsätze der Gesetzgebung 1806/09 (Hg. von *Erik Wolf*), Frankfurt am Main 1948, S.8-10.

② Vgl *J. Ofner* (Hg.), Der Ur-Entwurf und die Berathungs-Protokolle des Österreichischen Allgemeinen bürgerlichen Gesetzbuches, Band 1, Wien 1889, S.5; zitiert nach *Dieter Grimm*, Das Verhältnis von politischer und privater Freiheit bei Zeiller, in: *Walter Selb*, *Herbert Hofmeister* (Hg.), Forschungsband Franz von Zeiller (1751-1828), Wien-Graz-Köln 1980, S.94.

③ *Theo Mayer-Maly*, Zeiller, ABGB und wir, in: *Walter Selb*, *Herbert Hofmeister* (Hg.), Forschungsband Franz von Zeiller (1751-1828), Wien-Graz-Köln 1980, S.3.

④ *Theo Mayer-Maly*, Zeiller, ABGB und wir, in: *Walter Selb*, *Herbert Hofmeister* (Hg.), Forschungsband Franz von Zeiller (1751-1828), Wien-Graz-Köln 1980, S.9.

1811 年《奥地利普通民法典》颁布后受到一些学者的批评。针对一些批评意见，蔡勒强调，民法典的法律原则“直接源于（实践）理性”，其条文规定是从这些原则“推论”出来的，其适用对象至少是那些“有文化的公民”（gebildeten Bürger），他们能“依据法典知晓自己的权利和义务”，进而支配自己的法律行为。① 针对法典草案进行审查和修改的过程中关于民法典的地位问题以及民法典的完善等方面的批评，蔡勒的回应主要体现在他为民法典所做的评注之中。他在 1811 年至 1813 年出版了大篇幅的关于 1811 年《奥地利普通民法典》的评注，在 1816 年至 1822 年又出版了对该民法典的较小篇幅的“第二次评注”，之后又有“第三次评注”②。实际上，蔡勒的评注不仅是对民法典条款的立法理由的说明，也是对法典条文的解释。这些评注对于奥地利私法和民法学的发展起到了基础性和奠基性作用。蔡勒不仅为奥地利民法典的编纂作出了重要贡献，而且对于刑法、商法、诉讼程序法等法律的制定也作出了重要贡献，如威廉·布劳内德（Wilhelm Brauneder）教授所言，其立法理论具有一种“外在的现代性”（äußere Modernität），在逻辑建构、语言精确和表述简洁

---

① *Wilhelm Brauneder* (Hg.), Abhandlung über die Principien des allgemeinen bürgerlichen Gesetzbuches für die gesammten deutschen Erbländer der österreichischen Monarchie vom Hofrath von Zeiller (Wien 1816－1820), Wien 1986, S. 19f.

② *Gerald Kohl*, Das ABGB in den „Vaterländischen Blättern für den österreichischen Kaiserstaat“: Franz von Zeillers „dritter Kommentar“, in: *Gerald Kohl*, *Christian Neschwara*, *Thomas Simon* (Hg.), Festschrift für Wilhelm Brauneder zum 65. Geburtstag, Wien 2008, S. 229ff.

等方面都有体现。[①]

1811 年《奥地利普通民法典》的编纂者相信,只有将一些具有永恒性和普世性的基本法律原则规定在法典之中,才能能使法典具有长期的适用性,因而深受自然法理念影响的《奥地利普通民法典》与“决疑论”关联甚少。[②] 马蒂尼的自然法理念和蔡勒的法典编纂工作使我们明晓,1811 年《奥地利普通民法典》何以是一部受自然法影响的“罗马法法典”:体现了自然法观念的法典条文与盖尤斯《法学阶梯》体系的结合。为众者所知的第 7 条(填补法律缺陷的“自然的法律原则”)与第 16 条(关于天赋权利的规定)是自然法观念的直接体现;此外,民法典中关于婚姻、家庭、所有权、获取财产的方式、法人及权利保障等方面的规定也深受自然法观念的影响。通过马蒂尼和蔡勒的努力,自然法与实证法之间的有机联系被建构起来。这为奥地利民法典的编纂奠定了理论基础,同时也决定了奥地利民法典的自然法特性。马蒂尼为奥地利民法典确立了原则架构和精神实质,而蔡勒则将其最终完善并促成实现。就此而言,马蒂尼可以被称为奥地利民法典的“奠基者”和“设计师”,而蔡勒则是奥地利民法典的“创造者”和“缔造者”。

1811 年《奥地利普通民法典》是欧洲 18 世纪至 19 世纪自然法

---

① *Wilhelm Brauneder*, Gesetzgebungslehre und Kodifikationspraxis am Beipiel des ABGB, in: *Barbara Dölemeyer*, *Heinz Mohnhaupt* (Hg.), 200 Jahre ABGB (1811 -2011). Die österreichische Kodifikation im internationalen Kondext, Frankfurt am Main 2012, S. 34.

② *Wilhelm Brauneder* (Hg.), Abhandlung über die Principien des allgemeinen bürgerlichen Gesetzbuches für die gesammten deutschen Erbländer der österreichischen Monarchie vom Hofrath von Zeiller (Wien 1816 - 1820), Wien 1986, S. 6.

法典编纂的重要成果之一。启蒙运动、近代科学和世俗自然法的发展以及人们对自身理性认知的改变，共同促成了18世纪中期以来的自然法法典编纂浪潮，自然法理念通过人的理性实现于法典编纂之中，自由权、平等权及财产不受侵犯等权利成为俗世的人们实在享有的权利。在这一时期，伴随启蒙运动而来的，还有国家权力的扩张和国家调控力的增强，形成了所谓的“警察国家”和“干预性国家”，[①]国家权力渗入社会生活的各个方面。与此同时，法律成为国家调控的重要手段，国家对法律规范的需求亦不断增强，法典编纂与“调控性立法”“具体措施法”等立法形式成为国家立法调控的重要方式。[②] 另外，国家立法也促进了近代国家的建构，私法的法典化为自由资本主义的发展提供了法律基础，对个人财产和权利的法律保障则成为国家权力的社会边界。[③]

我们看到，《西加利西亚法典》中关于自然权利和基本权利的相关规定未被1811年《奥地利普通民法典》所接受，特奥·迈耶－马利(Theo Mayer-Maly)将此归因于法国大革命对权利保障所起的反面作用，而库尔特·海勒认为，真正起决定作用的应是当时的奥地利帝国皇帝弗朗茨一世(Franz Ⅰ.)对基本权利规定的疏远、反感和

---

① [德]米歇尔·施托莱斯：《干预性国家的形成与德国行政法的发展》，王银宏译，载《行政法学研究》2015年第5期。

② *Thomas Simon*, Was ist und wozu dient Gesetzgebung? Kodifikation und Steuerungsgesetzgebung: Zwei Grundfunktionen legislativer Normsetzung, in: *Gerald Kohl*, *Christian Neschwara*, *Thomas Simon* (Hg.), Festschrift für Wilhelm Brauneder zum 65. Geburtstag. Rechtsgeschichte mit internationaler Perspektive, Wien 2008, S. 635ff.

③ *Heinrich Strakosch*, Privatrechtskodifikation und Staatsbildung in Österreich (1753－1811), Wien 1976, S. 87.

厌恶。[①] 或许两者兼而有之。然而,在德意志地区,再次激起人们对公民权利的讨论是在近四十年之后于 1848 年至 1849 年席卷欧洲的民族和民主革命。

---

① *Kurt Heller*, Der Verfassungsgerichtshof, Wien 2010, S. 87.

第三章　奥地利宪法法院制度的“先驱”及其历史基础

——从奥地利帝国的“最高帝国法院”到奥匈帝国的“帝国法院”

一个国家的政治和法律制度可能在一定程度上受到其他国家的政治和法律制度的影响，但是各个国家基于自己的文化传统、法律传统和相应的理论观念而建立起的具有自身特色的制度才能真正发挥其制度效能，第一次世界大战之后奥地利共和国的宪法法院制度即是其中之一。罗伯特·冯·莫尔等人所主张的法律理论和制度观念，后来在奥地利帝国（Kaisertum Österreich）的宪法实践中得到了贯彻,[①]并且在之后的历史过程中也对汉斯·凯尔森(Hans Kelsen)等人的国家理论和法学理论产生一定的影响。从1848年"克罗梅日什草案"中设计的奥地利帝国的"最高帝国法院"到奥匈帝国时期以1867年"十二月宪法"为基础而设立的帝国法院,这些制度及其理念、实践不仅成为第一次世界大战之后奥地利共和国宪法法院制度的"先驱"[②],也为奥地利宪法法院制度的设立与发展奠定历史基础和理论根基。

第一节 1848年革命期间的"宪法"

在现代国家的法律制度中,除解决国家机构之间的权限冲突、保障法律规范体系的统一性之外,保障公民的基本权利也是一个重要方面,并且公民的基本权利在很大程度上亦成为宪法和法律制度的重要判准。因而,对基本权利规定和保障的考察也是我们认识和理解一个国家法治历史的一个重要面向。在奥地利,对基本权利的讨论开始于18世纪,虽然有学者认为,这种对基本权利的讨论并非导源于美国革命或法国大革命,而是基于自然法理念和编纂民法典的努力[③],但是美国革命和法国大革命的影响是不容忽视的。1848年革命使欧洲人对于1815年维也纳会议所确立的"欧洲新秩序"

---

① Vgl *Herbert Haller*, Die Pfüfung von Gesetzen. Ein Beitrag zur verfassungsgerichtlichen Normenkontrolle, Wien-New York 1979, S. 14.

② *Oskar Lehner*, Österreichische Verfassungs-und Verwaltungsgeschichte (4. Aufl.), Linz 2007, S. 229.

③ *Kurt Heller*, Der Verfassungsgerichtshof, Wien 2010, S. 85.

("梅特涅体系")的积郁和不满爆发出来,在奥地利帝国进行的宪法讨论也由不公开转向公共,革命也重新激起了德意志邦联关于宪法问题以及基本权利保障等方面斗争努力。[①] 同时,人们也为在"梅特涅体系"下受到专制主义压制和限制的基本权利而进行斗争,斗争的成果则反映在一系列宪法性文件之中。这些宪法性文件的内容以及当时的政治和法律实践为包括凯尔森在内的国家法和公法学者提出和发展相关理论思想奠定了历史基础。

一、1848 年"皮勒斯多夫宪法"

1848 年 4 月 25 日,由奥地利帝国的各等级组成的常设中央委员会(Ständiger Zentralausschuss)与部长弗朗茨·冯·皮勒斯多夫男爵(Franz Freiherr von Pillersdorf)共同起草的"奥地利君主国的宪法文件"生效。[②] 该宪法(共 59 条)亦被称为"皮勒斯多夫宪法",是奥地利的第一部正式宪法,是 19 世纪欧洲立宪主义早期的代表。威廉·布劳内德教授指出,早期立宪主义的基本特征是,宪法是君主们被迫接受的,但是,君主仍享有国家最高权力,"议会主义"则意味着议会是由各等级组成的并由其行使议会的权力。[③]

依据该宪法,皇帝享有绝对权力,国民军队和公职人员须向皇帝宣誓(第 59 条),其中包含了一系列基本权利规定("国内居民的

---

① *Kurt Heller*, Der Verfassungsgerichtshof, Wien 2010, S. 67, S. 88.

② *Wilhelm Brauneder*, Österreichische Verfassungsgeschichte (11. Aufl.), Wien 2009, S. 115.

③ *Kurt Heller*, Der Verfassungsgerichtshof, Wien 2010, S. 88.

国民权利与政治权利”)(第 17～31 条),如信仰自由和良心自由、人身自由、表达自由、出版自由、通信秘密、结社权、营业自由、天主教徒和伊斯兰教徒的礼拜自由等,并且区分了一般人权与国民的权利。该宪法也规定了法院的独立性和法官的相关权力,但是没有规定具有依据宪法进行审查职能的相关机构。

二、1848 年“克罗梅日什草案”与奥地利帝国的最高帝国法院

在 1848 年革命过程中,奥地利帝国(Kaisertum Österreich)的帝国议会被迫从维也纳迁至克罗梅日什,并为当时的奥地利帝国制定了一部宪法草案,该草案被称为“克罗梅日什草案”(Kremsierer Entwurf)①,由于当时的奥地利帝国皇帝没有予以签发和颁布,所以该宪法草案从未生效。“克罗梅日什草案”是 19 世纪欧洲立宪主义盛期的产物,其中规定了诸多现代宪法的基本原则和公民的基本权利,例如,“法律面前人人平等”、公民享有的自由权等权利。“克罗梅日什草案”规定了“人民主权”原则:“所有的国家权力源于人民”,并且君主不再享有绝对的权力,君主的权力在很多方面受到限制和约束,规定其权力“只能以宪法规定的方式行使”。此外,“克罗梅日什草案”规定,宪法需由制宪国民大会讨论通过;政府法案只有部长副署才能生效;没有帝国议会的许可,皇帝每年在国外的逗留时间不得超过两个月(第 63 条);皇帝对议会通过的法律没有绝对

---

① 克罗梅日什(德语 Kremsier,捷克语 Kroměříž),历史上曾属于统治奥地利的哈布斯堡王朝,现为捷克共和国东南部的一座城市。

的否决权，仅有搁置否决权。[①] 此外，第43条规定，皇帝需“宣誓坚贞不渝地遵守帝国的宪法，依据宪法和法律进行统治”。

1848年的“克罗梅日什草案”中关于最高帝国法院（das Oberste Reichsgericht）的规定被看作奥地利最早的关于宪法法院理念的规定。依据“克罗梅日什草案”，奥地利帝国设立一个最高帝国法院，它具有现代宪法法院的部分职能——保障国民的宪法权利，对帝国的州之间的纷争，中央政府和州政府之间的权限争议以及针对部长、州长等的控诉进行裁决等（第140条）。依据该草案第139条的规定，最高帝国法院的院长和半数的成员由皇帝任命，副院长和其他半数的成员由议会选举产生。此外，第138条规定，公民的宪法权利还可通过民事诉讼得到保障：“因国家公职人员履行职权而致宪法规定的公民权利受到侵犯的，权利受到侵犯者可通过民事诉讼要求国家给以满意的答复。这种民事诉讼不妨碍追究过错者的刑事责任。”虽然“克罗梅日什草案”并未实施，但是其中规定了“奥地利人民的基本权利和对这些基本权利的保护”；虽然其中并未规定对侵犯人民基本权利的国家行为应予以撤销，但是规定国家有义务消除此类行为所带来的不利后果和影响。[②] 依据威廉·布劳内德教授的观点，卡尔·伦纳（Karl Renner）在1920年奥地利宪法草案中所持的相关观点可追溯至“克罗梅日什草案”。[③]

---

① Vgl *Wilhelm Brauneder*, Österreichische Verfassungsgeschichte (11. Aufl.), Wien 2009, S. 119.

② *Robert Walter*, Die mitteleuropäische Verfassungsgerichtsbarkeit und die Reine Rechtslehre, in: Österreichische Richterzeitung 12 (1993), S. 266.

③ *Wilhelm Brauneder*, Karl Renners „Entwurf einer provisorischen Verfassung“, in: *derselbe*, Studien I: Entwicklung des Öffentlichen Rechts, Frankfurt am Main 1994, S. 198f.

三、1849 年“保罗教堂宪法”与德意志邦联的帝国法院

1848 年 3 月初，德意志邦联国民大会成立了一个由 17 人组成的委员会，其任务是“制定一部适用于德意志国家的宪法”。此外，国民大会还选举出一个由 7 人组成的审核委员会，以与上述 17 人的委员会就宪法草案达成一致。1848 年 3 月 30 日，制宪国民大会在美茵河畔的法兰克福的保罗教堂开幕。由 17 人组成的“宪法草案起草委员会”在很短的时间内起草完成了一份宪法草案。该草案在 1848 年 4 月 27 日提交国民大会，但没有进行表决。1848 年 5 月 24 日，国民大会选举了一个由 30 人组成的委员会继续起草宪法。前述的罗伯特 · 冯 · 莫尔是当时起草宪法的委员会成员之一。以美国宪法修正案为蓝本，当时起草的德意志邦联宪法包含了一系列关于公民权利的规定。1848 年 12 月，这些关于公民权利方面的规定由国民大会以《关于德意志人民基本权利的帝国法律》的形式通过。1849 年 3 月 28 日，国民大会通过了《德意志邦联宪法》，其中涵括了《关于德意志人民基本权利的帝国法律》中关于公民权利方面的规定。① 因该宪法是在美茵河畔的法兰克福的保罗教堂召开的国民大会讨论通过的，故该宪法又称“保罗教堂宪法”。

虽然由于普鲁士的反对和拒绝，“保罗教堂宪法”未能生效，但是，奥地利帝国支持该宪法，其中第 2 条规定，“若一个由非德意志

---

① 上述关于 1849 年《德意志邦联宪法》制定过程的内容，参见 *Kurt Heller*, Der Verfassungsgerichtshof, Wien 2010, S. 67。

人组成的德意志邦产生国家元首，则该邦应有一个与非德意志人相分离的自己的宪法、政府和管理机构。该邦的政府和行政部门应仅由德意志人组成。帝国宪法和立法像在其他邦一样均在该邦有效。”这项规定合乎奥地利帝国作为一个多民族国家的基本情况。①尽管该宪法未能得到实施，但还是具有重要的历史意义，它是德意志历史上第一部由国民大会讨论通过的宪法。

“保罗教堂宪法”共 197 条，其中有约 60 条涉及公民的基本权利，而第五部分的第 125 条至第 129 条是关于帝国法院（Reichsgericht）的规定。依据第 126 条的规定，该帝国法院具有广泛的职能，如解决帝国与邦之间以及各邦之间的争议、帝国机构与邦机构之间的争议、基于邦的控诉而进行的对帝国法律的审查、对部长的控诉、公民因基本权利受到侵犯而提起的宪法诉愿等，这些职能也是现代意义上宪法法院的基本职能。因而，该帝国法院实质上是一个具有宪法法院的传统职能的法院。② 因此，德国的国家法学者克劳斯·斯特恩（Klaus Stern）对此评论道：“保罗教堂宪法”规定了“今天所理解的意义上的宪法法院制度”，也规定了“广泛的司法性的宪法保障”。③虽然在魏玛共和国时期曾依据《魏玛宪法》第 108 条在莱比锡设立过具有宪法法院职能的国务法院（Staatsgerichtshof），但是该国务法院只存续至 1926 年。由于种种原因，德国直到第二次世界大战之后，在 1951 年才真正建立起联邦宪法法院制度。

---

① *Kurt Heller*, Der Verfassungsgerichtshof, Wien 2010, S. 68 – 69.

② *Kurt Heller*, Der Verfassungsgerichtshof, Wien 2010, S. 69 – 70.

③ *Kurt Heller*, Der Verfassungsgerichtshof, Wien 2010, S. 70.

第二节 1867年“十二月宪法”与奥匈帝国的帝国法院

在1848年革命期间继承奥地利帝国的皇帝之位之后，弗朗茨·约瑟夫一世（Franz Joseph Ⅰ.）在此后逐渐稳固了自己的权力地位和对帝国的统治，建立起具有中央集权性质的君主专制国家，这一时期被称为“新专制主义时期”（Neoabsolutismus）。弗朗茨·约瑟夫一世在1848年之后曾颁布了多部宪法，例如，1849年的“三月宪法”、1861年的“二月宪法”等。在这些宪法中，弗朗茨·约瑟夫一世统治早期所颁布的宪法多是被称为“被迫接受的宪法”。但是，这些宪法中大多重新规定了皇帝对于议会通过法案的绝对否决权，并且均没有类似于“克罗梅日什草案”中关于最高帝国法院的规定，有的甚至没有关于公民基本权利的相关规定。1866年，奥地利在与普鲁士的“德意志战争”中战败，奥地利被排除出“大德意志方案”之外，弗朗茨·约瑟夫一世为解决帝国的危机不得不与匈牙利的议会达成协议，成立一个通常所谓的“二元君主制”的奥匈帝国，承认匈牙利王国在奥匈帝国中的独立性以及1848年的匈牙利宪法，承诺与匈牙利协商解决“共同事务”，同时他自己的权力也受到了很大的限制。在这种背景下，奥地利帝国皇帝同时也是匈牙利国王兼奥匈帝国皇帝弗朗茨·约瑟夫一世于1867年12月颁布所谓的“十二月宪法”。以此为基础，奥匈帝国成为一个君主立宪国家，也成为当时思想观念意义上的“法治国家”与“理性法国家”。

一、1867年“十二月宪法”

“十二月宪法”并非一个统一的宪法文本,而是由《关于帝国代表的基本法》《关于奥地利帝国各州共同事务的法律》(所谓的“代表团法”)以及四个“国家基本法”组成,包括《关于国民一般权利的国家基本法》《关于建立帝国法院的国家基本法》《关于政府权力和执行权力的国家基本法》和《关于法官权力的国家基本法》,其中《关于帝国代表的基本法》是为适应新成立的奥匈帝国的政治现实的需要,根据1861年“二月宪法”的核心部分即《关于帝国代表的基本法》修改而成。“十二月宪法”只适用于奥匈帝国的奥地利帝国地区。此外,1862年的《保护公民人身自由的法律》以及《保护公民住宅不受侵犯的法律》等法律也作为“宪法性法律”继续得以实施。通过“十二月宪法”,奥地利帝国成为一个立宪君主制国家和“法治国家”,①公民的权利和自由亦得到一定程度的保障。

《关于国民一般权利的国家基本法》共20条,规定了公民的诸多基本权利,即其中规定的“公民受宪法保障的权利”。《关于国民一般权利的国家基本法》现在在奥地利仍继续有效,是奥地利现行宪法中关于公民基本权利规定的核心部分。在《关于国民一般权利的国家基本法》关于基本权利的规定中,规定“通过(特别)法律予以规定”者不在少数,如关于财产权、通信秘密、结社和集会自由、请愿权、表达自由等。没有规定“法律保留”的基本权利有迁徙自由、获

① *Kurt Heller*, Der Verfassungsgerichtshof, Wien 2010, S. 96.

得土地收益的权利、人身自由以及科学自由及相关的理论自由等。这些基本权利有的属于主观公法权利,有的则属概要性规定,需要通过执行性的具体法律规定才能得到实施。

《关于建立帝国法院的国家基本法》也规定保障公民的基本权利,其中第3条规定,“帝国法院还对如下事项有最终裁决权:(1)不能通过正常的法律途径得到合理解决的诉求,例如在奥地利议会中有代表席位的匈牙利王国和奥地利帝国的州对于帝国的公共事务的诉求、匈牙利王国与奥地利帝国的州之间的诉求以及乡镇、组织或个人针对上述王国和州或者整个帝国的诉求;(2)国民在法定的行政程序中因其受宪法保障的政治权利受到侵犯而提起的诉愿。”《关于政府权力和执行权力的国家基本法》规定了部长责任制以及国家权力的“合法性原则”,第11条规定:“国家机构在其职权范围内,依据法律颁布法规和发布命令。”《关于法官权力的国家基本法》规定了司法权力的特殊地位以及通过“行政诉讼”的方式保障公民权利免受行政机关的侵犯等内容,例如,第15条规定:“若行政机构的决定或命令侵犯公民的权利,公民有权通过行政法院以口头、公开的程序寻求救济,行政机构亦须由代理人参与诉讼。行政法院的组成及其程序由法律予以规定。”

二、以1867年“十二月宪法”为基础的帝国法院

依据1867年“十二月宪法”而设立的帝国法院(Reichsgericht)(1867~1918年)被看作奥地利宪法法院的“先驱”①,其设立和发展

① *Oskar Lehner*, Österreichische Verfassungs-und Verwaltungsgeschichte (4. Aufl.), Graz 2007, S. 229.

奠定了奥地利共和国时期宪法法院发展的基础。设立这样一个具有宪法法院职能的帝国法院得到了议会两院的赞同，当时的多数议员认为，“公法问题和公民的政治权利需要一种独立的、公正的、与公民权利相适应的解决方法，是确切无疑的”①。当时设立的宪法委员会在报告中也述及设立这样一种法院的必要性：“在涉及公法问题、在国民最重要的政治权利的贯彻及其发挥的效果依赖于国家行政机构的决定的地方，或者国家可以通过命令放弃其义务并且没有这种国家需履行的义务，则受法定法官审判的要求就不能实现的地方，那么由一种司法机构就此进行保障就是必要的，这种机构可以通过其较高的地位、其独立性和公正性提供一定的保障，在这里，不是专断的权力，而是公平和正义发挥作用。”②在议会的讨论中，宪法委员会的报告还提及美国的制度模式：“美利坚合众国一直以来都将最高法院作为其宪法制度的主要基石，将其作为一个成功的解决方案，最高法院成为国家和谐发展不可或缺的、可成功解决所有问题的最高司法机构。”③但是，当时议会对于帝国法院的设立基础应当是宪法（前述的“国家基本法”）还是普通法律曾有过争论。最终，1867年“十二月宪法”中的《关于建立帝国法院的国家基本法》和《关于法官权力的国家基本法》对帝国法院作了较为详细的规定，成为帝国法院设立的宪法基础。

---

① *Kurt Heller*, Der Verfassungsgerichtshof, Wien 2010, S. 99.

② *Felix Ermacora*, Der Verfassungsgerichtshof, Graz-Wien-Köln 1956, S. 79.

③ *Johann von Spaun*, Das Rechtsgericht. Die auf dasselbe sich beziehenden Gesetze und Verordnungen samt Gesetzesmaterialien sowie Übersicht der einschlägigen Judikatur und Literatur, Wien 1904, S. 26; *Kurt Heller*, Der Verfassungsgerichtshof, Wien 2010, S. 101.

（一）帝国法院的组成

《关于建立帝国法院的国家基本法》共6条，主要规定了帝国法院的职能及基本组成。该基本法的第1条规定，帝国法院设立的目的是“解决公法上的冲突和相关争议事项”。关于帝国法院的组织、程序及其判决的执行等方面的具体内容“由特别法律规定予以规定”（第6条）。依据第5条的规定，帝国法院由14位法官和4位候补法官组成，均终身任职。院长及其副职由皇帝直接任命，其他12位法官和4位候补法官也由皇帝任命，但是其中半数要依据帝国议会上院的建议予以任命，其他半数则依据下院的建议进行任命，并且每一位法官都要由“三位男性专家”予以推荐。在议会的讨论中，一些上院的议员曾建议，帝国法院的法官应全部由皇帝直接任命。卡尔·雅布劳诺斯基侯爵（Karl Fürst Jablonowski）也曾反对帝国法院的法官由帝国议会选举产生，因为选举“必然受到党派意见的影响”。帝国法院法官终身任职的重要性在当时得到普遍认同，对此，宪法委员会在其建议中认为，法官终身任职的目的是“达至一个完全独立的、正义的和能胜任解决疑难复杂问题的法官团体，通过法官终身的任职使其尽可能地免受政府、不断增长的政党力量及其他团体的影响，以自主、公平和独立地进行工作。”[①]

---

① *Johann von Spaun*, Das Rechtsgericht. Die auf dasselbe sich beziehenden Gesetze und Verordnungen samt Gesetzesmaterialien sowie Übersicht der einschlägigen Judikatur und Literatur, Wien 1904, S. 33; *Kurt Heller*, Der Verfassungsgerichtshof, Wien 2010, S. 102.

（二）帝国法院的职能

作为奥地利宪法法院的“先驱”，帝国法院发挥了现代宪法法院的部分职能：解决国家机构之间的权限冲突、保障公民的基本权利、审查违宪的行政行为和审查法规的合法性。通过这样一个“公法”法院，帝国臣民的“政治权利”受到保障，针对行政机构的肆意侵犯和国家机构的不作为，人们也有了一种法律上和制度上的救济途径。“自此，人们可以明晰地就国家的法律生活作出判断：国家在法律上是作为一个法人而发挥职能的……帝国法院的这些职能使得臣民从绝对的、不受控制的国家权力下解放出来。”①

1. 解决国家机构之间的权限冲突

《关于建立帝国法院的国家基本法》第 2 条规定：“帝国法院就如下事项有最终的裁决权：(1)法院与行政机构之间关于某一事项是通过行政途径还是司法途径解决的争议；(2)州的机构与最高行政机构之间关于某一行政事务的决定权争议；(3)不同州的机构之间关于权限分配的争议。”此外，第 4 条还规定，帝国法院还可以决定某一事项是否由帝国法院自己予以裁决。由此，帝国法院在一定程度上实现了政治冲突的非政治化的解决，使政治冲突在法律的范域内得到解决，而帝国的“宪法”是实现这种政治冲突的“法治化”解决的基础。

2. 保障公民的基本权利

《关于建立帝国法院的国家基本法》第 3 条规定：“帝国法院对

---

① *Felix Ermacora*, Der Verfassungsgerichtshof, Graz-Wien-Köln 1956, S. 80.

如下事项有最终裁决权：(1)不能通过正常的法律途径得到合理解决的诉求，例如在奥地利议会中有代表席位的匈牙利王国和奥地利帝国的州对于帝国的公共事务的诉求、匈牙利王国与奥地利帝国的州之间的诉求以及乡镇、组织或个人针对上述王国和州或者整个帝国的诉求；(2)国民在法定的行政程序中因其受宪法保障的政治权利受到侵犯而提起的诉愿。”虽然部分议员在讨论中对上述规定持有异议，认为公民的基本权利已经通过部长责任制得到了充分地保障，但是当时的宪法委员会的多数成员认为，“个人的政治权利可能会通过行政决定，特别是会通过非故意的、对国家基本法不正确的解释受到侵犯，而这种情形恰恰并不能被解释为部长侵犯了宪法”①。上述规定中的前者一般被称为“公法上的诉求”(Kausalgerichtsbarkeit)，而后者则是“特殊的行政诉讼”。与奥匈帝国时期稍后设立的行政法院(1876年)不同的是，帝国法院是审查行政行为合宪与否，而于1876年设立的行政法院则是审查行政行为合法与否。《关于政府权力和执行权力的国家基本法》第2条规定：“皇帝通过责任部长及其下属官员行使政府权力。”因此，该行政法院的主要职能是审查部长及其下属官员所行使的行政权力的合法性。奥匈帝国时期的帝国法院与行政法院在职能上的这种区分为后来的奥地利共和国时期建立宪法法院制度和行政法院制度奠定了基础。

---

① *Johann von Spaun*, Das Rechtsgericht. Die auf dasselbe sich beziehenden Gesetze und Verordnungen samt Gesetzesmaterialien sowie Übersicht der einschlägigen Judikatur und Literatur, Wien 1904, S. 31; *Kurt Heller*, Der Verfassungsgerichtshof, Wien 2010, S. 109.

3. 审查法规的合法性

《关于法官权力的国家基本法》第 7 条规定，“法官无权对法律的效力进行审查，但是可以对位阶低于法律的法规的有效性进行审查。”因此，一般认为，帝国法院不能进行法律审查，但具有法规审查的职能。法规审查的职能不是帝国法院所专属的职能，而是当时奥匈帝国的所有法院均具有的一种职能。1867 年之后，帝国的法院进行了法规的审查工作，但是，审查法规的有效性并宣告具有违法性的法规为无效是当时面临的重要问题。① 曾任帝国法院法官、维也纳大学校长以及奥地利第一共和国宪法法院法官的埃德蒙德·贝纳茨克（Edmund Bernatzik）（1854～1919 年）认为，法规是一种抽象的法规范，其效力或者其合法性系于法院的裁决，但也可能跟法院的裁决无关，在实践中，法院的裁决却很少关涉法规的效力问题，亦如法院的裁决很少涉及法律的效力问题一样。他指出，法官不可能始终秉持同样的意见，各个机构对公法问题裁决的不一致性要远远多于私法方面问题的裁决，两个国家机构承认不同的抽象法规范的状况或许是可以理解的，因为这样的情况并不经常发生。因此，贝纳茨克认为，必须赋予“法院一种对行政行为进行审查的权力并且该审查行为对行政机构有拘束力，或者必须针对所有这类案件成立一个专门机构，该机构……须对法规的有效性作出具有拘束力的裁决”。贝纳茨克同时也指出，相应的制度性预防措施对于司法性的

---

① *Ewald Wiederin*, Der österreichische Verfassungsgerichtshof als Schöpfung Hans Kelsens und sein Modellcharakter als eigenständiges Verfassungsgericht, in: *Thomas Simon*, *Johannes Kalwoda* (Hrsg.), Schutz der Verfassung. Normen, Institutionen, Höchst-und Verfassungsgerichte, Berlin 2014, S. 298.

法律审查也是必不可少的，它们可以阻止或减少司法权与立法权及行政权之间的冲突。① 他建议由帝国法院集中进行法规的审查工作，以代替各个法院所分别进行的审查，②他的这种建议为后来奥地利共和国时期设立的宪法法院所接受。

此外，奥匈帝国内部严重的民族问题也是帝国法院需要面对的重要问题，但是帝国法院没有能力也不可能从根本上解决这种民族问题，更不可能单纯地依据法律解决这种问题。值得注意的是，帝国法院在1911年的一个判决中认为，共同的语言是民族的一个特殊标志，一个民族必须有其同一的语言，因此，犹太人并不构成一个民族，因为只有加利西亚（Galizien）和布科维纳（Bukowina）的犹太人有自己的语言。③

（三）帝国法院的审理程序

帝国法院的案件审理程序主要是由《帝国法院法》予以规定的。《帝国法院法》第3条规定，帝国法院从其法官中选举必要数量的常务负责法官，任期为3年，其主要职责是对帝国法院分配给他的案件提出初步的裁决意见及理由。帝国法院只有在主席和至少8位法官

---

① Vgl *Edmund Bernatzik*, Rechtsprechung und materielle Rechtskraft. Verwaltungsrechtliche Studien, Wien 1886, zitiert nach *Ewald Wiederin*, Der österreichische Verfassungsgerichtshof als Schöpfung Hans Kelsens und sein Modellcharakter als eigenständiges Verfassungsgericht, in: *Thomas Simon*, *Johannes Kalwoda* (Hrsg.), Schutz der Verfassung. Normen, Institutionen, Höchst-und Verfassungsgerichte, Berlin 2014, S. 298–299.

② *Edmund Bernatzik*, Rechtsprechung und materielle Rechtskraft. Verwaltungsrechtliche Studien, Wien 1886; *Kurt Heller*, Der Verfassungsgerichtshof, Wien 2010, S. 134.

③ *Kurt Heller*, Der Verfassungsgerichtshof, Wien 2010, S. 125.

出席的情形下才能作出有效的裁决(《帝国法院法》第6条)。通常情形下,帝国法院的裁决“以绝对多数作出”,只有在表决的票数相持不下时,主席才投票表决(《帝国法院法》第29条),易言之,这种情形下,主席的一票具有决定性意义,主席在这种情形下决定案件最后的判决结果。这些程序方面的规定大多都为之后的宪法法院继续采行。《帝国法院法》第32条规定,帝国法院的判决“以皇帝的名义”予以宣告。此外,在帝国法院也是讲究“论资排辈”的,如《帝国法院议事规则》第4条规定,所有的法官都根据其年龄来安排坐席位次。

帝国法院自1869年6月21日开始正式履行其职能。① 在帝国法院的判决汇编中共收录了2392个判决,其中最后一个判决记载的日期是1918年10月14日。根据统计,帝国法院的绝大部分裁决是在帝国的最后十几年作出的,仅是1904年至1913年,帝国法院作出的判决数为819个。② 从类型上看,帝国法院的判决大多是关于公民基本权利保护的,几乎涉及公民基本权利保障的各个方面,为充分保障公民的“政治权利”,帝国法院在多数情况下对上述《关于建立帝国法院的国家基本法》第3条规定中的“政治权利”做了扩张解释。因此,帝国法院被称为“基本权利法院”。③ 帝国法院在公民权

---

① *Robert Walter*, Hans Kelsen als Verfassungsrichter, Wien 2005, S. 4.

② Vgl *Oswald Gschliesser*, Die Verfassungsgerichtsbarkeit in der Ersten Republik, in: *Ermacora/Klecatsky/Macic* (Hrsg.), Hundert Jahre Verfassungsgerichtsbarkeit und Fünfzig Jahre Verfassungsgerichtshof in Österreich, Wien 1968, S. 27; *Kurt Heller*, Der Verfassungsgerichtshof, Wien 2010, S. 116.

③ *Ewald Wiederin*, Der österreichische Verfassungsgerichtshof als Schöpfung Hans Kelsens und sein Modellcharakter als eigenständiges Verfassungsgericht, in: *Thomas Simon*, *Johannes Kalwoda* (Hrsg.), Schutz der Verfassung. Normen, Institutionen, Höchst-und Verfassungsgerichte, Berlin 2014, S. 286.

利保障方面作出一个具有里程碑意义的判决是在 1876 年作出的一个关于法人是否享有基本权利的判决。帝国法院在该判决中判定,法人也可以是基本权利的享有者。该判决在后来的理论和实践中都得到了坚持和发展,并且按基本权利的类型来区分某项权利是否可以为法人所享有。①

虽然帝国法院不具有被视为现代宪法法院的核心职能的审查法律合宪性的职能,也没有现在奥地利宪法法院所具有的选举审查和对国家公职人员的行为进行审查的职能②,但是它自始就被视为奥地利的"宪法法院",因为在当时的国家法学者看来,宪法法院最重要的职能和特征是解决国家机构之间的权限冲突,而非审查法律的合宪性与法规的合法性。③ 当时重要的国家法学者路德维希·古姆普罗维茨(Ludwig Gumplowicz)认为,"国家必须设立一个具有独立性的最高等级的法院,该法院可以维护这种(国家权力)相互之间的界限,亦即在一定程度上承担维护宪法的职责。这个承担着维护宪法职责的最高法院,是一个真正的宪法法院,亦即帝国法院"④。古姆普罗维茨曾指出,由于当时的立法者并未明确地认识到公法与国家法之间抑或宪法与行政法之间"原则上的区别以及历史发展中

① *Kurt Heller*, Der Verfassungsgerichtshof, Wien 2010, S. 119.

② 当时对各部部长的控诉(包括刑事控诉)由 1867 年建立的国务法院(Staatsgerichtshof)来进行裁决。

③ *Ludwig Gumplowicz*, Das österreichische Staatsrecht. Ein Lehr-und Handbuch, wien 1891, S. 154; *Kurt Heller*, Der Verfassungsgerichtshof, Wien 2010, S. 128.

④ *Ludwig Gumplowicz*, Das österreichische Staatsrecht. Ein Lehr-und Handbuch, wien 1891, S. 154; *Kurt Heller*, Der Verfassungsgerichtshof, Wien 2010, S. 128.

的一些因素，使得事实上的宪法法院并不是被称为宪法法院，而是被称为帝国法院。依其实质，帝国法院就是一个宪法法院”[①]。格奥尔格·耶利内克(Georg Jellinek)亦认为，帝国法院是作为宪法法院而发挥其职能的，但是缺乏一种审查法律的职能，因而，他亦主张建立一个真正的宪法法院，并且赋予其审查法律的合宪性的职能，使少数人享有一种可以向宪法法院提出审查法律合宪性的权利。[②] 耶利内克还指出，“一个没有宪法法院的联邦国家不能成为真正意义上的法治国家(Rechtsstaat)”[③]，因为议会也可能为不正义之事，保障少数人的权利是法治国家的必含之义。[④]耶利内克还指出：议会的意志可能会与人民的意志相左，任何议会都存在各种各样的缺陷，“任何议会的集会本身都有一些复杂的、人工的或者虚构的东西”，同时，议会之外的政党的组织可以越过议会中的政党对国家政策施加影响，而议会中的政党则可能是甚少或者无力施加此种影响。[⑤] 尽管“议会的政治价值大幅缩水”，但是，“在可预见的将来，议会也不会从形式上完全销声匿迹。”[⑥]因此，耶利内克指出，应当“通过民主

---

① *Ludwig Gumplowicz*, Das österreichische Staatsrecht. Ein Lehr-und Handbuch, wion 1891, S. 153; *Kurt Holler*, Der Verfassungsgerichtshof, Wien 2010, S. 127.

② *Georg Jellinek*, Ein Verfassungsgerichtshof für Österreich, wien 1885, S. 22f, 52.

③ *Georg Jellinek*, Ein Verfassungsgerichtshof für Österreich, wien 1885, S. 60.

④ *Georg Jellinek*, Ein Verfassungsgerichtshof für Österreich, wien 1885, S. 1, 18.

⑤ [德]格奥尔格·耶利内克：《宪法修改与宪法变迁论》，柳建龙译，法律出版社2012年版，第88~89页。

⑥ [德]格奥尔格·耶利内克：《宪法修改与宪法变迁论》，柳建龙译，法律出版社2012年版，第84页。

制度对议会进行限制”①,“在许多国家,议会之外的人民意志通过宪法的规定或者习惯业已成为人们认可的国家生活要素。”②

三、奥匈帝国时期的国务法院(1867～1918 年)

1867 年,奥匈帝国还规划设立一个国务法院(Staatsgerichtshof),其主要职能是针对当时各部部长及部务委员会成员“所有履行职务时违反法律的行为”进行裁决,包括当时对于各部部长的控诉,其中也包括刑事控诉。1867 年《关于部长责任的法律》(RGBl 1867/101)第 1 条规定:“皇帝的所有政府行为应由一位相应的部长副署才为有效。”第 2 条规定,部务委员会的成员对帝国议会负责,他们在职务范围内的所有行为或者不作为,包括失职、渎职、玩忽职守等行为均应依据帝国宪法或者州法律的规定予以追究。第 30 条规定,无论部长是否已经退休或者不在职,不影响对其责任的追究。根据第 3 条的规定,这些应予追究责任的行为既包括具体的行政行为,如执行最高政府权力的行为,也包括抽象的行政行为,如发布命令或指示等。

根据 1867 年《关于部长责任的法律》第 7 条规定,帝国议会的两院有权向国务法院提起控诉,而控诉申请须由 20 位上院议员或者 40 位下院议员联署提起。第 16 条规定,国务法院“由帝国议会两院

---

① [德]格奥尔格·耶利内克:《宪法修改与宪法变迁论》,柳建龙译,法律出版社 2012 年版,第 89 页。

② [德]格奥尔格·耶利内克:《宪法修改与宪法变迁论》,柳建龙译,法律出版社 2012 年版,第 92 页。

各选举12位独立的、精通法律的国民组成，但他们不能为两院的议员，任期为6年。国务法院的院长由国务法院的法官从其中间选举产生”。该法律还对国务法院的相关程序及期限、判决等作了规定。例如，第17条规定，对责任人的调查应在6个月内完成。第20条规定，国务法院坚持公开和口头审理的原则；至少有10位法官出席的情形下，国务法院才能作出有效的判决；国务法院的法官根据自己的信念和判断投票表决，主席在所有案件的审理中都必须投票表决，投票表决以秘密的方式进行。第22条规定，普通的刑事诉讼程序规定也适用于国务法院，但是与现行法律规定相抵触的除外。第25条规定，国务法院的判决为最终判决，不能采取任何法律手段反对国务法院的判决。

该国务法院存续至1919年，但帝国议会两院从未提出过任何控诉申请，国务法院亦未作出过任何裁决。① 所以，奥匈帝国时期的国务法院仅在形式上设立和存在过，并未发挥出设想中的重要作用，仅在少数论著中被偶尔提及。在第一次世界大战之后，该国务法院的职能被奥地利共和国的宪法法院所承继。

---

① Vgl *Friedrich Lehne*, Rechtsschutz im öffentlichen Recht: Staatsgerichtshof, Reichsgericht, Verwaltungsgerichtshof, in: *Wandruszka/Urbanitsch* (Hrsg.), Die Habsburgermonarchie 1848 – 1918, Band II (Verwaltung und Rechtswesen), Wien 1975, S. 666ff; *Georg Schmitz*, The constitutional Court of the Republic of Austria 1918 – 1920, in: Ratio Juris 16 (June 2003), p. 248.

第四章　作为“奥地利宪法设计师”的凯尔森

在德意志历史上,通过一个专门的机构来保障宪法实施和宪法的优先性是一种具有历史传统的制度方式,1848 年革命以后德意志地区诸多宪法中规定的“最高帝国法院”“帝国法院”是这种制度传统的具体体现,并且通过这种制度的实践和理论又促进了这种制度传统的发展,汉斯·凯尔森从理论和实践的诸多方面为这种制度传统的发展作出了重要贡献。汉斯·凯尔森的法学理论在西方历史上具有重要地位,也对西方法律理论产生重要影响,但是凯尔森的法学理论,特别是其关于宪法法院制度的基本理论和实践理念并非凭空而来的。历史地看,凯尔森的法学理论、国家理论以及政治理论等植基于当时的政治法律实践和相关的理论观念,同时也受到生活于其中的国家历史基础、文化传统的影响而不断建构和发展的。

在第一次世界大战之后的奥地利共和国，被誉为“奥地利国父”的卡尔·伦纳（Karl Renner）和被誉为“宪法法院之父”的汉斯·凯尔森对于奥地利宪法法院的设立都作出了极为重要的贡献。卡尔·伦纳是建立宪法法院的决定性推动者，但是其设立宪法法院的初衷之一是解决哈布斯堡王朝统治以来奥地利国家中日益严重的民族问题，但是他设想中的宪法法院的职能并不局限于此，这在其1918 年出版的《民族的自决权》（Das Selbstbestimmungsrecht der Nationen）（第 2 版）一书中有着明确的论述。[①] 奥地利宪法法院的设立及其组织规划和设计在根本上得益于凯尔森的创造性工作，特别是他起草的 1919 年《关于设立德意志奥地利宪法法院的法律》和 1920 年奥地利共和国《联邦宪法法》（Bundes-Verfassungsgesetz）[②]，为第一次世界大战之后新生的奥地利共和国以及奥地利宪法和宪法法院的设立作出了重要贡献。

---

① *Theo Öhlinger*, Die Entstehung und Entfaltung des österreichischen Modells der Verfassungsgerichtsbarkeit, in: *Bernd-Christian Funk* ua (Hrsg.), Der Rechtsstaat vor neuen Herausforderungen. Festschrift für Ludwig Adamovich zum 70. Geburtstag, Wien 2002, S. 588.

② 于 1920 年 10 月 1 日通过并生效的《奥地利联邦宪法法》在第二次世界大战后重新生效适用（1929 年修改后的颁本），即奥地利现行《联邦宪法法》，但其内容已有很多改变。奥地利宪法可归入“柔性宪法”，对其内容的修改（修正案）较易通过（宪法性法律只需国民议会议员过半数出席，以 2/3 多数通过即可）。从形式上看，奥地利宪法的核心是该《联邦宪法法》，此外，还包括约 100 个宪法性法律及 300 多个散见于联邦法律和国家条约中的宪法决议和宪法规定等。

第一节 凯尔森与奥地利宪法法院的设立及其概况

汉斯·凯尔森(1881～1973年)以其"纯粹法理论"享誉盛名，也被誉为"奥地利宪法之父"①"奥地利宪法的创造者"②"奥地利宪法的设计师"③"宪法法院之父"④等。凯尔森对于奥地利宪法和宪法法院的重要性于此可见一斑。凯尔森在1968年说道，宪法中，他最为重视的部分是宪法法院制度。⑤ 他经常将"宪法法院制度"称为其"最心爱的孩子"，他最后一次如此称呼是在1965年维也纳大学成立600周年之际，在奥地利外交部一次早餐聚会的祝酒词中提及⑥，而凯尔森那时已是年逾八旬的老人。由此可见，凯尔森对宪法法院制度的重视程度。

一、凯尔森与奥地利宪法法院的设立

在建立奥地利宪法法院的过程中，作为政治家的卡尔·伦纳是

① *Rudolf Aladár Métall*, Hans Kelsen. Leben und Werk, Wien 1969, S. 101.

② Wiener Zeitung (Nr. 224 vom 1951.9.28).

③ *Thomas Olechowski*, Der Beitrag Hans Kelsens zur österreichischen Bundesverfassung, in: *Robert Walter*, *Werner Ogris*, *Thomas Olechowski* (Hrsg.), Hans Kelsen: Leben-Werk-Wirksamkeit, Wien 2009, S. 228.

④ *Giorgio Bongiovanni*, Rechtsstaat and Constitutional Justice in Austria: Hans Kelsen's Contribution, in: *Pietro Costa*, *Danilo Zolo* (eds.), The Rule of Law: History, Theory and Criticism, Dordrecht 2007, S. 293.

⑤ *Gerald Stourzh*, Wege zur Grundrechtsdemokratie, Wien 1989, S. 331.

⑥ Vgl *René Marcic*, Verfassungsgerichtsbarkeit und Reine Rechtslehre, Wien 1966, S. 58.

决定性的推进者,而作为法学家的凯尔森则是具体的规划者和忠实的实践者。凯尔森不仅是1920年奥地利共和国的《联邦宪法法》的主要起草人,还是1919年《关于设立德意志奥地利宪法法院的法律》的起草者。1919年1月25日,奥地利的临时国民大会通过了由凯尔森起草的《关于设立德意志奥地利宪法法院的法律》。依据奥地利学术界的通说,奥地利宪法法院依据该法律于1919年1月25日设立。1919年2月14日,保罗·维托莱利(Paul Vittorelli)(1851~1932年)被选为宪法法院院长,阿道夫·门采尔(Adolf Menzel)被选为副院长,埃德蒙德·贝纳茨克(Edmund Bernatzik)等8人被选为法官,弗里德里希·奥斯特利茨(Friedrich Austerlitz)等4人被选为候补法官,他们于2月20日获得国务委员会正式任命。新成立的宪法法院的绝大部分法官(7位法官和1位候补法官)曾为帝国法院的法官。① “德意志奥地利宪法法院”成立时,临时国民大会没有通过并颁布相应的宪法法院组织法或程序法,而是继续沿用奥匈帝国时期关于帝国法院的职能范围、组织和程序的法律。这些法律包括《关于设立帝国法院的国家基本法》(1867年)、《关于帝国法院组织和程序的法律》、《执行帝国法院裁决的法律》(1869年)、《关于决定行政法院与普通法院和帝国法院之间权限冲突的法律》(1876年)等。

实际上,新成立的宪法法院与之前的帝国法院的差异主要在于

---

① *Georg Schmitz*, The constitutional Court of the Republic of Austria 1918 – 1920, in: Ratio Juris 16 (June 2003), p. 246; *Oswald Gschliesser*, Die Verfassungsgerichtsbarkeit in der Ersten Republik, in: *Ermacora/Klecatsky/Macic* (Hrsg.), Hundert Jahre Verfassungsgerichtsbarkeit und Fünfzig Jahre Verfassungsgerichtshof in Österreich, Wien 1968, S. 25.

名称的改变、宪法法院法官人数的减少、法官任命方式的不同以及其他形式上的变化。[①] 1919 年 3 月 10 日,“德意志奥地利宪法法院”作出第一个裁决,在其成立之初的两年中(1919 年和 1920 年),该宪法法院共作出 70 个裁决。[②]

值得一提的是,在第一次世界大战结束之初,依据 1918 年 11 月 12 日《关于德意志奥地利之国体和政体的法律》[③](国家法律公报号码:5/1918)第 3 条,原来帝国君主的权力转至共和国的国务委员会(Staatsrat),即中央政府,而国务委员会拥有批准各州法律的权力。但是,各州强烈反对国务委员会拥有这种权力,各方最终对于联邦法律与各州法律的地位问题不得不达成妥协。1919 年 3 月 14 日,制宪国民大会通过《关于人民代表的法律》,该法律第 15 条第 1 款规定,联邦政府若认为州国民大会通过的法律决议违宪,可在 14 日内提请宪法法院予以撤销。据此,联邦政府可向宪法法院申请撤销州国民大会通过的法律,但是州政府无权提请宪法法院对联邦法律的合宪性进行审查。这也与伦纳的观念和凯尔森所主张的“联邦法优于州法”原则相符合。在魏德林教授看来,伦纳和凯尔森坚持联邦法的优先性地位的目的在于,通过宪法法院的法律审查职能来保障联邦法的优先性,他们将宪法法院视为联邦监督州的一种工具,而其效仿的对象是《魏玛宪法》第 13 条,也可能是瑞士的司法裁决

---

① *Kurt Heller*, Der Verfassungsgerichtshof, Wien 2010, S. 149f.

② 与之相比,之前的帝国法院仅在 1917 年就作出 63 个裁决。Georg Schmitz, *The constitutional Court of the Republic of Austria 1918 – 1920*, in: Ratio Juris 16 (June 2003), p. 249, footnote 16.

③ 依据《圣日耳曼条约》,“德意志奥地利共和国”在 1919 年 9 月 21 日改名为“奥地利共和国”。

中确认的联邦法所具有的撤销性效力。[1]《魏玛宪法》第 13 条规定:帝国法优于州法(第 1 款);在州法规定是否违反帝国法存有疑义或者有不同意见时,主管的帝国或州的机构可依帝国法律的具体规定提请帝国最高法院作出裁决(第 2 款)。在瑞士,联邦法院只审查州法律是否与联邦法律相抵触,而不涉及联邦法律的合宪性问题。

基于1920 年奥地利宪法起草时宪法委员会的会议记录,魏德林教授指出,宪法委员会的一个分委员会在1920 年夏季召开会议集中讨论了“联邦法优于州法”的原则,但最后摒弃了这一原则,并且鲍尔(Bauer)在当时提出的关于各法院均可以提请宪法法院撤销州法律的建议同样未被接受。此外,劳特纳(Leuthner)议员在此期间提出,应授予宪法法院可依其职权直接对相关规范进行审查的权力。但是,当时的会议记录表明,劳特纳议员的建议是源于凯尔森的动议,劳特纳只是协助提出。他们认为,通过这种规定和授权,“宪法法院……可以成为真实的宪法维护者(Wahrer der Verfassung)……宪法法院的常务负责法官(Ständige Referenten)可起到联邦检察官的作用,宪法法院可以此经常性地审查联邦法律、州法律和法规的

---

① *Ewald Wiederin*, Der österreichische Verfassungsgerichtshof als Schöpfung Hans Kelsens und sein Modellcharakter als eigenständiges Verfassungsgericht, in: *Thomas Simon*, *Johannes Kalwoda* (Hrsg.), Schutz der Verfassung. Normen, Institutionen, Höchst-und Verfassungsgerichte, Berlin 2014, S. 292.

合宪性。”①

二、作为奥地利宪法法院法官的凯尔森

凯尔森在1919年至1930年任奥地利宪法法院法官。1919年3月30日，当时的宪法法院法官埃德蒙德·贝纳茨克逝世，其宪法法院法官职位由凯尔森继任。在埃德蒙德·贝纳茨克逝世之后，当时的宪法法院院长维托莱利将贝纳茨克逝世的消息通知总理办公厅，并建议由“非常适合该职位的专业人士”——凯尔森来接替贝纳茨克的职位。维托莱利的“建议”得到采纳：根据总理卡尔·伦纳的申请，政府决议由凯尔森继任贝纳茨克的宪法法院法官职位。凯尔森的任命于1919年5月3日进行。1919年5月8日，凯尔森第一次参与宪法法院的裁决工作。② 凯尔森担任宪法法院法官直至1930年2月15日，之后，凯尔森拒绝了当时的社会民主党主席兼维也纳市市长卡尔·塞茨(Karl Seitz)关于再次提名其为宪法法院法官的建议。③ 作为宪法法院的法官，凯尔森对奥地利宪法法院的发展作出了重要贡献。根据官方出版的宪法法院裁决的统计，从1920年至

---

① *Felix Ermacora* (Hrsg.), Quellen zum Österreichischen Verfassungsrecht (1920). Die Protokolle des Unterausschusses des Verfassungsausschusses samt Verfassungsentwürfen, Wien 1967, S. 302–303, S. 363, S. 421; *Ewald Wiederin*, Der österreichische Verfassungsgerichtshof als Schöpfung Hans Kelsens und sein Modellcharakter als eigenständiges Verfassungsgericht, in: *Thomas Simon*, *Johannes Kalwoda* (Hrsg.), Schutz der Verfassung. Normen, Institutionen, Höchst-und Verfassungsgerichte, Berlin 2014, S. 295–296.

② Vgl *Robert Walter*, Hans Kelsen als Verfassungsrichter, Wien 2005, S. 11.

③ *Rudolf Aladár Métall*, Hans Kelsen. Leben und Werk, Wien 1969, S. 55.

1929 年年底,凯尔森共参与 1300 个案件的裁决,[①]其中自 1921 年 7 月开始,凯尔森即成为三位常务负责法官(Ständiger Referent)之一,作为常务负责法官或者案件审理的主要参与人,凯尔森对处于初创时期的奥地利宪法法院的发展作出了实质性贡献。

关于凯尔森任奥地利宪法法院法官期间的工作活动及其相关的法律理论和法律思想在宪法实践中的应用,维也纳大学法学院教授、奥地利汉斯·凯尔森研究所(Hans Kelsen-Institut)的主要奠基者和首任所长罗伯特·瓦尔特先生基于翔实的宪法法院档案及相关文献资料在其著作《作为宪法法院法官的汉斯·凯尔森》(“汉斯·凯尔森研究所丛书”第 27 卷)中有过系统、深入的论述,[②]由此亦可评断凯尔森任奥地利宪法法院法官期间对奥地利宪法法院所作出的贡献。

第二节　凯尔森与 1920 年《奥地利联邦宪法法》

1919 年 1 月 25 日,奥地利的临时国民大会通过了由凯尔森起草的《关于设立德意志奥地利宪法法院的法律》,奥地利宪法法院依此设立,帝国时期的帝国法院制度得以延续,但是应当以宪法为基础和依据宪法履行职能的奥地利宪法法院此时尚缺少现实中的宪

---

① *Robert Walter*, Hans Kelsen als Verfassungsrichter, Wien 2005, S. 2. 常务负责法官的一项重要职责就是起草案件的裁决,而后由宪法法院法官对此进行讨论和表决。

② 该书的中文译本:[奥]罗伯特·瓦尔特:《宪法法院的守护者:汉斯·凯尔森法官研究》,王银宏译,人民日报出版社 2015 年版。

法基础。1920 年《奥地利联邦宪法法》的制定使奥地利宪法法院的存在及履行职能具有了宪法根基。

一、凯尔森与1920年《奥地利联邦宪法法》的制定

1919 年 5 月，凯尔森作为“总理法律顾问”接受了当时的奥地利总理卡尔·伦纳（后任奥地利第二共和国第一任总统，被称为“奥地利国父”）的一项任务——与总理办公室的宪法部门共同起草奥地利宪法。[①] 凯尔森的第一个宪法草案于 1919 年夏完成，至同年秋季，他又起草完成了多个宪法草案。凯尔森的宪法草案基本是以当时的德意志帝国宪法（《魏玛宪法》）和瑞士宪法为蓝本起草而成的。这些草案的基本结构与凯尔森的第一个草案没有区别，由于考虑了各种不同的“政治可能性”，这些草案中关于对联邦制国家具有重要意义的联邦议会（Bundesrat）的组成及其职能、国家元首的地位和选举问题以及公民基本权利和自由权等方面的内容则不尽相同。[②] 1919 年 11 月 17 日，国民制宪大会讨论宪法草案时，由于凯尔森所设想的联邦制与实践中基于各派政治力量之平衡而形成的联邦制之间的不同，当时讨论的宪法草案的“几个重要部分已不同于凯尔森的宪法草案”[③]，但是，凯尔森的宪法草案中关于宪法法院制度的

---

① *Hans Kelsen*, *Georg Froehlich*, *Adolf Merkl*, Die Bundesverfassung vom 1. Oktober 1920, Wien und Leipzig 1922, S. 54.

② Vgl *Hans Kelsen*, *Georg Froehlich*, *Adolf Merkl*, Die Bundesverfassung vom 1. Oktober 1920, Wien und Leipzig 1922, S. 54 –55.

③ *Felix Ermacora* (Hrsg.), Die österreichische Bundesverfassung und Hans Kelsen: Analysen und Materialien. Zum 100. Geburtstag von Hans Kelsen, Wien 1982, S. 20.

绝大部分内容为最终通过的《奥地利联邦宪法法》所涵括。[1] 凯尔森在1919年完成的宪法草案中都设计了一个宪法法院作为“宪法保障”机构,并且赋予该宪法法院的裁决以撤销性效力。[2] 在凯尔森看来,“宪法保障和行政保障”是一部宪法的核心部分,其目的是“构建一个旨在有效地保障国家职能的合宪性的体系”。[3]

魏德林教授认为,凯尔森起草的宪法草案中关于宪法法院的职能及其审查方式的规定体现出凯尔森对于奥地利宪法法院的职能定位:“从法的有效性审查转变为法的违法性审查”。由此,被宪法法院宣告为违宪的法律仅在表面上看来是法律,实际上并非真正有效的法律,“其毋宁是一次失败的规范制定试验,而不是规范性的法”。由此,法律体系中法与非法(Recht und Unrecht)的区分被重新引入制度中并且涉及法自身。魏德林教授进而指出,“凯尔森的不完全纯粹的法理论,从法源理论和规范的位阶等级理论、联邦国家理论和错误推算理论(die Lehre vom Fehlerkalkül)直至其后期著作,在根本上仅是试图勾画出处理这种其所设问问题的理论

---

① *Robert Walter*, Die mitteleuropäische Verfassungsgerichtsbarkeit und die Reine Rechtslehre, in: Österreichische Richterzeitung 12 (1993), FN 20; dazu *Georg Schmitz*, Die Vorentwürfe Hans Kelsens für die österreichische Bundesverfassung, Wien 1981.

② *Georg Schmitz*, Die Vorentwürfe Hans Kelsens für die österreichische Bundesverfassung, Wien 1981, S. 298 – 299; *Felix Ermacora*, Die Entstehung der Bundesverfassung Bd. 4: Die Sammlung der Entwürfe zur Staats-bzw. Bundesverfassung, Wien 1990, S. 236f.

③ *Hans Kelsen*, Archivaufnahme, in: *Robert Walter*, *Clemens Jabloner*, *Klaus Zeleny* (Hrsg.), 30 Jahre Hans Kelsen-Institut (Wien 2003), S. 89.

范域。"①

在宪法草案的讨论过程中,一些大州以及基督教社会党(Christlichsozialen)等反对联邦法的优先性地位,最终在主张中央集权制以及主张联邦制、议会制等政治力量的妥协下,奥地利实行的是"弱联邦制",即联邦法律和州法律处于同等地位,联邦法律不具有优于州法律的法律地位。由此,1920 年《奥地利联邦宪法法》扩大了上述《关于人民代表的法律》规定的审查法律的范围:联邦政府可以提请宪法法院对州法律的合宪性进行审查,州政府也有权提请宪法法院对联邦法律的合宪性进行审查。至此,凯尔森极为重视的审查法律的合宪性②才真正确立。虽然 1920 年《奥地利联邦宪法法》规定宪法法院具有审查法律的合宪性和法规的合法性的职能并且有权对违宪的法律和违法的法规予以撤销,但是,依据临时国民大会的会议记录,奥地利共和国作为一个联邦制国家的建立才是宪法法院具有这种职能的必要基础。③ 通过宪法法院审查联邦和各州立法的合宪性,可以约束和限制联邦与各州的行为,而"宪法法院应将奥地利共和国的联邦—二元制的国家建构作为一个整体进行保障,而不是直接保障联邦或州的任何一方"。④ 因而,审查法律的合宪性被看作

---

① *Ewald Wiederin*, Der österreichische Verfassungsgerichtshof als Schöpfung Hans Kelsens und sein Modellcharakter als eigenständiges Verfassungsgericht, in: *Thomas Simon*, *Johannes Kalwoda* (Hrsg.), Schutz der Verfassung. Normen, Institutionen, Höchst - und Verfassungsgerichte, Berlin 2014, S. 302.

② Hans *Kelsen*, Verfassungs-und Verwaltungsgerichtsbarkeit im Dienste des Bundesstaates, nach der neuen österreichischen Bundesverfassung vom 1. Oktober 1920, in: Zeitschrift für Schweizerisches Recht 52 (Neue Folge, 1923/1924),S. 187.

③ *Felix Ermacora*, Der Verfassungsgerichtshof, Graz-Wien-Köln 1956, S. 80.

④ *Felix Ermacora*, Der Verfassungsgerichtshof, Graz-Wien-Köln 1956, S. 80 - 81.

是“服务于联邦制国家”，是“联邦和州相互调整对方法律制度的基点”。[①]

关于凯尔森对于奥地利共和国宪法的贡献，奥地利著名历史学家格拉德·斯托茨(Gerald Stourzh)评价道：“凯尔森在奥地利联邦宪法的形式(结构)方面作出了极为重要的贡献，但其在内容方面的贡献是较少的。”[②]基于此，托马斯·奥勒乔斯基(Thomas Olechowski)将凯尔森称为“奥地利宪法设计师”。虽然凯尔森对于奥地利宪法和奥地利宪法法院的贡献是有争议的，但仅是贡献程度上的差别，他对此作出了实质性贡献却是毋庸置疑的。

二、1920年《奥地利联邦宪法法》与奥地利宪法法院

1920年10月1日，制宪国民大会通过《奥地利联邦宪法法》。根据《奥地利联邦宪法法》的规定，奥地利宪法法院承续了奥匈帝国时期的帝国法院和国务法院的全部职能，[③]由此，依据凯尔森起草的《关于设立德意志奥地利宪法法院的法律》而设立的宪法法院开始

---

① *Herbert Haller*, Die Pfüfung von Gesetzen. Ein Beitrag zur verfassungsgerichtlichen Normenkontrolle, Wien-New York 1979, S. 2.

② *Gerald Stourzh*, Wege zur Grundrechtsdemokratie (Wien 1989), S. 325. 关于凯尔森对于奥地利宪法在内容方面的贡献和影响，参见 *Theo Öhlinger*, Hans Kelsen—Vater der österreichischen Bundesverfassung?, in: *Gerald Kohl* u. a. (Hrsg.), Festschrift für *Wilhelm Brauneder* zum 65. Geburtstag. Rechtsgeschichte mit internationaler Perspektive, Wien 2008, S. 408ff.

③ „Bericht des Verfassungsausschusses über den Entwurf eines Gesetzes, womit die Republik Österreich als Bundesstaat eingerichtet wird (Bundes-Verfassungsgesetz)“, in: *Felix Ermacora* (Hrsg.), Quellen zum Österreichischen Verfassungsrecht (1920), Wien 1967, S. 556.

了以《奥地利联邦宪法法》作为其宪法基础的时代,①奥地利宪法法院履行职能具有了宪法基础。在公民的基本权利规定方面,1867 年“十二月宪法”中的《关于国民一般权利的国家基本法》继续得到确认和适用,规定公民享有完全的平等权、人身自由、住宅不受侵犯的权利、财产不受侵犯的权利、集会自由、结社自由、营业自由、职业自由、宗教信仰自由、学术自由等权利和自由。

1920 年《奥地利联邦宪法法》第六部分的第 137 条至第 148 条专门规定了“宪法保障”,即关于宪法法院的规定,其中第 137 条至第 145 条规定了宪法法院的职能,包括“所有针对联邦、各州、各区或乡镇的、不能通过正常的法律途径得到解决的案件”(第 137 条)、国家机构之间的权限冲突、审查法规的合法性与法律的合宪性、确认议会等代表机构的选举结果、裁决联邦总统等国家公务人员的职务行为是否违法、对行政机构的决定或命令侵犯公民受宪法保障的权利而提起的诉愿作出裁决等。基于宪法法院的这些职能,在凯尔森看来,奥地利宪法法院既是解决国家机构间权限冲突的中央法院,也是中央选举法院、中央国务法院,同时也有权解释宪法以及保障公民的宪法权利。②

根据 1920 年《奥地利联邦宪法法》第 138 条的规定,宪法法院有权裁决如下机构之间的权限冲突:第一,法院与行政机构之间的权限冲突;第二,行政法院与其他法院之间的权限冲突,特别是行政

① *Robert Walter*, Hans Kelsen als Verfassungsrichter, Wien 2005, S.6ff.

② *Hans Kelsen*, Verfassung, in: *Fritz Stier-Somlo und Alexander Elster* (Hrsg.), Sonderabdruck aus Handwörterbuch der Rechtswissenschaft, Berlin und Leipzig: Verlag von Walter de Gruyter & Co. 1927, S.322 –324.

法院与宪法法院自身之间的权限冲突；第三，各州之间以及某个州与联邦之间的权限冲突。

对于审查法规的合法性和法律的合宪性，1920 年《奥地利联邦宪法法》分别不同情形作出不同的规定。第 139 条规定了宪法法院对法规的合法性审查："宪法法院有权基于某一个法院的申请，裁决联邦的机构或州的机构的法规的合法性，若这种法规成为宪法法院裁决的前提，那么宪法法院有权依职权主动审查其合法性；宪法法院有权基于联邦政府的申请，审查州的机构的法规的合法性；宪法法院有权基于州政府的申请，审查联邦的机构的法规的合法性。"对于审查法律的合宪性，第 140 条规定："宪法法院有权基于联邦政府的申请，审查州法律的合宪性；宪法法院有权基于某个州政府的申请，审查联邦法律的合宪性；若这种法律成为宪法法院裁决的前提，那么宪法法院有权依职权审查其合宪性。"上述审查申请可在任何时候提出，但是，提出申请者应立即通知主管的州政府或联邦政府。根据《奥地利联邦宪法法》的规定，宪法法院作出的裁决对于制定和实施相关法律、法规的机构具有约束力。第 139 条第 2 款规定："宪法法院作出法规的违法性裁决并撤销该法规之后，主管的最高机构有义务立即公布宪法法院的撤销裁决；宪法法院的撤销裁决自公布之日起生效。"第 140 条第 3 款规定："宪法法院作出法律的违宪性裁决并撤销该法规之后，联邦总理或主管的州长有义务立即公布宪法法院所作出的撤销裁决；若宪法法院没有为其确定失效的期限，则宪法法院的撤销裁决自公布之日起生效。宪法法院确定的失效期限不得超过 6 个月。"

作为中央选举法院，根据 1920 年《奥地利联邦宪法法》第 141

条的规定,奥地利宪法法院有权确认国民议会(Nationalrat)、联邦议会(Bundesrat)、州议会以及所有其他一般性代表机构的选举为无效,有权依上述代表机构的申请,宣告一个代表机构的成员失去其席位。作为中央国务法院,宪法法院有权针对最高联邦机构或州最高机构人员的职务违法行为而提起的控诉作出裁决,根据第 142 条的规定,这种控诉可由如下方式提起:第一,联邦国民大会通过决议针对联邦总统违反联邦宪法的行为;第二,国民议会通过决议针对联邦政府的成员以及地位相当的机构的违法行为;第三,州议会通过决议针对州政府的成员以及州宪法确认的地位相当的机构的违法行为;第四,联邦政府通过决议针对某个州的州长的违法行为及其在属于间接的联邦行政事务方面没有遵守联邦的法规或其他规定的行为。对此,第 142 条还规定,宪法法院应在裁决中载明是否免去被控诉人员的职务以及在特殊情形下剥夺一定期限的政治权利等。若职务行为违反刑法的规定,第 142 条规定的控诉也可以基于刑法规定而提起。在这种情形下,如宪法法院有管辖权,普通刑事法院应将已经进行的相关调查移交宪法法院。

1920 年《奥地利联邦宪法法》第 144 条规定,在穷尽所有的行政救济方式之后,宪法法院有权对因行政机构的决定或命令侵犯公民受宪法保障的权利而提起的诉愿作出裁决。宪法法院有权在裁决中撤销违宪的决定或命令,并且相关机构在发布新的决定或命令时应根据宪法法院的法律观点而进行,即宪法法院的观点具有法律上的约束力。此外,第 145 条规定,"宪法法院有权根据联邦法律的特别规定裁决某行为是否违反国际法。"

1920 年《奥地利联邦宪法法》第 146 条至第 148 条规定了宪法

法院的组织构成、宪法法院的所在地、宪法法院裁决的执行等内容。第 147 条规定，宪法法院的所在地是维也纳，宪法法院由一位院长、一位副院长以及必要数量的法官和候补法官组成，其中院长、副院长以及半数的法官和候补法官由国民议会选举产生，其他半数的法官和候补法官由联邦议会选举产生，并且选举出的宪法法院的法官终身任职。此外，根据第 146 条规定，宪法法院的裁决由联邦总统执行。而宪法法院的具体组织和程序由联邦法律予以规定（第 148 条）。1925 年 12 月 18 日，《奥地利宪法法院法》由国民议会通过（联邦法律公报号码：454/1925）。

第五章　作为“奥地利宪法法院之父”的凯尔森

在第一次世界大战之后，以汉斯·凯尔森的法学理论为基础而设立的奥地利宪法法院较好地履行了其宪法保障的职能，同时，凯尔森作为奥地利宪法法院法官在宪法实践中也对宪法法院制度的发展和维护起到了重要作用。卡尔·伦纳和汉斯·凯尔森在设立奥地利宪法法院方面都作出了极为重要的贡献，但是基于他们在设立奥地利宪法法院方面所作出的不同贡献，在魏德林（Ewald Wiederin）教授看来，卡尔·伦纳是“奥地利宪法法院之父”，而凯尔森则是“奥地利宪法法院之母”[①]。无论对于凯尔森的贡献评价如何,他至少应是奥地利宪法法院的“父母”之一,为奥地利宪法法院的设立、发展及其理论辩护作出了重要贡献。

第一节 凯尔森关于宪法法院制度的基本理论

凯尔森关于宪法法院制度的著述绝大部分发表于20世纪20年代[②],当时凯尔森还担任奥地利宪法法院的法官。作为宪法法院法官,凯尔森为奥地利宪法法院成为一个宪法保障机构及其建立初期的发展奠定了重要基础。凯尔森关于宪法法院制度及其职能的主要观点集中体现在他于1928年4月在德国国家法教师协会会议上所做的题为《宪法法院职能的本质及其发展》(Wesen und Entwicklung der Staatsgerichtsbarkeit)的演讲中。[③] 而凯尔森发表于1931年为众者所知的《谁应是宪法的守护者?》[④]是对卡尔·施密特(Carl

---

① *Ewald Wiederin*, Der österreichische Verfassungsgerichtshof als Schöpfung Hans Kelsens und sein Modellcharakter als eigenständiges Verfassungsgericht, in: *Thomas Simon*, *Johannes Kalwoda* (Hrsg.), Schutz der Verfassung. Normen, Institutionen, Höchst-und Verfassungsgerichte, Berlin 2014, S.306.

② 详见后文所述凯尔森的相关著述及本书的“附录”。

③ *Hans Kelsen*, Wesen und Entwicklung der Staatsgerichtsbarkeit, in: VVDStRL 5 (1929), S.30 –88, 117 –123.

④ *Hans Kelsen*, Wer soll Hüter der Verfassung sein?, in: Die Justiz 6 (1931), S.576 –628.

Schmitt)所著《宪法的守护者》[①]一文的回应,也是对其法学理论的捍卫,他当时已经是科隆大学的法学教授,但该文的大部分观点实质上已体现在前述《宪法法院职能的本质及其发展》的演讲中。关于"宪法的守护者"的提法,格拉德·斯托茨(Gerald Stourzh)认为,凯尔森于1920年8月31日在议会的讨论中首次提到"宪法法院作为宪法的维护者或守护者"(Wahrer oder Hüter der Verfassung)的观点。[②]

德语中的"Staatsgerichtsbarkeit"一词在狭义上是指"国务裁判权"或者"国务审判机构"等,但凯尔森当时是在较为宽泛的意义上使用这一概念。[③] 他在前述《宪法法院职能的本质及其发展》的演讲中指出,"Staatsgerichtsbarkeit"是"依据宪法进行的审查,是宪法的司法保障。它是法律技术性措施体系的一个组成部分,其目的在于保障国家职能的合法性"[④],同时,基于法治的基本原则和要求,这也意味着所有的法律行为都不能逾越宪法和法律的界限。"Verfassungsgerichtsbarkeit"一词有不同的译法,如"宪法审判机构""宪法审判权""宪法裁判权"等。在奥地利,"Verfassungsgerichtsbarkeit"涵括了宪法法院对国家机构间的权限冲突的裁决、对法律与法规的合宪

---

① *Carl Schmitt*, Der Hüter der Verfassung, Tübingen 1931. 关于凯尔森和施密特之间的争论,本文拟不详述,虽然对他们之间的争论进行论述,时至今日仍是"时髦的"。

② Vgl *Gerald Stourzh*, Wege zur Grundrechtsdemokratie, Wien 1989, S. 331.

③ 有学者指出,1928年在维也纳召开的这次会议上之所以使用"Staatsgerichtsbarkeit"一词,而非现在德语中常用的"Verfassungsgerichtsbarkeit",是受到当时奥地利德语表达的影响。

④ *Kelsen*, Wesen und Entwicklung der Staatsgerichtsbarkeit, in: VVDStRL 5 (1929), S. 30.

性和合法性审查、对公民宪法权利的保护、对特定行政行为的审查、对侵犯国际法行为的审查等。因此,“Verfassungsgerichtsbarkeit”的含义实质上体现出奥地利宪法法院的基本职能和法律功能。

在《宪法法院职能的本质及其发展》中,凯尔森对与宪法法院职能相关的基本理论及相关基础性问题作了阐释和论述,其主要内容在很大程度上可以看作是凯尔森之前相关论述的总结和之后相关著述的基础。① 凯尔森在该演讲中开篇所提出的问题是“合法性问题”,在他看来,合法性和正当性问题是宪法法院发挥职能所面临的首要问题。凯尔森指出,要重视和加强宪法保障:“对宪法的保障现在还要——或者实际上现在才——予以更多地重视和学术讨论,其原因不仅仅在于早期理论中缺乏对法律位阶理论的深入探讨或者缺乏对国家职能的一般法律特性及其相互间关系的认识。现代国家法律制度中有大量的机构来保障执行的合法性,而对于法律的合宪性(以及法规的合法性)保障却很少,甚或没有相应的保障体系……也未认识到此种保障的可能性和必要性,尤其是源于立宪君主制的现代欧洲议会制民主国家。”②

在此次会议上,奥地利国家法理论的代表人物凯尔森关于宪法法院职能的思想和论说并未得到与会的德国学者的认同,德国的主

---

① 凯尔森于1944年在其《法与国家的一般理论》一书的序言中写道:“本书意图与其说只是为了重新出版,不如说是为了重新陈述以前用德文和法文已经表述过的思想和观念。”这些“已经表述过的思想和观念”中的重要内容之一即是作为宪法法院制度之理论基础的纯粹法理论。参见[奥]凯尔森:《法与国家的一般理论》,沈宗灵译,中国大百科全书出版社1996年版,“作者序”第1页。

② *Kelsen*, Wesen und Entwicklung der Staatsgerichtsbarkeit, in: VVDStRL 5 (1929), S. 33.

流学说对于建立这种制度的尝试仍持拒绝或者怀疑的态度。[①] 来自柏林的海因里希·特里佩尔(Heinrich Triepel)教授虽然也以与凯尔森演讲的相同主题发表了主题演讲,但是特里佩尔与凯尔森的演讲内容几乎是两个完全相反的。特里佩尔认为,与宪法法院职能相关的概念是“政治性的概念”[②]“宪法的本质在一定程度上是与宪法法院职能的本质相矛盾的”。[③] 因为当时广泛流行的一个观点是,制定法律的合宪性可以通过国家元首的法律颁布权得到充分保障。[④] 由此可见,在20世纪初期,虽然奥地利对于设立宪法法院这样一种机构基本持赞成态度,但是设立这样一种机构的正当性和合法性及建立宪法法院的“应然性”仍然是当时学术讨论的重点,通过一个类似于宪法法院的机构依据宪法和法律来集中、统一地对法律、法规及特定的政治行为进行审查的模式在当时并未被广

① *Robert Walter*, Die mitteleuropäische Verfassungsgerichtsbarkeit und die Reine Rechtslehre, in: Österreichische Richterzeitung 12 (1993), S. 268.

② *Heinrich Triepel*, Wesen und Entwicklung der Staatsgerichtsbarkeit, in: VVD-StRL 5 (1929), S. 6.

③ *Heinrich Triepel*, Wesen und Entwicklung der Staatsgerichtsbarkeit, in: VVD-StRL 5 (1929), S. 8. 对于特里佩尔的相关观点,德特莱夫·梅尔顿(Detlef Merten)曾评论道:特里佩尔将宪法与“政治”概念等同视之,这导致其结论:宪法争论总是政治争论的观点,是不成立的。Vgl *Detlef Merten*, Aktuelle Probleme der Verfassungsgerichtsbarkeit in der Bundesrepublik Deutschland und in Österreich, in: *Heinz Schäffer* (Hrsg.), Im Dienst an Staat und Recht. Internationale Festschrift Edwin Melichar zum 70. Geburtstag, Wien 1983, S. 119.

④ *Kelsen*, Wesen und Entwicklung der Staatsgerichtsbarkeit, in: VVDStRL 5 (1929), S. 35. 这也是卡尔·施密特所持的观点,参见 *Carl Schmitt*, Der Hüter der Verfassung, Tübingen 1931.

泛接受。①

在《宪法法院职能的本质及其发展》中,凯尔森区分了形式违宪和实质违宪、直接违宪和间接违宪。形式违宪和实质违宪的基本区别在于,一项法律是因其制定程序的缺陷而违宪,还是因其内容与宪法所确立的原则和宗旨相违背或者逾越其界限而违宪。同时,凯尔森指出,形式违宪和实质违宪的区分仅是相对的,并对形式违宪与实质违宪的区分做了“限制”:当一项其内容与宪法规定相抵触的法律成为宪法性法律而“失去违宪的特性”时,则这种情形既是实质违宪亦是形式违宪。② 实际上,这种将实质违宪作为形式违宪来理解的可能性显然不是将“内容”(一项法律的“内容”与宪法规定的内容“相抵触”)作为“形式”来理解,内容上的“相抵触”是实质违宪的必需条件,而非形式违宪的必需条件。③

关于直接违宪和间接违宪的区分,凯尔森认为,位阶低于宪法

---

① 由德国国家法教师协会所举办的历次关于宪法法院制度的会议可以看出宪法法院制度理论的阶段性发展。1952 年,埃里希·考夫曼(Erich Kaufmann)和德拉特(Martin Drath)的演讲主题已是《宪法法院职能的界限》[*Erich Kaufmann*, *Martin Drath*, Die Grenzen der Verfassungsgerichtsbarkeit, in: VVDStRL 9 (Berlin 1952)]。这表明,此时对于宪法法院制度的正当性和合法性的讨论已经成为过去时,所讨论的是宪法法院制度应该在何种条件下如何实施的问题。而在德国,联邦宪法法院已于 1951 年在卡尔斯鲁厄(Karlsruhe)设立,其主要目的是保障《德意志联邦共和国基本法》的实施和自由—民主的基本制度。1981 年,卡尔·科里内克(Karl Korinek)、约格·穆勒(Jörg P. Müller)与克劳斯·施莱希(Klaus Schlaich)的演讲题目则是《国家功能构造中的宪法法院制度》[*Karl Korinek*, *Jörg P. Müller*, *Klaus Schlaich*, Die Verfassungsgerichtsbarkeit im Gefüge der Staatsfunktionen, in: VVDStRL 39 (Berlin-New York 1981)]。

② *Kelsen*, Wesen und Entwicklung der Staatsgerichtsbarkeit, in: VVDStRL 5 (1929), S. 37.

③ *Robert Alexy*, Hans Kelsens Begriff der Verfassung, in: *Stanley L. Paulson*, *Michael Stolleis* (Hrsg.), Hans Kelsen. Staatsrechtslehrer und Rechtstheoretiker des 20. Jahrhunderts, Tübingen 2005, S. 335, FN 7.

的法律或者依据宪法直接替代和修改法律的法规或命令[例如,由总统发布的、与法律有同等效力的所谓紧急命令(Notverordnungen)等,这与纯粹解释法律的法规不同]与宪法的规定相抵触则属直接违宪。① 若执行行为(如行政行为、司法裁判等)、法规或命令不仅违反法律,而且也因此违反了执行合法性所应遵从的一般宪法原则和宪法所明确规定的特殊原则或者逾越了宪法之立法所确立的特殊界限,则属间接违宪。② 凯尔森也指出,直接违宪与间接违宪的界限并非总是泾渭分明,因为这两种违宪类型之间存在一定的混合形式或者过渡形式:当宪法直接授权所有或某一行政机构在其权限范围内发布关于具体实施相关法律的法规时,这些机构即享有直接依据宪法发布这种实施性法规的权限。这些机构之有权发布法规是直接源于宪法,但法规的内容是由位阶处于宪法与法规之间的法律所规定,法律也由此得以具体实施。③

凯尔森关于宪法法院制度的理论不仅与他作为奥地利联邦宪法的起草者相联系,而且也与其纯粹法理论密不可分,纯粹法理论是奥地利宪法法院设立的理论基础。宪法法院所具有的职能是凯尔森的纯粹法理论,尤其是法律秩序之位阶等级理论所必然包含的

---

① *Kelsen*, Wesen und Entwicklung der Staatsgerichtsbarkeit, in: VVDStRL 5 (1929), S. 38.

② 凯尔森对此举例论述。例如,宪法规定,只有在完全补偿的情形下才能征收个人之财产,完全合宪的财产征收法亦规定应给予完全补偿。若在一个具体事件中,某行政行为——甚至违反该法律之规定——在没有补偿的情形下征收个人财产,那么该行政行为并不是通常意义上的违反法律,而是间接违宪。参见 *Kelsen*, Wesen und Entwicklung der Staatsgerichtsbarkeit, in: VVDStRL 5 (1929), S. 40.

③ *Kelsen*, Wesen und Entwicklung der Staatsgerichtsbarkeit, in: VVDStRL 5 (1929), S. 40.

内容之一。[①] 在凯尔森的法律思想体系中，法律的“统治者”不是立法者，而是宪法。[②] 在其理论中，作为宪法法院的职能基础的宪法是“实质意义上的宪法”[③]，是“从法学的角度来理解的宪法”[④]，宪法不仅具有程序法的特征，而且具有实体法的性质。[⑤] 宪法的政治功能在于，将权力的行使限制在合法的范围内。[⑥] 宪法在一国的法律体系中具有最高法律效力是宪法法院发挥职能的基础，也是宪法法院本身存在的基础。

凯尔森纯粹法理论中的基础规范(Grundnorm)虽然是实在法的效力根据，但其自身却不是实在法规范，而是人的思维所预设的规范。然而，这种基础规范仅涉及法律秩序中规范的创制，并不决定规范的具体内容。在实在法秩序中，法律规范的内容完全由立法者的意志行为所决定。[⑦] 而立法者的意志行为有时可能是错误的，这

---

① 应予指出的是，法律秩序之位阶等级理论是由凯尔森的学生阿道夫·梅克尔(Adolf Julius Merkl)最终发展和完善的，因此，该理论在奥地利一般被看作是阿道夫·梅克尔的理论。

② *Horst Dreier*, Rechtslehre, Staatssoziologie und Demokratietheorie bei Hans Kelsen, Baden-Baden 1990, S. 131, FN 240.

③ 凯尔森在《法与国家的一般理论》中继续论道：“实质意义的宪法的主要职能就是决定一般法律规范的创造，即，决定立法的机关和程序以及在某种程度上，还决定今后法律的内容。”参见[奥]凯尔森：《法与国家的一般理论》，沈宗灵译，中国大百科全书出版社1996年版，第143页、第290页。

④ *Kelsen*, Wesen und Entwicklung der Staatsgerichtsbarkeit, in: VVDStRL 5 (1929), S. 117 – 118.

⑤ *Kelsen*, Wesen und Entwicklung der Staatsgerichtsbarkeit, in: VVDStRL 5 (1929), S. 37.

⑥ *Hans Kelsen*, Wer soll Hüter der Verfassung sein?, in: Die Justiz 6 (1931), S. 577.

⑦ 参见 *Hans Kelsen*, On the Basic Norm, in: California Law Review, 47. Band, 1959, Nr. 1, pp. 107 – 110；张书友：《凯尔森：纯粹法理论》附录二，黑龙江大学出版社2013年版，第212～216页。

意味着立法者所制定的法律有可能是违宪的。根据法律秩序之位阶理论,一个规范的产生须与其上级规范相符合,而在实践中,低等级规范与高等级规范之间的冲突是不可避免的。① 若宪法缺乏一种保障机制来撤销违宪立法,则该宪法不具有完全的约束力。② 因此,通过审查法律规范的合宪性和合法性可以达至法律规范的统一和融贯。

在凯尔森看来,宪法法院这样一个机构不仅能保障法律规范体系的统一性,而且能保障不同的国家机构依法行使职权、履行职能。对于这个机构而言,有权撤销违宪法律的机构是否是一个"法院",这是"完全是不重要的",重要的是,这个机构应排除"政党政治的影响",应是"中立的"和"去政治化的",易言之,这个机构应当具有不依附于议会的独立性。③ 基于凯尔森等宪法法院法官在宪法实践和法学理论等方面的努力,奥地利宪法法院较好地履行了宪法所规定的职能,特别是保障了宪法法院相对其他机构所具有的中立性和独立性,这种中立性和独立性是奥地利宪法法院发挥职能的重要基础。

---

① *Hans Kelsen*, Reine Rechtslehre (2. Aufl.), Wien 1960, S. 271.

② *Hans Kelsen*, La garantie juridictionnelle de la constitution (La Justice constitutionnelle), in: Revue de Droit Public (1928), S. 197f. Zitiert nach *Michel Troper*, "The Guardian of the Constitution"—Hans Kelsen's Evaluation of a Legal Concept, in: *Dan Diner*, *Michael Stolleis* (eds.), Hans Kelsen and Carl Schmitt: A Juxtaposition, Gerlingen 1999, S. 86.

③ *Kelsen*, Wesen und Entwicklung der Staatsgerichtsbarkeit, in: VVDStRL 5 (1929), S. 55.

第二节　作为宪法实践者的凯尔森及其理论观念

凯尔森不仅以其法学理论为奥地利宪法法院奠定了理论基础，而且通过起草1919年《关于设立德意志奥地利宪法法院的法律》和1920年《奥地利联邦宪法法》为奥地利宪法法院的设立和发展奠定宪法和法律基础，更为重要的是，凯尔森作为宪法法院法官为奥地利宪法法院成为其设想中的国家机构付出了诸多努力，作出了诸多贡献。在理论上，所有的法律行为都应受到规范和审查，以确保其不违反宪法或上级规范。易言之，宪法法院的主要职能在于保障所有具有直接宪法效力的行为的合宪性和合法性。

一、宪法法院的职能范围

依据凯尔森的观点，宪法法院的职能范围十分广泛，这不仅体现在凯尔森起草的1920年《奥地利联邦宪法法》中，也体现在凯尔森作为宪法法院法官的法律实践中。奥地利宪法法院的职能范围主要包括如下几个方面：

（一）公法上的（财产权）诉求（Kausalgerichtsbarkeit）

在凯尔森起草的宪法草案中，“公法上的诉求”（Kausalgerichtsbarkeit）一词所指的是联邦与州之间以及各州之间的所有法律争议。在奥地利宪法史上，“公法上的诉求”（Kausalgerichtsbarkeit）一词的含义并非一成不变。1920 年《奥地利联邦宪法法》中规定的"公法上的诉求"的主要内容是指，所有不能通过正常法律途径得到解决的，针对联邦、州和乡镇的诉求可由宪法法院予以裁决。依据该宪法法，州是作为"国家"、乡镇是作为"国家的机构"来行使职能的，而联邦则是"国家"之整体。① 1925 年的《奥地利联邦宪法法修正案》将"公法上的诉求"限定为"针对联邦、州、乡镇及乡镇联合体的财产权诉求"，这种含义至今没有大的变化。

在凯尔森任宪法法院法官时期，有相当数量的裁决是涉及公民的财产权诉求的案件，尤其是基于《公职人员法》(Dienstrecht)而产生的财产权诉求，对于这些案件，凯尔森经常是作为常务负责法官参与裁决。② 宪法法院 1921 年第 68 号裁决(A 40/21)所涉及的问题是，宪法法院在何种程度上可以就"自由裁量决定"(Ermessensentscheidung)进行审查的问题。作为常务负责法官，凯尔森的意见是，宪法法院可以在一般意义上对自由裁量进行审查，当然这种观点在具体案件中并不具有可执行性。在裁决理由中，凯尔森进行了详细论述：未经宪法法院审查的行政机构之自由裁量行为是可信赖的，依据 1920 年《奥地利联邦宪法法》第 129 条的规定，当行政法院所撤销的行政决定是行政机构在法律允许范围内的自由裁量时，可以认为是没有侵犯公民的权利。③

1922 年第 88 号裁决(A 54/21)所涉及的问题是，是否可以依据

---

① *Hans Kelsen*, *Georg Froehlich*, *Adolf Merkl*, Die Bundesverfassung vom 1. Oktober 1920, Wien und Leipzig 1922, S. 249.

② *Robert Walter*, Hans Kelsen als Verfassungsrichter, Wien 2005, S. 70.

③ *Robert Walter*, Hans Kelsen als Verfassungsrichter, Wien 2005, S. 71 -72.

先例确认某特定法规的合法性。凯尔森对此持肯定态度(这也是宪法法院最后的裁决观点),并且认为,“宪法法院须抓住每一个机会来审查法规是否违宪。这与其作为宪法之保护者(Hort der Verfassung)的地位和使命相适应”①。

(二)国家机构间的权限争议

当某一国家职能涉及两个或多个不同机构时,这些机构的职能之间不可避免地会产生争议,这些争议应在法律制度中从“时间、空间及客观实际方面”予以界定。② 依据凯尔森的宪法草案,宪法法院有权裁决联邦以及各州的法院与行政机构之间、联邦政府与州政府之间以及各州政府之间的权限争议。③ 此外,宪法法院还可以就行政法院与其他法院,包括行政法院与宪法法院之间的权限争议进行裁决。④ 凯尔森认为,传统定义中的(国家机构间的)权限争议范围过于狭窄,例如,制定法律和法规的权限争议不属于宪法法院的裁决范围,⑤因此,应扩大宪法法院关于权限争议的裁决范围,以有效地解决国家机构间的权限争议,无论是“积极的权限争议”,还是“消

---

① *Robert Walter*, Hans Kelsen als Verfassungsrichter, Wien 2005, S. 72.

② *Hans Kelsen*, Der Begriff des Kompetenzkonfliktes nach geltendem österreichischen Recht, in: Juristische Blätter 6 (57. Jahrgang, 24. 3. 1928), S. 105.

③ *Felix Ermacora*, Die österreichische Bundesverfassung und Hans Kelsen: Analysen und Materialien. Zum 100. Geburtstag von Hans Kelsen, Wien 1982, S. 446.

④ *Hans Kelsen*, Verfassungs-und Verwaltungsgerichtsbarkeit im Dienste des Bundesstaates, nach der neuen österreichischen Bundesverfassung vom 1. Oktober 1920, in: Zeitschrift für Schweizerisches Recht 52 (Neue Folge, 1923/1924), S. 205.

⑤ *Hans Kelsen*, Der Begriff des Kompetenzkonfliktes nach geltendem österreichischen Recht, in: Juristische Blätter 6 (57. Jahrgang, 24. 3. 1928), S. 105.

极的权限争议”均可由宪法法院予以裁决。① 对于两个行政机构之间是否存在积极的权限冲突的问题,宪法法院基于常务负责法官凯尔森的裁决建议在 1924 年第 257 号裁决(K 6/23)中一致认为,不存在此种冲突。②

奥地利宪法法院起初仅在有限的范围内解决国家机构之间的权限冲突问题。因在一系列“豁免婚姻”(Dispensehen)案件③中,法院和行政机构之间一直存在权限方面的冲突,宪法法院自 1927 年开始裁决较大数量的权限冲突案件。在解决这些在理论上和政治上极具争议的案件方面,凯尔森发挥了重要的作用。④ 关于这种“豁免婚姻”所引起的混乱状况,从鲁道夫·梅塔尔(Rudolf Aladár Métall)为凯尔森所写传记中对这一事件的描述可见一斑:“这个明确许可由其行政机构来缔结婚姻的国家,又通过法院来宣告这些婚姻为无效。国家的尊严几乎以这种令人恼扰的方式受到侵害。由此,法院

---

① “积极的权限争议”一般是指两个或多个司法或行政机构均认为某一事项属其权限管辖,而其他机构无此权限而产生的争议。“消极的权限争议”则是指两个或多个机构均认为某一事项不属其权限管辖而拒绝或不行使对某一事项的管辖权而产生的争议。

② *Robert Walter*, Hans Kelsen als Verfassungsrichter, Wien 2005, S. 69.

③ 即天主教徒离婚案。因时为下奥地利州(Niederösterreich)州长的阿尔贝特·泽韦尔(Albert Sever)力主天主教徒可以离婚并且离婚后可以再婚,同时颁布法令解除对天主教徒禁止离婚的限制,故该事件亦称为“泽韦尔婚姻”(Sever-Ehen)事件。自 1938 年起,奥地利才有现代意义上的民事婚姻。对“豁免婚姻”案件的详细讨论,参见 *Ulrike Harmat*, Ehe auf Widerruf? Der Konflikt um das Eherecht in Österreich 1918 – 1938, Frankfurt am Main 1999, S. 290 – 311, 403 – 415; *Christian Neschwara*, Kelsen als Verfassungsrichter. Seine Rolle in der Dispensehen-Kontroverse, in: *Stanley L. Paulson*, *Michael Stolleis* (Hrsg.), Hans Kelsen. Staatsrechtslehrer und Rechtstheoretiker des 20. Jahrhunderts, Tübingen 2005, S. 361 ff.; *Robert Walter*, Hans Kelsen als Verfassungsrichter, Wien 2005, S. 57ff.; *Rudolf Aladár Métall*, Hans Kelsen. Leben und Werk, Wien 1969, S. 51 –56。

④ *Robert Walter*, Hans Kelsen als Verfassungsrichter, Wien 2005, S. 57.

有权依其职权来审查现存的婚姻关系的有效性，任何一个简单的告发都足以引致婚姻被宣告为无效。这种状况可以被用来进行无耻的敲诈勒索。在行政机构所批准的豁免婚姻中生活的人，始终面临着这种被敲诈勒索的危险。并且不仅于此。借助于行政机构颁发的婚姻豁免而开始第二次婚姻的丈夫，若其愿意，可以解除这段婚姻，他只需向主管法院寄去一封信件，告知法院他在豁免婚姻中生活……”①由于这些案件的裁决，凯尔森“不时地成为猛烈的抨击对象”，并且“被认为是怂恿离婚罪的罪魁祸首”。② 在这些案件中，基于凯尔森谨慎的教义学立场和严格的解释立场，宪法法院在裁决中认为，普通法院无权宣告颁发豁免的行政行为无效，基于此，撤销了那些宣告婚姻为无效的法院判决。通过这些裁决和关于权限冲突的宪法实践，宪法法院恢复了由于法院和行政机构之间公开冲突而受到损害的国家权威。③

在确定宪法法院的审查范围时，还要考虑到行政法院对相关法律行为的审查范围。早在 1922 年，凯尔森在一次裁决（K 1/22）的讨论中就指出，“侵犯公民的一般权利由行政法院管辖，而保护公民的合宪性权利由宪法法院进行。”④之后，凯尔森在 1923 年的一篇论文中继续论道，宪法法院与行政法院的审查的区别在于审查法律行为的合宪性还是合法性，其在法学理论上的界限则是区分其属于直

---

① Vgl *Rudolf Aladár Métall*, Hans Kelsen. Leben und Werk, Wien 1969, S. 51 – 52.

② *Hans Kelsen*, Autobiographie, in: Matthias Jestaedt (Hrsg.), Hans Kelsen Werke, Band 1 (2007), S. 75.

③ *Rudolf Aladár Métall*, Hans Kelsen. Leben und Werk, Wien 1969, S. 53.

④ *Robert Walter*, Hans Kelsen als Verfassungsrichter, Wien 2005, S. 69.

接违宪还是间接违宪。行政法院的审查则是一般的行政审查,而宪法法院对行政行为的审查是特殊的行政审查。[①] 易言之,宪法法院与行政法法院对公民权利保障的区别在于,宪法法院对公民权利的保障是基于宪法,而行政法院的保障则是基于普通法律,而仅仅因适用法律错误而导致公民权利受到侵犯的情形则属于行政法院的职权管辖。[②] 宪法法院在 1924 年第 337 号裁决(K 3/24)中亦坚持了凯尔森的上述观点:对于通过错误的法律适用而导致的对财产权的侵犯,由行政法院管辖;只有在行政行为没有法律授权或者明显未遵循相关法律的情形下,才由宪法法院管辖。凯尔森的一次专题学术报告也对宪法法院的此种裁决产生了重要影响。[③]

凯尔森作为宪法法院法官在解决国家机构之间的权限冲突问题方面作出了重要贡献。在行政权与司法权的冲突方面,他更偏向于自由的行政权,这在宪法法院裁决汇编中的 1927 年第 878 号裁决中有着明显的体现。[④] 同时,他还在其论著中针对人们的批评为宪

---

① *Kelsen*, Verfassungs-und Verwaltungsgerichtsbarkeit im Dienste des Bundesstaates, nach der neuen österreichischen Bundesverfassung vom 1. Oktober 1920, in: Zeitschrift für Schweizerisches Recht 52 (Neue Folge, 1923/1924), S. 187 – 188.

② *Kelsen*, Verfassungs-und Verwaltungsgerichtsbarkeit im Dienste des Bundesstaates, nach der neuen österreichischen Bundesverfassung vom 1. Oktober 1920, in: Zeitschrift für Schweizerisches Recht 52 (Neue Folge, 1923/1924), S. 200f.

③ *Robert Walter*, Hans Kelsen als Verfassungsrichter, Wien 2005, S. 69.

④ Vgl *Robert Walter*, Hans Kelsen als Verfassungsrichter (= Schriftenreihe des Hans Kelsen-Instituts Bd. 27), Wien 2005, S. 60 –61.

法法院的裁决进行辩护。①

（三）对法律的审查

在凯尔森看来，对法律的合宪性进行审查居于重要地位。② 凯尔森在其起草的宪法草案中认为，联邦政府可以向宪法法院申请审查州的法律是否合乎联邦法律，③因此，在凯尔森看来，联邦法律的效力应高于州法律的效力，④宪法法院可以撤销违宪的州法是凯尔森起草的《联邦宪法法》的目的之一。凯尔森在其宪法草案中还曾建议在各州的行政法院各设一位联邦检察官，在联邦行政法院设立一位联邦总检察官，以维护法律的合宪性。⑤ 在国民大会的宪法委员会的讨论中，凯尔森还建议联邦检察官应协助宪法法院的常务负

---

① Vgl *Ewald Wiederin*, Der österreichische Verfassungsgerichtshof als Schöpfung Hans Kelsens und sein Modellcharakter als eigenständiges Verfassungsgericht, in: *Thomas Simon*, *Johannes Kalwoda* (Hrsg.), Schutz der Verfassung. Normen, Institutionen, Höchst-und Verfassungsgerichte, Berlin 2014, S. 305; *Hans Kelsen*, Der Begriff des Kompetenzkonfliktes nach geltendem österreichischen Recht, in: Juristische Blätter 57 (1928), S. 105－110.

② *Kelsen*, Verfassungs-und Verwaltungsgerichtsbarkeit im Dienste des Bundesstaates, nach der neuen österreichischen Bundesverfassung vom 1. Oktober 1920, In: Zeitschrift für Schweizerisches Recht 52 (Neue Folge, 1923/1924), S. 187.

③ *Felix Ermacora*, Die österreichische Bundesverfassung und Hans Kelsen. Analysen und Materialien. Zum 100. Geburtstag von Hans Kelsen, Wien 1982, S. 458.

④ 如前所述，在奥地利的政治实践中，由于主张实行中央集权制以及主张联邦制、议会制等政治力量的妥协，奥地利最后实行的是“弱联邦制”，即联邦法律和州法律处于同等地位，联邦法律并不具有优于州法律的法律地位，但是联邦宪法具有最高的法律地位，其位阶高于州宪法。因而，1920 年《奥地利联邦宪法法》规定，联邦政府可以提请宪法法院对州法律的合宪性进行审查，州政府也有权提请宪法法院对联邦法律的合宪性进行审查。

⑤ *Georg Schmitz*, Die Vorentwürfe Hans Kelsens für die österreichische Bundesverfassung, Wien 1981, S. 292.

责法官审查联邦及州的法律和法规是否违宪,这样宪法法院才能真正成为“宪法的客观公正的维护者”。① 此外,凯尔森认为,下述议会行为也应当受到宪法法院的审查:(1)一些具有法律拘束力但不具有法律形式的议会行为,如议会通过的议事规程或预算决策(当它们不以法律的形式出现时);(2)那些议会主观上认为其不是法律,但依据宪法应是法律且其中包含了违宪内容的议会行为,如某些未公布的议会决议或法规;②(3)州议会通过的关于在联邦税收的基础上增加税赋的决议,此类决议应由宪法法院予以撤销。③凯尔森的这些意见亦为宪法法院所接受。④ 此外,凯尔森在1921年第31号(D 3/21)裁决的讨论中指出,有缺陷的“法律”也应受到宪法法院的审查。⑤

应当指出的是,凯尔森在宪法法院关于法律审查案件的裁决中所发表的意见,主要可归结为法律解释问题。在宪法法院的裁决中,凯尔森针对不同的案件采用不同的法律解释方法,例如在宪法法院裁决汇编1919年第32号裁决关于戏剧审查的案件中,凯尔森主张依据文本含义进行客观解释,在1919年第36号裁决关于“法院”(“法定法官”)一词的解释中,凯尔森主张依据通常的字义进行客观解释,在另外一些案件中,他又主张法律解释应受到立法者的

---

① *Gerald Stourzh*, Wege zur Grundrechtsdemokratie, Wien 1989, S. 331.

② *Kelsen*, Wesen und Entwicklung der Staatsgerichtsbarkeit, in: VVDStRL 5 (1929), S. 57–58.

③ *Hans Kelsen*, Die Vollendung der österreichischen Bundesverfassung, in: Zeitschrift für Politik (Band 15, 1926), S. 318.

④ 例如,宪法法院裁决汇编中1921年第31号(D 3/21)裁决。

⑤ *Robert Walter*, Hans Kelsen als Verfassungsrichter, Wien 2005, S. 26.

主观意图的限制，应进行“限缩解释”。[①]

（四）对法规的审查

在凯尔森看来，法规审查的对象，首先，是具有直接宪法效力的法规（其违法性外在于其违宪性而存在）。这种法规可以以法律的形式公布，其重要表现形式之一是未经议会批准而由总统直接发布的紧急命令（Notverordnungen）。其次，是一些补充或修改法律内容的法规，这些法规的位阶与法律相同，其违法性表现为直接违反法律，同时间接违反宪法。[②] 根据凯尔森起草的宪法草案，宪法法院可以根据法院的申请审查联邦或州的行政机构的法规（或执行命令）的合法性，根据联邦政府的申请审查州的行政机构的法规的合法性或者根据州政府的申请审查联邦行政机构的法规的合法性。[③]

《宪法法院裁决汇编》中1922年第90号裁决（G 1/22）所面临的一个法律问题是，一项法规是否可以因违宪而被撤销。对于这个问题，我们现在可以不假思索地给出明确的答案，但在当时却是有争议的。在常务负责法官凯尔森的建议下，宪法法院在裁决中认为，虽然一项法规可因其违法性而被撤销，但其亦可因违宪性而被

---

① Vgl *Robert Walter*, Hans Kelsen als Verfassungsrichter, Wien 2005, S. 18－19.

② *Kelsen*, Wesen und Entwicklung der Staatsgerichtsbarkeit, in: VVDStRL 5 (1929), S. 58－59. 奥地利宪法法院在1923年的判决（VfSlg 176/1923）中认为，法规仅能依据法律或者在法律的范围内颁布，法规仅能执行法律，而不能修改法律。Vgl *Robert Walter*, Hans Kelsen als Verfassungsrichter, Wien 2005, S. 36, FN 112.

③ *Felix Ermacora*, Die österreichische Bundesverfassung und Hans Kelsen: Analysen und Materialien. Zum 100. Geburtstag von Hans Kelsen, Wien 1982, S. 450.

撤销。[①]对于宪法法院可否对已失效的法规进行审查的问题，凯尔森在1921年第20号裁决(D 2/21)中持否定态度，根据他的观点："宪法法院只能审查那些尚未被撤销的法规，宪法法院只能依据法律对相关法规予以撤销，易言之，对于已经无效的法规，宪法法院无需依据法律对其(再次)作出予以撤销的裁决。"[②]

(五)对国家条约的审查

宪法法院能否对国家条约进行审查是有争议的。在20世纪初期，宪法法院对国家条约的审查，无论是在法理上还是在国际法上均没有很大的障碍，但是对国家条约的合宪性或合法性审查并非当时奥地利宪法法院的职能。无论是在凯尔森的宪法草案中，还是在1920年《奥地利联邦宪法法》中都没有规定对国家条约的合宪性或合法性的审查。直至1928年，凯尔森在德国国家法教师协会会议上提出："宪法对于法律内容所规定的原则，同样或者仍然可以适用于国家条约……与宪法相比，国家条约应当具有与法律完全同等的地位。国家条约在形式上——在其制定通过方面——如在实质上那样——在内容方面——可能是直接违宪的。"[③]因而，国家条约应受到宪法法院的审查以维护一国法律规范的统一性："这种(对国家条约进行审查的)宪法法院制度成为现实，无疑非常有益于一国的法

① *Robert Walter*, Hans Kelsen als Verfassungsrichter, Wien 2005, S. 35.

② 参见《宪法法院裁决汇编》1921年第20号(D 2/21)裁决，引自 *Robert Walter*, Hans Kelsen als Verfassungsrichter, Wien 2005, S. 34 –35.

③ *Kelsen*, Wesen und Entwicklung der Staatsgerichtsbarkeit, in: VVDStRL 5 (1929), S. 41.

律制度。”①但是,凯尔森也承认,以法律秩序之位阶理论观之,国家条约的地位不是很明确。② 无论如何,凯尔森希望通过宪法法院来对国家条约进行审查的愿望在1929年《奥地利联邦宪法法修正案》中得以实现。依据此修正案,宪法法院可以对国家条约的合法性或合宪性作出裁决,可以宣告某项执行国家条约的法律或法规因违法或违宪而无效。由于实施该相关宪法规定的法律至今没有制定颁布,因而奥地利宪法法院也从未作出这方面的裁决。

(六)对选举的审查

奥地利宪法法院是作为“中央选举法院”来行使这种职能的。依据凯尔森起草的宪法草案,宪法法院可以裁定联邦国民大会或总统的选举为无效,可以依据国民大会的申请宣告剥夺某代表的议员资格。③ 基于1920年《奥地利联邦宪法法》,凯尔森认为,宪法法院可以裁决所有一般代表机构——国民议会、联邦议会、各州议会及其他一般代表机构的选举为无效,可以依据上述代表机构的申请裁定其成员是否失去议员席位。④ 从保障宪法所规定的公民权利的角度看,宪法法院的这种职能可以有效地保障公民个人参与国家政治

① *Kelsen*, Wesen und Entwicklung der Staatsgerichtsbarkeit, in: VVDStRL 5 (1929), S. 61.

② *Kelsen*, Wesen und Entwicklung der Staatsgerichtsbarkeit, in: VVDStRL 5 (1929), S. 42.

③ *Felix Ermacora*, Die österreichische Bundesverfassung und Hans Kelsen: Analysen und Materialien. Zum 100. Geburtstag von Hans Kelsen, Wien 1982, S. 468–470.

④ *Kelsen*, Verfassungs-und Verwaltungsgerichtsbarkeit im Dienste des Bundesstaates, nach der neuen österreichischen Bundesverfassung vom 1. Oktober 1920, in: Zeitschrift für Schweizerisches Recht 52 (Neue Folge, 1923/1924), S. 205.

生活的权利,尤其是选举权和被选举权。

凯尔森任宪法法院法官期间,奥地利宪法法院也作出了一系列关于撤销选举的裁决,凯尔森亦参与了其中的大部分裁决,而这些案件中的大部分均涉及选举的实际过程或者选举方式问题。作为常务负责法官,凯尔森在《宪法法院裁决汇编》1927 年第 888 号裁决(W 12/27)的裁决理由中认为,若对区长的选举任命仅产生间接的影响,那么对选举结果的影响是可以接受的。对选举结果之影响的评判不是依据严格的证据,而是依据可能性。但是,如何进行评判最终是取决于宪法法院的裁量。①

(七)对国家机构公职人员行为的审查(Staatsgerichtsbarkeit)②

依据凯尔森起草的宪法草案,宪法法院可以裁决总统和副总统、联邦政府与州政府成员及与其地位相当的机构所应负的宪法或法律责任。宪法法院可以根据联邦国民大会授权的联邦议会的申请对联邦总统或副总统因其故意或过失违反联邦宪法的行为、对联邦政府成员及与其地位相当的机构的成员基于行使职权而故意或过失违反法律的行为进行裁决,也可以依各州国民大会的申请对州政府成员及与其地位相当的机构的成员基于行使职权而故意或过失违反法律的行为进行裁决,以及依联邦政府的申请对州长基于行使职权而故意或过失违反法律的行为或者对其不执行联邦政府的实施命令或其他要求的行为进行裁决。若宪法法院确认其违法性

---

① *Robert Walter*, Hans Kelsen als Verfassungsrichter, Wien 2005, S.87.

② 这里仅指狭义上的 Staatsgerichtsbarkeit,而广义上的 Staatsgerichtsbarkeit,在凯尔森看来,是宪法法院所具有的职能。

或违宪性，则可以宣告其失去公职或者被剥夺政治权利，[①]而需由普通法院(如刑事法院、民事法院)追究的责任，则由普通法院作出裁决。[②] 凯尔森也指出，"职务行为"不仅包括积极地行使职权，也包括消极地不履行职能。宪法法院的这项职能旨在裁定相关国家机构工作人员的行为是否符合宪法，而不仅仅是判定其是否违法。[③]

在凯尔森任宪法法院法官时期，奥地利国家档案馆所保存的宪法法院的档案中只有两个案件涉及宪法法院对国家公职人员行为的审查[《宪法法院裁决汇编》中 1921 年第 8 号裁决(E 1/21)与 1923 年第 206 号裁决(E 1/23)]，而凯尔森都参与了这两个案件的裁决。[④] 第一个案件发生时(1921 年上半年)，没有相关法律可予以适用，因为《奥地利宪法法院法》当时并未生效(在 6 月才颁布)，这意味着没有关于对国家公职人员行为进行审查的程序性规定。凯尔森的意见是，依据 1920 年《奥地利过渡法》第 40 条，宪法法院只能适用与之前的宪法法院的组织和程序有关的法律，但与本案有关的程序也没有予以规定。因而，这种程序"只能由宪法法院依其自由裁量来确定"[⑤]。

---

① *Felix Ermacora*, Die österreichische Bundesverfassung und Hans Kelsen: Analysen und Materialien. Zum 100. Geburtstag von Hans Kelsen, Wien 1982, S. 474 -478.

② *Kelsen*, Verfassungs-und Verwaltungsgerichtsbarkeit im Dienste des Bundesstaates, nach der neuen österreichischen Bundesverfassung vom 1. Oktober 1920, in: Zeitschrift für Schweizerisches Recht 52 (Neue Folge, 1923/1924), S. 207.

③ *Kelsen*, Verfassungs-und Verwaltungsgerichtsbarkeit im Dienste des Bundesstaates, nach der neuen österreichischen Bundesverfassung vom 1. Oktober 1920, in: Zeitschrift für Schweizerisches Recht 52 (Neue Folge, 1923/1924), S. 188.

④ 详见 *Robert Walter*, Hans Kelsen als Verfassungsrichter, Wien 2005, S. 81ff.

⑤ *Robert Walter*, Hans Kelsen als Verfassungsrichter, Wien 2005, S. 82.

第二个案件[《宪法法院裁决汇编》中 1923 年第 206 号裁决(E 1/23)]所涉及的问题是,维也纳市长明确拒绝执行禁止或阻止火葬场开工运转的命令,接下来的问题是,当州长认为一项命令为违法时,应该如何处理。凯尔森的意见是,人们只应遵从合法的命令和法规,若一项命令被裁定为合法,但州长没有执行该命令,则他要承担一定的风险。对于不服从的情况存在与否,只有宪法法院有权裁决,并应对命令的合法性问题进行审查。①

(八)通过“宪法诉愿”来保障公民的宪法权利

宪法法院可以通过公民诉愿来保障其因行政机关——无论是联邦行政机关还是州的行政机关——的决定或命令而受到侵犯的宪法权利,但只能在穷尽所有的行政程序之后,公民的权利诉求仍得不到保障的情形下才由宪法法院予以保障。② 这些权利包括财产权、人身自由、自由迁徙权、营业自由、表达自由等公民的一般权利,其中对公民财产权的保护尤为重要。在宪法实践中,凯尔森的态度基本上是倾向于保障公民的基本权利。值得一提的是,在一个涉及财产基本权利的案件中,作为常务负责法官,凯尔森在其草拟的裁决中对基本权利的合比例性审查(Verhältnismäßigkeitsprüfung)持明确的否定态度,因为在他看来,评估公共利益与权衡私人权益属于

① *Robert Walter*, Hans Kelsen als Verfassungsrichter, Wien 2005, S. 84 -85.

② *Kelsen*, Verfassungs-und Verwaltungsgerichtsbarkeit im Dienste des Bundesstaates, nach der neuen österreichischen Bundesverfassung vom 1. Oktober 1920, in: Zeitschrift für Schweizerisches Recht 52 (Neue Folge, 1923/1924), S. 200.

议会的事务,而非宪法法院职能范围内的事务。[①]

在凯尔森看来,对法律和法规进行合宪性与合法性审查是宪法法院“最重要的职能”,宪法法院的这种职能不应被看作“司法”,而应被看作“立法”[②]——作为“消极的立法者”[③]而发挥其职能。宪法法院对规范审查的裁决也因此是“消极的立法行为”[④],因为宪法法院对规范进行审查的结果,一般仅是对该规范的撤销或宣告其为无效,而非创造新的规范。

二、宪法法院的程序及其功能

在通常情形下,宪法是宪法法院履行职能的依据。作为例外,法律也可以作为审查“具有间接宪法效力即执行法律的法规”的标准。[⑤] 此外,凯尔森认为,当国际法规范或国家条约成为一国法律秩序的内在组成部分时,也可以作为宪法法院职能的基础和标准。[⑥]但是,“正义”“自由”“平等”“公正”“美德”等观念不能成为宪法法

① Vgl *Ewald Wiederin*, Der österreichische Verfassungsgerichtshof als Schöpfung Hans Kelsens und sein Modellcharakter als eigenständiges Verfassungsgericht, in: *Thomas Simon*, *Johannes Kalwoda* (Hrsg.), Schutz der Verfassung. Normen, Institutionen, Höchst-und Verfassungsgerichte, Berlin 2014, S. 304 –305.

② *Kelsen*, Wer soll Hüter der Verfassung sein?, In: Die Justiz 6 (1931), S. 591.

③ *Kelsen*, Wer soll Hüter der Verfassung sein?, in: Die Justiz 6 (1931), S. 598.

④ *Hans Kelsen*, Judicial Review of Legislation. A Comparative Study of the Austrian und American Constitution, in: Journal of Politics 4 (1942), S. 187.

⑤ *Kelsen*, Wesen und Entwicklung der Staatsgerichtsbarkeit, in: VVDStRL 5 (1929), S. 87.

⑥ *Kelsen*, Wesen und Entwicklung der Staatsgerichtsbarkeit, in: VVDStRL 5 (1929), S. 65 –67.

院履行职能的标准和依据,除非它们在宪法中详细地予以规定,因为这些语词,如“正义”,是多义的。若“正义”作为审查的标准由宪法法院予以适用时,宪法法院法官的多数意见可能与民众的多数意见或者议会的多数意见相违背而被民众和议会认为是“非正义的”。① 因此,在凯尔森看来,只有实在法才能成为宪法法院履行职能和作出裁决的标准。② 在宪法解释方面,凯尔森主张“司法谦抑”,宪法法院不应对诸如“公共利益”之类语词的含义进行解释,这类语词应由作为立法者的议会进行解释。③

凯尔森认为,与个人的法律行为相比,重要的是规制国家机构的法律行为。某一国家机构的行为是否为违法或违宪的问题,不应由该行为要求对其遵从的臣民或国家机构予以认定,而应由实施该行为的机构自身④或者由其他机构依特定程序作出裁决。⑤ 但是对于宪法法院作出裁决的具体程序,凯尔森并未详加论述。凯尔森仅指出,宪法法院履行职能的程序通常由相关国家机构依职权提请进行,特定的机构或党派或者议会的少数派也可以向宪法法院申请。⑥

---

① *Kelsen*, Wesen und Entwicklung der Staatsgerichtsbarkeit, in: VVDStRL 5 (1929), S. 69f.

② *Kelsen*, Wesen und Entwicklung der Staatsgerichtsbarkeit, in: VVDStRL 5 (1929), S. 87.

③ *Theo Öhlinger*, Hans Kelsen—Vater der österreichischen Bundesverfassung?, in: *Gerald Kohl* u. a. (Hrsg.), Festschrift für *Wilhelm Brauneder* zum 65. Geburtstag. Rechtsgeschichte mit internationaler Perspektive, Wien 2008, p. 417.

④ 由于总体上存在使官方法律行为继续有效之趋向,所以“官方行为的自我合法化”必须有一定的限度。

⑤ *Kelsen*, Wesen und Entwicklung der Staatsgerichtsbarkeit, in: VVDStRL 5 (1929), S. 45.

⑥ *Kelsen*, Wesen und Entwicklung der Staatsgerichtsbarkeit, in: VVDStRL 5 (1929), S. 87.

宪法法院的程序通常应以公开和口头的形式进行。在宪法法院履行职能的过程中,相关的国家机构可以就其可能被撤销或裁定为违宪的行为进行辩护,而另一方当事人也可以通过此程序来保障自己的权利和利益。①

此外,当特定的国家行为侵犯公民个人的权利或者利益时,公民个人可以向宪法法院提出请求确定该国家行为的合法性。② 凯尔森还建议设立一个有权威的国家机构——宪法检察官,以协助宪法法院履行职能,同时强调了该机构的独立性。根据凯尔森的设想,宪法检察官可以就其认为是违宪或违法的行为提请宪法法院进行审查③,但该建议最终未被采纳。

宪法法院履行职能的目的在于消除违法行为。④ 宪法法院可以最终宣告被裁定为违宪的行为无效,被宪法法院撤销的法律原则上不再具有效力。通常情形下,宪法法院宣布某行为或规范为无效的裁决不具有追溯力,这至少意味着,“在它们被宣告为无效之前即已

---

① *Kelsen*, Wesen und Entwicklung der Staatsgerichtsbarkeit, in: VVDStRL 5 (1929),S.76f.

② *Kelsen*, Wesen und Entwicklung der Staatsgerichtsbarkeit, in: VVDStRL 5 (1929),S.76. 依据现在奥地利的相关规定,若公民个人的权利或利益因违宪或违法的规范(不是通过法院判决或者行政命令适用该规范)而受到“直接的”“明确的”“现时的”(而非潜在的)侵犯且无其他法律途径予以救济时,公民个人可直接向宪法法院申请审查该规范的合宪性。Vgl *Manfred Stelzer*, Grundzüge des Öffentlichen Rechts, Wien 2005, S. 133 -134.

③ *Kelsen*, Wesen und Entwicklung der Staatsgerichtsbarkeit, in: VVDStRL 5 (1929),S.75.

④ *Kelsen*, Wesen und Entwicklung der Staatsgerichtsbarkeit, in: VVDStRL 5 (1929),S.85.

发生的行为并不受其影响"[①]。但是通过具体的规范审查程序(通过具体个案)予以撤销的规范,其效力可追溯至该具体案件,这意味着,宪法法院的裁决对规范的撤销具有追溯力。[②] 被宪法法院裁定为违宪的规范一般自裁决公告之日起无效(通常是在联邦法律公报或州法律公报上公告),但宪法法院可以为被宣告为违宪的规范设定其失效的期限:一般不超过六个月。[③] 自期限届满之日起,该规范不再具有法律效力。这意味着,在此期间内,该被宣告为违宪的规范仍可继续适用。[④] 这是以凯尔森的理论为基础的"错误推算理论"(die Lehre vom Fehlerkalkül)[⑤]在奥地利宪法实践中的应用。依据该理论,有缺陷的法律规范也应被看作是法律规范,但不是绝对有效的法律规范,这种法律规范是可撤销的规范,[⑥]易言之,即使是具

① *Kelsen*, Wesen und Entwicklung der Staatsgerichtsbarkeit, in: VVDStRL 5 (1929), S. 71.

② *Kelsen*, Wesen und Entwicklung der Staatsgerichtsbarkeit, in: VVDStRL 5 (1929), S. 87; *Manfred Stelzer*, Grundzüge des Öffentlichen Rechts, Wien 2005, S. 134.

③ 奥地利当前的规定是:对于法规,不超过6个月;对于法律,不超过18个月。

④ *Hans Kelsen*, Die Entwicklung des Staatsrechts in Österreich seit dem Jahre 1918, in: *Gerhard Anschütz*, *Richard Thoma* (Hrsg.), Handbuch des Deutschen Staatsrechts, Tübingen 1929, S. 159.

⑤ 该理论是由凯尔森的学生阿道夫·梅克尔(Adolf Merkl)提出的。在他看来,创造法规范的形式和内容都有可能与上级规范相违,但是这些"违宪"或"违法"的行为应该暂时受到承认,直至其被专门机构撤销。

⑥ 在《法与国家的一般理论》中,凯尔森指出,"法律规范始终是有效力的……但是它是可以被废除的。然而,可废除性的程度有不同。……通常所称的无效性只不过是最高程度的可废除性,也就是不只是一个特殊机关,而是每个国民,都被授权废除该规范。""在现代国内法中,无效性,作为最高程度的可废除性来说,实际上是被排除的。……现代国内法……将宣布规范为无效的,即废除法律规范的资格,保留于特殊机关。""绝对无效性的情况是不在法律之列的。"[奥]凯尔森:《法与国家的一般理论》,沈宗灵译,中国大百科全书出版社1996年版,第180~182页。

有违宪性或违法性的法律、法规、行政决定也应暂时予以适用，因为它们仅是相对无效的。相对无效的规范仅具有暂时的效力，但它们也是一个法律制度的构成部分。这些规范是否应予以撤销应由一个机构来最终确定，否则任何人都可以认为其是“无效的”而不遵守任何法律。所以，宪法可以规定，所有在法律公报中公布的法律，只要其未被各级机构废除或撤销，无论其是否与其他法律相抵触，都具有法律效力。[①] 从实在法的角度来看，当一个人认为某法律文件无效时，他可以拒绝遵守，然而这会有一定的风险：当这一法律文件不被专门机构认定为无效时，他将承担不遵守的责任和后果；当它被认定为无效时，这意味着被撤销的行为自始无效。[②] 只有具有违宪性或违法性的法律、法规、行政决定被专门法院撤销后才是真正无效的规范。

凯尔森认为，宪法法院通过其裁决来撤销法律的行为，与立法者通过一个法律来撤销另一个法律的行为在实质上没有区别，[③]因此，宪法法院履行职能特别是规范审查，具有立法的相关特性[④]和

① *Kelsen*, Wesen und Entwicklung der Staatsgerichtsbarkeit, in: VVDStRL 5 (1929), S. 46. 凯尔森在《法与国家的一般理论》中概括论述道：违宪法律并不是自始无效的，只是可以无效的；它可以因特殊理由而被废除，如立法机关在宪法直接规定以外的方式创造了这种法律或者给予这种法律以宪法直接规定以外的内容。参见［奥］凯尔森：《法与国家的一般理论》，沈宗灵译，中国大百科全书出版社 1996 年版，第 177 页。

② *Kelsen*, Wesen und Entwicklung der Staatsgerichtsbarkeit, in: VVDStRL 5 (1929), S. 46f.

③ *Kelsen*, Judicial Review of Legislation. A Comparative Study of the Austrian und American Constitution, in: Journal of Politics 4 (1942), p. 187.

④ *Kelsen*, Wesen und Entwicklung der Staatsgerichtsbarkeit, in: VVDStRL 5 (1929), S. 73.

“补充立法”的功能[①]。在法律审查方面,宪法法院所行使的权力应是一种“审慎的权力”[②],因其审查的对象是代表“人民意志”的议会行为。凯尔森也敏锐地看到,宪法法院撤销违宪或违法规范的行为会产生一个问题,即在一定程度上会产生一个“‘无法’的空间”,[③]先前受到规范的事物在此后则可能不受规范。凯尔森认为,宪法法院应该在判决中宣告,因执行或实施被宪法法院裁定为违宪的法律而失去效力的法律规范应在宪法法院的裁决宣告后重新生效,而当时的奥地利宪法中缺少这种规定。[④] 凯尔森的意见最终为1929年的《奥地利联邦宪法法修正案》所采纳:“若某一法律或法律的一部分为宪法法院的裁决所撤销,除非宪法法院的裁决另有规定,则被宪法法院宣告为违宪的法律所废止的规范自宪法法院宣告该违宪法律被撤销之日起重新生效(1929年《奥地利联邦宪法法》第140条第4款)。”在此意义上,宪法法院的裁决“不仅是消极的立法行为,也是积极的立法行为”。[⑤]

---

① *Detlef Merten*, Aktuelle Probleme der Verfassungsgerichtsbarkeit in der Bundesrepublik Deutschland und in Österreich, in: *Heinz Schäffer* (Hrsg.), Im Dienst an Staat und Recht. Internationale Festschrift *Erwin Melichar* zum 70. Geburtstag, Wien 1983, S. 121.

② *Michel Troper*, Kelsen und die Kontrolle der Verfassungsmäßigkeit, in: *Agostino Carrino*, *Günther Winkler* (Hrsg.), Rechtserfahrung und Reine Rechtslehre, Wien-New York 1995, S. 32. 在其他方面,奥地利宪法法院在履行其职能时并不“自我克制”,而是谋求对相关宪法问题甚或政治问题的解决。

③ *Kelsen*, Wesen und Entwicklung der Staatsgerichtsbarkeit, in: VVDStRL 5 (1929), S. 72.

④ *Kelsen*, Verfassungs-und Verwaltungsgerichtsbarkeit im Dienste des Bundesstaates, nach der neuen österreichischen Bundesverfassung vom 1. Oktober 1920, in: Zeitschrift für Schweizerisches Recht 52 (Neue Folge, 1923/1924), S. 196.

⑤ *Kelsen*, Judicial Review of Legislation. A Comparative Study of the Austrian und American Constitution, in: Journal of Politics 4 (1942), p. 199.

通过在《宪法法院职能的本质及其发展》中的论述,凯尔森得出其结论:在民主共和国,宪法法院是少数派防止多数人专政的“非凡的杰作”和“有效的工具”。[①] 在君主立宪国,宪法法院这种制度可以防止立法权的滥用和专制民主所带来的危险。[②] 宪法法院制度对于联邦制国家亦具有重要意义:“宪法法院在联邦制国家中的任务突出地表现为将其职能与维护国际法的司法权明晰地区别开来……并予以保障。如此,各民族之间的战争则是不必要的,宪法法院——在其最后的意义上——可以作为一个国家维护政治和平的保障。”[③]因而,对于宪法法院制度而言,凯尔森所想要解决的“不是国家的形而上学问题,而完全是实在论上的组织技术问题”[④]。基于此,瓦尔特·安东尼奥利(Walter Antoniolli)教授认为,通过这种宪法法院制度,政治争议可以转化为法律争议,政治生活也可以由此从诸多权力冲突中解脱出来。[⑤]

---

① *Kelsen*, Wesen und Entwicklung der Staatsgerichtsbarkeit, in: VVDStRL 5 (1929), S. 81.

② *Walter Antoniolli*, Hans Kelsen und die österreichische Verfassungsgerichtsbarkeit, in: *Robert Walter*, *Clemens Jabloner*, *Klaus Zeleny* (Hrsg.), 30 Jahre Hans Kelsen-Institut, Wien 2003, S. 75.

③ *Kelsen*, Wesen und Entwicklung der Staatsgerichtsbarkeit, in: VVDStRL 5 (1929), S. 84.

④ *Kelsen*, Wesen und Entwicklung der Staatsgerichtsbarkeit, in: VVDStRL 5 (1929), S. 81.

⑤ *Walter Antoniolli*, Hans Kelsen und die österreichische Verfassungsgerichtsbarkeit, in: *Robert Walter*, *Clemens Jabloner*, *Klaus Zeleny* (Hrsg.), 30 Jahre Hans Kelsen-Institut, Wien 2003, S. 76.

第三节　基于历史传统发展的“凯尔森模式”

在凯尔森的法律理论中，宪法具有优先性和最高的法律效力是宪法法院履行职能的基础。凯尔森没有主张人们应维护宪法的优先性，只是主张若没有宪法法院的这种职能，则宪法的优先性将不复存在；没有宪法法院的这种职能，法律的等级效力也得不到保障。① 在凯尔森看来，宪法法院制度是维护“宪法的优先性”和“法律的等级效力”的重要保障。虽然凯尔森对与此相关的基本理论问题进行了论述，但是凯尔森在这方面的理论论述并非完善，如前文所述，他并未论及通过何种程序来确认现存有效的法律是否符合宪法规定。第二次世界大战之后，随着这种宪法法院制度模式在欧洲以及在其他一些国家和地区的实现和发展，凯尔森自己也认识到，其著述中与此相关的理论“仅处于边缘性地位”。②

一、凯尔森对于奥地利宪法法院的贡献

在奥地利宪法法院的司法实践中，凯尔森并不拘泥于自己的理

① *Michel Troper*, Kelsen und die Kontrolle der Verfassungsmäßigkeit, in：*Agostino Carrino*, *Günther Winkler* (Hrsg.), Rechtserfahrung und Reine Rechtslehre, Wien-New York 1995, S. 22.

② *Michel Troper*, Kelsen und die Kontrolle der Verfassungsmäßigkeit, in：*Agostino Carrino*, *Günther Winkler* (Hrsg.), Rechtserfahrung und Reine Rechtslehre, Wien-New York 1995, S. 35.

论,而是综合运用各种法学方法来解决实际问题。[①] 当时的宪法法院主席(院长维托莱利,或者副院长门采尔)在裁决中经常采纳凯尔森的观点,并在表决的票数相同时倾向于凯尔森的意见。[②] 凯尔森以其理论学识和对宪法的深入研究维护了宪法的尊严以及宪法法院的独立性、中立性及其法律地位,但是凯尔森作为宪法法院法官在奥地利宪法法院履行职能过程中所持的一些观念并非总是导致在今天看来是进步和良好的结果。例如,依据凯尔森的报告而作出的 1924 年第 259 号裁决(G 1/24),规定在一定情形下可将特定的人驱逐出境的州法并不违宪;[③]在 1928 年第 1119 号裁决(G 5/28)中(凯尔森为常务负责法官),联邦政府要求撤销《维也纳州关于将特定人从维也纳驱逐至其他州的法律》的申请被驳回;[④]凯尔森还强调,宪法法院不应盲目看重审查的结果,而这种观点导致的一个严重后果是,在 1924 年第 328 号裁决(G 2/24)中,宪法法院基于萨尔茨堡州政府的申请撤销了包含有农业和林业经济方面职工疾病保险的联邦法律规定,这可能会在一定程度上导致社会保险体系的崩溃;[⑤]在

---

① *Ewald Wiederin*, Der österreichische Verfassungsgerichtshof als Schöpfung Hans Kelsens und sein Modellcharakter als eigenständiges Verfassungsgericht, in: *Thomas Simon*, *Johannes Kalwoda* (Hrsg.), Schutz der Verfassung. Normen, Institutionen, Höchst-und Verfassungsgerichte, Berlin 2014, S. 304.

② *Robert Walter*, Hans Kelsen als Verfassungsrichter, Wien 2005, S. 91.

③ *Robert Walter*, Hans Kelsen als Verfassungsrichter, Wien 2005, S. 28.

④ *Robert Walter*, Hans Kelsen als Verfassungsrichter, Wien 2005, S. 33.

⑤ *Ewald Wiederin*, Der österreichische Verfassungsgerichtshof als Schöpfung Hans Kelsens und sein Modellcharakter als eigenständiges Verfassungsgericht, in: *Thomas Simon*, *Johannes Kalwoda* (Hrsg.), Schutz der Verfassung. Normen, Institutionen, Höchst-und Verfassungsgerichte, Berlin 2014, S. 305; *Robert Walter*, Hans Kelsen als Verfassungsrichter, Wien 2005, S. 29.

1924 年第 299 号裁决(G 3/24)的讨论中,凯尔森建议撤销全部奥地利州的乡镇选举规定(而不仅仅是个别的违宪规定),因为在他看来,“州议会反正必须要制定新的选举规定……”①导致这些后果的一个重要原因即在于,凯尔森纯粹地将其理论观念运用于法律实践,当然这无可厚非,因为理论须应用于实践,实践是检验理论的重要场所。这些裁决在当时也并未引起严重的甚或灾难性的社会问题,因为在相关法律被撤销之后所产生的法律上的“真空”可以由作为立法者的议会来予以弥补。由此,制度设计的完整性和合理性就凸显出来。

还应指出的是,凯尔森在一系列涉及“豁免婚姻”的案件中从未摆脱其对当时存在问题的成见。这导致他将其观点和理论强加于当时可能并不适合使用其观点和理论的案件,例如,忽视法院判决的既判力、始终以自己的观点来解释关于积极的权限冲突方面的规定等。②

关于凯尔森对于宪法理论和奥地利宪法法院的贡献,曾任奥地利宪法法院院长近 20 年(1958~1977 年)的瓦尔特·安东尼奥利教授给予了中肯的评价和总结:“一是凯尔森奠定了宪法法院履行职能的理论基础,他对此作出了太多的贡献……二是凯尔森使第一个宪法法院在奥地利 1920 年的联邦宪法中得以实现……三是凯尔森作为宪法法院法官使宪法法院获得了生命力……”③虽然埃瓦尔

① *Robert Walter*, Hans Kelsen als Verfassungsrichter, Wien 2005, S. 29.

② *Robert Walter*, Hans Kelsen als Verfassungsrichter, Wien 2005, S. 68.

③ *Walter Antoniolli*, Hans Kelsen und die österreichische Verfassungsgerichtsbarkeit, in: Hans Kelsen zum Gedenken, Wien 1974, S. 27.

德·魏德林(Ewald Wiederin)教授认为,将凯尔森称为“宪法法院之父”是不合适的,但是他认为凯尔森为宪法法院的“奥地利模式”作出了创造性贡献,他至少应是宪法法院的“父母之一”,甚至是父母中更重要的一方——母亲,他的“母亲身份”是人们应予承认的。[①]魏德林教授是以父母对孕育婴孩所起的作用来类比卡尔·伦纳与汉斯·凯尔森对于设立奥地利宪法法院所起的作用的。在孕育婴孩的过程中,母亲的付出更具重要性和根本性。这也是我们将这种由一个专门的宪法法院来统一行使审查权的模式称为“凯尔森模式”的重要基础。

尽管凯尔森关于宪法法院制度的相关论述和观点并非完善,但是凯尔森的理论绝不应被低估,因为他所处时代的大多数国家还在讨论建立宪法法院式制度的正当性和应然性,其理论不仅奠定了建立宪法法院的理论基础,而且为宪法法院履行职能提供了理论保障。在实践中,凯尔森作为宪法法院的法官精心地“抚育”尚处于幼年时期的宪法法院,努力地使其健康成长。作为宪法法院的法官,凯尔森亦依其理论和学识努力地使宪法法院成为一个专业、独立的国家机构,尽力避免使其成为一个受政党政治影响的政治机构。只有将凯尔森的理论和实践置于历史的大环境中进行考察,我们才能对凯尔森为宪法法院制度所作贡献作出准确、客观的评价。

---

① *Ewald Wiederin*, Der österreichische Verfassungsgerichtshof als Schöpfung Hans Kelsens und sein Modellcharakter als eigenständiges Verfassungsgericht, in: *Thomas Simon*, *Johannes Kalwoda* (Hrsg.), Schutz der Verfassung. Normen, Institutionen, Höchst-und Verfassungsgerichte, Berlin 2014, S. 306.

二、“凯尔森模式”的历史形成及其基本特性

“马伯里诉麦迪逊案”判决所确立的制度原则对当时和后世一些国家的政治制度和宪法制度的发展产生一定的影响。然而,在德意志地区,1848年革命期间以及此后的奥匈帝国、德意志帝国时期的宪法及宪法性文件中规定了“最高帝国法院”“帝国法院”等具有现代宪法法院职能的机构,通过一个专门的机构来解决国家机构之间的权限争议和保障公民的基本权利成为现实。同时,德意志地区的国家法与公法学者不仅为这种实践提供了理论基础,而且在更高的层次上促进了这种制度的发展和完善。

对于奥地利宪法法院的设立及其履行职能,汉斯·凯尔森和卡尔·伦纳都为此作出了重要贡献,但更为重要的是,德意志地区通过专门机构来解决国家机构之间的权限争议和保障公民基本权利的历史传统和法学理论的重要影响,奥匈帝国时期的帝国法院法官和相关理论者也为奥地利宪法法院的建立并发挥其职能奠定历史基础。若没有奥匈帝国时期通过帝国法院进行法规审查、保障公民基本权利等诸多方面的实践经验和理论基础,世界上第一个宪法法院不可能出现在奥匈帝国分裂后的奥地利和捷克斯洛伐克。以凯尔森相关理论为基础的维也纳法律理论学派为奥地利宪法法院的设立及其合法性和正当性提供了重要的理论基础:法的创造规则必须能约束创造法的机构,在以宪法为基础的法律规范体系中,“宪法是立法存在的前提,也是立法工作的依据,立法是‘基于’宪法而发挥职能的,宪法是较高等级的法的表现形式,而法律则是较低等级

的法的表现形式。法律是司法和行政的基础……"①

基于德意志历史上的帝国法院传统及其理论基础，奥地利宪法法院制度可以看作是一种"自生自发的秩序"（*a grown or spontaneous order*），这种源于内部的、自我生成的秩序是基于本国的历史传统及相关理论基础而产生的，一般能较好地发挥其制度功能，而其他诸多国家在此后以此为"模式"所建立的宪法法院制度则不能看作是"自我生成的制度"，其毋宁是一种"人造的秩序"（*a made order*），是一种源于外部的、建构的秩序。② 虽然依据一定的"模式"和经验，可以有目的地设计、建立或移植一种法律制度，但是一种"人造的"、从外部建构的制度要发挥其功能，要依赖于一国的法律历史和文化传统、具体的政治情境和制度设计及其他诸多因素的作用。因此，这种"外生"的制度和规则要发挥功能，存在与本国的传统、国情相互调适与融合的过程。能否将他国的法律制度融入本国的固有传统，使之适合本国的国情，并"发挥特定的功能"，决定了法律移植借鉴的成功与否。③ 勒内·达维德曾论道："在法的问题上并无真理可言，每个国家依照各自的传统自定制度与规范是适当的。但传统并非老一套的同义语，很多改进可以在别人已有的经验中汲取源泉"。④

无论是"自生自发的秩序"还是"人造的秩序"，在第二次世界大

① *Adolf Merkl*, Die Lehre von der Rechtskraft, Leipzig und Wien 1923, S. 215.

② *F. A. Hayek*, Law, Legislation and Liberty (Vol. 1): Rules and Order, Routledge&Kegan Paul London 1973 (2. Kapitel „Cosmos and Taxis").

③ 何勤华等：《法律移植论》，北京大学出版社 2008 年版，第 297 ~298 页。

④ [法]勒内·达维德：《当代主要法律体系》，漆竹生译，上海译文出版社 1984 年版，"中译本序"第 2 页。

战之后,这种由专门的宪法法院来进行宪法保障的制度在诸多国家建立,形成了一种所谓的宪法法院模式,这种模式也被称为“奥地利模式”或者“凯尔森模式”。这种“奥地利模式”或“凯尔森模式”具有五个方面的基本特征:一是由一个法院来集中进行规范审查;二是承认具有违法性的规范并将其视为有效之法规范的组成部分(在其被撤销之前);三是通过特定的程序进行审查,该程序中存在申请人和被告;四是司法性的审查权限于撤销被审查的规范;五是宪法法院有相当大的自由权力来确定这种撤销的时间和范围。① 也许正是基于这种“奥地利模式”或“凯尔森模式”所具有的历史特性,卡尔·科里内克教授对于德意志地区的宪法法院制度持肯定态度,认为“宪法法院是一种解决政治争议的司法形式的适宜方案”。②

---

① *Ewald Wiederin*, Der österreichische Verfassungsgerichtshof als Schöpfung Hans Kelsens und sein Modellcharakter als eigenständiges Verfassungsgericht, in: *Thomas Simon*, *Johannes Kalwoda* (Hrsg.), Schutz der Verfassung. Normen, Institutionen, Höchst-und Verfassungsgerichte, Berlin 2014, S. 302 –303.

② *Karl Korinek*, Die Verfassungsgerichtsbarkeit in Österreich, in: *Christian Starck*, *Albrecht Weber* (Hrsg.), Verfassungsgerichtsbarkeit in Westeuropa. Teilband 1: Berichte, Baden-Baden 1986, S. 154.

第六章　第二次世界大战前的奥地利宪法法院：兼与捷克斯洛伐克宪法法院比较

在第一次世界大战之后，奥地利共和国与捷克斯洛伐克共和国较早地建立起宪法法院制度，奠定宪法法院制度的“奥地利模式”或者“凯尔森模式”的基础。第二次世界大战之后，世界一些国家和地区相继采用这种宪法法院式的制度模式，在现代法治国家发展中发挥出一定的作用。虽然较早设立宪法法院的奥地利和捷克斯洛伐克在这种制度方面的影响力日渐式微，但是奥地利和捷克斯洛伐克宪法法院的发展对之后诸多国家相关制度的发展作出了重要贡献，在历史上起到了“引领者”和“先驱者”的作用。

哪一个宪法法院(奥地利宪法法院还是捷克斯洛伐克宪法法院)是世界上第一个宪法法院,是有争议的。亚娜·奥斯特坎普(Jana Osterkamp)认为,依据《捷克斯洛伐克共和国宪法》(1920 年 2 月 29 日由国民大会通过)设立的捷克斯洛伐克宪法法院是"世界上第一个真正的宪法法院"。[①] 特奥·约林格尔(Theo Öhlinger)教授也认为,捷克斯洛伐克宪法法院比奥地利宪法法院早大约半年设立。[②] 而绝大多数奥地利学者,如维也纳大学教授菲利克斯·艾马克拉(Felix Ermacora)[③](1923 ~ 1995 年)、罗伯特·瓦尔特(Robert Walter)[④](1931 ~ 2010 年)、威廉·布劳内德(Wilhelm Brauneder)[⑤]、曾任奥地利宪法法院法官的库尔特·海勒(Kurt Heller)[⑥]等认为,奥地利宪法法院成立于 1919 年 1 月 25 日,即临时国民大会通过《关于设立德意志奥地利宪法法院的法律》之日,而不是制宪国民大会于 1920 年 10 月 1 日通过《奥地利联邦宪法法》(B-VG)之日。究竟哪一个宪法法院是世界上第一个宪法法院?根据不同的标准会得出不同的结论。对奥地利和捷克斯洛伐克宪法法院进行多方

---

① *Jana Osterkamp*, Verfassungsgerichtsbarkeit in der Tschechoslowakei (1920 – 1939) (=Studien zur europäischen Rechtsgeschichte 243), Frankfurt am Main 2009, S. 1.

② *Theo Öhlinger*, Verfassungsgerichtsbarkeit und parlamentarische Demokratie, in: *Heinz Schäffer* (Hrsg.), Im Dienst an Staat und Recht. Internationale Festschrift *Erwin Melichar* zum 70. Geburtstag, Wien 1983, S. 128.

③ *Felix Ermacora* u. a. (Hrsg.), Hundert Jahre Verfassungsgerichtsbarkeit und Fünfzig Jahre Verfassungsgerichtshof in Österreich, Wien 1968.

④ *Robert Walter*, Die mitteleuropäische Verfassungsgerichtsbarkeit und die Reine Rechtslehre, in: Österreichische Richterzeitung 12 (1993), S. 269, FN 20.

⑤ *Wilhelm Brauneder*, Österreichische Verfassungsgeschichte (11. Aufl.), Wien 2009, S. 201.

⑥ *Kurt Heller*, Der Verfassungsgerichtshof, Wien 2010, S. 188.

面的考察，从历史的视角来认识奥地利和捷克斯洛伐克宪法法院在第二次世界大战前的设立及其组织、职能等方面的发展变化，该问题的答案或许会更为明确。

第一节　奥地利和捷克斯洛伐克宪法法院的历史传统及其设立

20 世纪初期，奥地利共和国与捷克斯洛伐克共和国几乎同时并行设立宪法法院并不是偶然的。作为奥匈帝国（奥地利帝国）分裂后成立的国家，奥地利共和国与捷克斯洛伐克共和国[①]在制度传统方面在很大程度上有着相同的历史渊源，两国宪法法院的设立都受到凯尔森法学理论的重要影响。可以说，奥地利宪法法院和捷克斯洛伐克宪法法院同源同宗，对奥地利宪法法院制度历史发展的认识是理解捷克斯洛伐克宪法法院传统的基础。

前已述及，在奥地利，关于宪法法院制度的相关规定可追溯至 1848 年的“克罗梅日什草案”（Kremsierer Entwurf）。该草案中所涉及的最高帝国法院已经具有现代宪法法院的部分职能，例如，保障国民的宪法权利、对帝国的州之间的纷争、中央政府和州政府之间的权限争议以及针对部长、州长等公务人员的控诉进行裁决等（第

---

① 捷克斯洛伐克共和国由之前属于奥匈帝国的波希米亚王室世袭领地（波希米亚王国、摩拉维亚边境总督辖区、西里西亚公爵领地）以及属于匈牙利王国的部分领土［斯洛伐克和喀尔巴阡 - 乌克兰（Karpato-Ukraine）］构成。Vgl *Monika Krupar*, Tschechische juristische Zeitschriften des 19. und 20. Jahrhunderts（= Schriften zur Rechtsgeschichte 152），Berlin 2011，S. 211.

140 条)。虽然“克罗梅日什草案”并未实施,但是其中的相关规定及其所蕴含的思想观念对之后宪法的发展产生重要影响,例如,规定了奥地利人民的基本权利以及对这些基本权利的保护;虽然其中并未规定对侵犯人民基本权利的国家行为应予以撤销,但规定国家有义务消除此类行为所带来的不利后果和影响。①

在奥匈帝国时期,依据 1867 年“十二月宪法”而设立的帝国法院(1867～1918 年)被看作是奥地利宪法法院的“先驱”②,也被视为捷克斯洛伐克宪法法院的“模范”③。该帝国法院的设立和发展奠定了奥地利和捷克斯洛伐克宪法法院发展的基础。1867 年“十二月宪法”中所包含的《关于建立帝国法院的国家基本法》和《关于法官权力的国家基本法》对帝国法院作了较为详细的规定。作为宪法法院的先驱,帝国法院发挥了现今宪法法院的部分职能,例如,有权就国家机构间的权限冲突及公民基本权利诉愿等进行裁判(《关于建立帝国法院的国家基本法》第 2 条、第 3 条)。《关于法官权力的国家基本法》第 7 条规定,法院不能对法律的效力进行审查,但是可以对位阶低于法律的法规的合法性进行审查。因此,一般认为,帝国法院不能进行法律审查,但具有法规审查的职能。该帝国法院自 1869

---

① *Robert Walter*, Die mitteleuropäische Verfassungsgerichtsbarkeit und die Reine Rechtslehre, in: Österreichische Richterzeitung 12 (1993), S. 266.

② *Oskar Lehner*, Österreichische Verfassungs-und Verwaltungsgeschichte (4. Aufl.), Linz 2007, S. 229.

③ 曾任捷克宪法法院副院长(2003～2013 年)的帕维尔·霍兰德(Pavel Holländer)教授指出,奥地利 1867 年宪法中规定设立的帝国法院在一定程度上也是捷克和捷克斯洛伐克宪法法院的“模范”。Vgl *Pavel Holländer*, Verfassungsgerichtsbarkeit in der Tschechischen Republik, in: *Georg Brunner* u. a., Verfassungsgerichtsbarkeit in der Tschechischen Republik, Baden-Baden 2001, S. 13.

年6月21日开始履行其职能，其最后一次裁决是在1918年10月14日，[①]但大部分裁决是在奥匈帝国的最后十几年作出的。[②]

奥地利和捷克斯洛伐克宪法法院的设立是基于同样的理论基础，即凯尔森的纯粹法理论。[③] 前文述及，凯尔森不仅是1920年《奥地利联邦宪法法》的主要起草人，还是《关于设立德意志奥地利宪法法院的法律》的起草人。[④] 对于奥地利宪法法院的设立，凯尔森作出了卓越的贡献。1919年1月25日，奥地利临时国民大会通过了由凯尔森起草的《关于设立德意志奥地利宪法法院的法律》。依据奥地利学术界大多数学者的观点，奥地利宪法法院是依据该法律于1919年1月25日设立的。"德意志奥地利宪法法院"成立时，临时国民大会并未通过并颁布相应的宪法法院组织法或程序法，而是继续沿用奥匈帝国时期关于帝国法院的职能范围、组织和程序的法

---

① *Robert Walter*, Hans Kelsen als Verfassungsrichter, Wien 2005, S. 4.

② 据统计，在1904年至1913年的和平时期，帝国法院共作出819个裁决。Vgl *Oswald Gschliesser*, Die Verfassungsgerichtsbarkeit in der Ersten Republik, in: *Felix Ermacora* u. a. (Hrsg.), Hundert Jahre Verfassungsgerichtsbarkeit und Fünfzig Jahre Verfassungsgerichtshof in Österreich, Wien 1968, S. 27.

③ *Robert Walter*, Die mitteleuropäische Verfassungsgerichtsbarkeit und die Reine Rechtslehre, in: Österreichische Richterzeitung 12 (1993), S. 268. 关于捷克斯洛伐克宪法法院的设立以及弗朗茨·维尔(Franz Weyr)、基里·霍茨尔(Jirí Hoctzel)等捷克斯洛伐克学者与凯尔森之间的关系，参见 *Herbert Haller*, Die Prüfung von Gesetzen, Wien-New York 1979, S. 65ff.; *Jana Osterkamp*, Verfassungsgerichtsbarkeit in der Tschechoslowakei (1920–1939) (=Studien zur europäischen Rechtsgeschichte 243), Frankfurt am Main 2009, S. 9f; *Kurt Heller*, Der Verfassungsgerichtshof, Wien 2010, S. 188。

④ Dazu *Georg Schmitz*, Die Vorentwürfe Hans Kelsens für die österreichische Bundesverfassung, Wien 1981, S. 309.

律。[①] 实际上,新成立的宪法法院与之前的帝国法院的差异仅在于名称的改变、宪法法院法官人数的减少、法官任命方式的不同以及其他形式上的变化。[②] 1920 年 10 月 1 日,《奥地利联邦宪法法》由制宪国民大会通过,为奥地利宪法法院的存在奠定宪法基础。根据该法,奥地利宪法法院承续了帝国时代的帝国法院和国务法院的全部职能。[③]

在捷克斯洛伐克共和国,国民大会于 1920 年 2 月 29 日通过《捷克斯洛伐克共和国宪法》,其中对宪法法院作出了相关规定。故多数学者认为,捷克斯洛伐克宪法法院设立于 1920 年 2 月 29 日。1921 年 11 月 17 日,捷克斯洛伐克宪法法院的 7 位法官被正式任命。曾任维也纳帝国议会代表的卡莱尔·巴克萨(Karel Baxa)被任命为宪法法院院长,约瑟夫·博伍斯拉夫(Josef Bohuslav)等被任命为宪法法院法官,任期至 1931 年 11 月 17 日。[④]

---

① 这些法律是《关于设立帝国法院的国家基本法》(1867 年)、《关于帝国法院组织和程序的法律》(1869 年)、《执行帝国法院裁决的法律》(1869 年)、《关于决定行政法院与普通法院和帝国法院之间权限冲突的法律》(1876 年)。

② *Kurt Heller*, Der Verfassungsgerichtshof, Wien 2010, S. 149 – 150.

③ „Bericht des Verfassungsausschusses über den Entwurf eines Gesetzes, womit die Republik Österreich als Bundesstaat eingerichtet wird (Bundes-Verfassungsgesetz)“, in: *Felix Ermacora* (Hrsg.), Quellen zum Österreichischen Verfassungsrecht (1920), Wien 1967, S. 556.

④ *Pavel Holländer*, Verfassungsgerichtsbarkeit in der Tschechischen Republik, in: *Georg Brunner* u. a., Verfassungsgerichtsbarkeit in der Tschechischen Republik, Baden-Baden 2001, S. 15.

第二节　第二次世界大战前奥地利与捷克斯洛伐克宪法法院的组织构成及其职能

一、第二次世界大战前奥地利与捷克斯洛伐克宪法法院的组织构成

(一)奥地利共和国宪法法院的组织变化

依据《关于设立德意志奥地利宪法法院的法律》(国家法律公报号码:48/1919),(德意志)奥地利宪法法院由1名院长、1名副院长、8位法官和4位候补法官组成,他们均由国务委员会(Staatsrat)任命产生。1919年,以维托莱利为院长的宪法法院成立后,宪法法院的法官人数增为12人,候补法官人数增为6人,增补的法官和候补法官系由国民大会的主席根据联邦政府的建议任命产生。

根据1920年《奥地利联邦宪法法》第147条规定,宪法法院由1名院长、1名副院长及必要数量的法官和候补法官组成(实际上,此时的宪法法院由1名院长、1名副院长以及12位法官和6位候补法官组成,包括院长维托莱利和副院长门采尔在内的大多数宪法法院法官和候补法官继续任职)。院长、副院长及半数的法官与候补法官由国民议会选举产生,其他的半数法官与候补法官由联邦议会选举产生。该条款还规定宪法法院的法官终身任职,但并未规定宪法法院法官的专业知识资格和其他相关任职条件。

1921年7月13日通过的《奥地利关于宪法法院组织和程序的

法律》与1925年12月18日由国民议会通过的《奥地利宪法法院法》仅规定宪法法院法官不可兼职其他职务(第1条、第2条),对宪法法院法官的特定任职资格同样未作规定。① 1925年的《奥地利联邦宪法法修正案》(B-VG-Novelle 1925)仅增加了宪法法院法官的责任等限制性规定,对于法官的任职资格条件也未作任何规定。

1929年的《奥地利联邦宪法法修正案》(B-VG-Novelle 1929)仿照德国的魏玛宪法"放弃了严格的议会制度和权力分立的国家形式与政府形式"。② 依据该修正案,奥地利宪法法院的法官不再由议会选举产生,而是由总统依据联邦政府和议会的建议任命。1929年《奥地利联邦宪法法修正案》较为详尽地规定了宪法法院的组成、法官的任命方式及任职资格:宪法法院由1名院长、1名副院长以及其他12位法官和6位候补法官组成(第147条第1款)。院长、副院长及6位法官和3位候补法官由联邦总统根据联邦政府的建议任命,其他3位法官和2位候补法官由联邦总统根据国民议会的建议任命,另外3位法官和1位候补法官由联邦总统根据州议会和联邦议会提出的建议任命(第147条第2款)。关于法官的任职资格,1929年《奥地利联邦宪法法修正案》规定,宪法法院院长、副院长以及所有法官和候补法官,均须完成法学和政治学专业课程的学习,并担任与专业学习相关的专业职务至少满十年(第147条第3款)。所有的宪法法院法官(包括院长和副院长)均需从法官、行政官员和大

① *Herbert Schambeck* (Hrsg.), Das österreichische Bundes-Verfassungsgesetz und seine Entwicklung, Berlin 1980, S.556.

② *Herbert Schambeck* (Hrsg.), Das österreichische Bundes-Verfassungsgesetz und seine Entwicklung, Berlin 1980, S.39.

学的法学教授和政治学教授中选任(第147条第2款)。第147条第6款规定,宪法法院法官的退休年龄为其年满七十周岁当年的12月31日。这一规定废除了1920年《奥地利联邦宪法法》中关于宪法法院法官为终身任职的规定。

表1　第二次世界大战前奥地利宪法法院的组织变化

内容＼法律依据	《关于设立德意志奥地利宪法法院的法律》(1919年)	《联邦宪法法》(1920年)	《联邦宪法法修正案》(1929年)
院长	1	1	1
副院长	1	1	1
法官	8	必要数量(12)	12
候补法官	4	必要数量(6)	6
任命方式	国务委员会任命	国民议会和联邦议会选举	联邦总统分别根据联邦政府、国民议会以及州议会和联邦议会的建议任命

此外,1929年《奥地利联邦宪法法修正案》的一个重要内容是政党的雇员或其他工作人员不能成为宪法法院的法官。"去政治化"是1929年奥地利联邦宪法改革和"公法上审判改革"的一个"口号"。[①] 在宪法法院制度方面,"去政治化"应通过宪法法院法官的专业知识资格、不能兼职其他职务及法官选任方式等方面的规定

---

① *Herbert Schambeck* (Hrsg.), Das österreichische Bundes-Verfassungsgesetz und seine Entwicklung, Berlin 1980, S. 543; *Thomas Zavadil*, Die Parteienvereinbarungen über den Verfassungsgerichtshof und die Bundes-Verfassungsnovelle 1929, in: *Thomas Angerer* u. a. (Hrsg.), Geschichte und Recht. Festschrift für Gerald Stourzh zum 70. Geburtstag, Wien-Köln-Weimar 1999, S. 339.

来实现,但该修正案中关于法官任命方式的规定实际上是政府与反对派妥协的结果,执政党将排除议会的影响看作是“去政治化”的一个重要措施。① 而执政党本身就是一个政党,且是具有较大影响力的政党,这就注定了“去政治化”不可能真正地贯彻实施。阿道夫·梅克尔(Adolf J. Merkl)将此种“去政治化”称为“旨在政治化”。②

1929年《奥地利宪法过渡法》(Verfassungs-Übergangsgesetz)(《关于第二次联邦宪法修正案的过渡规定》)(联邦法律公报号码:393/1929)第25条规定,在职的宪法法院法官和候补法官的任期至1930年2月15日结束,所有法官必须重新任命。根据这一宪法性法律,所有宪法法院法官在1930年2月15日被撤销职务。③ 当时以恩斯特·杜里希(Ernst Durig)为院长的宪法法院中,仅有阿道夫·万舒拉(Adolf Wanschura)和弗里德里希·恩格尔(Friedrich Engel)被重新任命为宪法法院法官,④而凯尔森则拒绝了再次担任宪法法院法官的建议。⑤ 通过1930年对宪法法院法官的重新任命,奥地利

---

① *Thomas Zavadil*, Die Parteienvereinbarungen über den Verfassungsgerichtshof und die Bundes-Verfassungsnovelle 1929, in: *Thomas Angerer* u. a. (Hrsg.), Geschichte und Recht. Festschrift für Gerald Stourzh zum 70. Geburtstag, Wien-Köln-Weimar 1999, S. 342.

② *Adolf Julius Merkl*, Der „entpolitisierte“ Verfassungsgerichtshof, in: Der Österreichische Volkswirt (1930), S. 509.

③ *Rudolf Aladár Métall*, Hans Kelsen. Leben und Werk, Wien 1969, S. 55.

④ *Kurt Heller*, Der Verfassungsgerichtshof, Wien 2010, S. 237-238.

⑤ *Rudolf Aladár Métall*, Hans Kelsen. Leben und Werk, Wien 1969, S. 55.

宪法法院实际上已经成为政党为己牟利的工具。[1]

（二）捷克斯洛伐克共和国宪法法院的组织构成

在《捷克斯洛伐克共和国宪法》（1920 年 2 月 29 日）通过之后，《关于捷克斯洛伐克宪法法院的法律》（《宪法法院法》）（法律法规汇编号码：162/1920）于 1920 年 3 月 9 日颁布。[2] 根据该法，捷克斯洛伐克共和国的宪法法院由 7 位法官组成，其中 3 位由总统根据下议院、上议院和喀尔巴阡俄罗斯州议会（der karpathorussische Landtag）[3]建议的法官人选中各选出 1 位任命，其余 4 位由最高法院和最高行政法院从其法官中各选任 2 位（第 1 条第 1 ~ 2 款）。3 位由总统任命的法官中的 1 位应同时被任命为宪法法院院长（第 1 条第 7 款）。在院长不能履行其职责或者院长职务空缺时，副院长履行院长之职责。副院长由全体宪法法院法官和候补法官通过其全体会议以多数票选举产生（第 2 条第 2 款）。在喀尔巴阡俄罗斯州议会未成立的情况下，原属于该州议会的宪法法院法官的提名建议权由

---

① 共有 4 位曾经的宪法法院法官获得任命，即马蒂亚斯 · 贝纳格尔（Matthias Bernegger）、弗里德里希 · 恩格尔（Friedrich Engl）、埃德蒙德 · 帕拉（Edmund Palla）与阿道夫 · 万舒拉（Adolf Wanschura）。Vgl *Thomas Zavadil*, Die Parteienvereinbarungen über den Verfassungsgerichtshof und die Bundes-Verfassungsnovelle 1929, in: *Thomas Angerer* u. a. (Hrsg.), Geschichte und Recht. Festschrift für Gerald Stourzh zum 70. Geburtstag, Wien-Köln-Weimar 1999, S. 364.

② *Herbert Haller*, Die Prüfung von Gesetzen, Wien-New York 1979, S. 63.

③ 根据《捷克斯洛伐克宪法》第 3 条和《捷克斯洛伐克少数民族保护条约》第 11 条的规定，喀尔巴阡俄罗斯地区有权设立自治的州议会。该议会可根据捷克斯洛伐克的国家法律在本地区内享有在语言、课程和宗教事务以及地方行政和其他方面的立法权。但是实际上，喀尔巴阡俄罗斯州议会从未真正设立。Vgl *Ludwig Adamovich*, Grundriss des Tschechoslowakischen Staatsrechtes, Wien 1929, S. 126f.

政府行使(第 1 条第 3 款)。最高法院和最高行政法院所决定的法官人选由各该法院按照其组织程序通过其全体大会选举产生(第 1 条第 4 款)。

第二次世界大战前捷克斯洛伐克宪法法院的一个特别之处在于,每位法官都有其相应的候补法官,候补法官的选任方式与法官的选任方式相同。当宪法法院法官持续或偶尔不能履行职责时,由其候补法官履行该法官的职责(第 1 条第 5 款)。关于宪法法院法官的任职资格,该法律规定,法官及其候补法官须精通法律、具有上议院的议员参选资格且不能是立法机构的成员(第 1 条第 6 款)。根据《捷克斯洛伐克共和国宪法》(1920 年 2 月 29 日)第 20 条第 6 款规定,宪法法院法官不能同时是国民大会的成员。捷克斯洛伐克宪法法院法官的任职期限为十年,自宪法法院成立大会召开之日起计算(第 3 条)。当一名法官的任期尚未结束,特别是因其成为立法机构的成员而导致其职位空缺时,候补法官成为法官的任期为其前任法官剩余的任期(第 4 条)。①

表 2 第二次世界大战前奥地利与捷克斯洛伐克宪法法院组织比较

宪法法院 / 内容	奥地利宪法法院(根据 1929 年《联邦宪法法修正案》)	捷克斯洛伐克宪法法院(根据 1920 年《宪法法院法》)
院长	1	1
副院长	1	1
法官	12	7

① Dazu auch *Ludwig Adamovich*, Grundriss des Tschechoslowakischen Staatsrechtes, Wien 1929, S. 191f.

续表

宪法法院 / 内容	奥地利宪法法院（根据1929年《联邦宪法法修正案》）	捷克斯洛伐克宪法法院（根据1920年《宪法法院法》）
候补法官	6	7
任命方式	联邦总统分别根据联邦政府、国民议会以及州议会和联邦议会的建议任命	总统根据下议院、上议院和喀尔巴阡俄罗斯州议会的建议任命，最高法院和最高行政法院选任
任职资格	完成法学和政治学专业课程的学习，并担任与专业学习相关的专业职务至少满十年；从法官、行政官员和大学的法学教授和政治学教授中选任	精通法律、具有上议院的议员参选资格，且不能是立法机构的成员
任职期限	年满70周岁当年的12月31日	10年

二、第二次世界大战前奥地利与捷克斯洛伐克宪法法院职能的发展变化

（一）奥地利共和国宪法法院的职能

根据1919年通过的《奥地利关于设立德意志奥地利宪法法院的法律》（国家法律公报号码：48/1919）、《奥地利关于人民代表的法律》（国家法律公报号码：179/1919）以及《奥地利关于修改和补充〈关于设立德意志奥地利宪法法院的法律〉的法律》（国家法律公报号码：212/1919），奥地利宪法法院在建立之初可就以下事项进行裁决：联邦和州的诉求、国民因宪法权利受到侵犯而提起的诉愿、国家机构间的权限冲突、州议会通过的法律的合宪性以及针对部长的控

诉等。①

1920 年《奥地利联邦宪法法》奠定了奥地利宪法法院职能的基础。根据 1920 年《奥地利联邦宪法法》的规定，奥地利宪法法院的职能十分广泛，包括对法律和法规的合宪性（第 89 条、第 139～140 条）、“公法上的诉求”（Kausalgerichtsbarkeit）（第 137 条）、国家机构间的权限冲突（第 138 条）、有关选举问题（第 141 条）、国家机构公职人员行为的审查（Staatsgerichtsbarkeit）（第 142～143 条）、特别行政诉讼（第 144 条）、对侵犯国际法的行为（第 145 条）等进行裁决。

奥地利宪法法院的职能并非一成不变，而是随着社会的发展和政治格局的变化而有所改变。1925 年《奥地利联邦宪法法修正案》对宪法法院职能的更动不大，其修改的主要方面是关于“公法上的诉求”和国家机构间的权限冲突。关于“公法上的诉求”，1920 年《奥地利联邦宪法法》第 137 条规定，所有针对联邦、州和乡镇的诉求，在不能通过正常的法律途径得到解决的情形下，宪法法院可予以裁决。而 1925 年的《奥地利联邦宪法法修正案》将“公法上的诉求”限定为针对联邦、州、乡镇及乡镇联合体等国家机构的财产权诉求。关于国家机构间的权限冲突，1920 年《奥地利联邦宪法法》第 138 条规定，宪法法院可就法院与行政机构之间、行政法院与其他法院特别是行政法院与宪法法院之间、各州之间以及州与联邦之间的权限冲突进行裁决。1925 年的修正案扩大了宪法法院的裁决范围：宪法法院还可就普通法院与其他法院间的权限冲突进行裁决。此外，在 1920 年《奥地利联邦宪法法》第 138 条的基础上，该修正案还

---

① *Kurt Heller*, Der Verfassungsgerichtshof, Wien 2010, S. 159.

增加一款规定：宪法法院可以依联邦政府或者州政府的申请以确认某一立法行为或者执行行为是否属于联邦或者州的职权。但这一款的规定并不属于国家机构间的权限冲突，在奥地利的宪法教义学中属于“权限之确认”。

1929年《奥地利联邦宪法法修正案》对宪法法院职能的规定主要体现在法律审查方面。该修正案增加了最高法院和行政法院向宪法法院申请审查法律的合宪性的权利。在实践中，提请宪法法院对法律的合宪性进行审查的主体范围在不断扩大。制宪国民大会于1919年3月14日通过的《奥地利关于人民代表的法律》仅规定联邦政府可向宪法法院申请撤销州国民大会通过的法律。① 1920年《奥地利联邦宪法法》扩大了这一规定的范围：联邦政府可以提请宪法法院对州法律的合宪性进行审查，州政府也有权提请宪法法院对联邦法律的合宪性进行审查。在第二次世界大战前，公民个人无权申请宪法法院对法律的合宪性进行审查，根据奥地利宪法法院在1923年6月18日的裁决，公民个人无权申请撤销某一法律或者法规，若公民个人在诉愿程序中认为某一法律违宪，也只能由宪法法院依其自身职权启动审查程序。② 特奥·约林格尔（Theo Öhlinger）教授指出，奥地利宪法法院对法律进行审查的职能体现在联邦和各州提请宪法法院对法律进行审查的权限，这须在联邦与州之间权限

---

① 该法律第15条第1款规定，联邦政府若认为州国民大会通过的法律决议违宪，可在14日内提请宪法法院予以撤销。

② *Kurt Heller*, Der Verfassungsgerichtshof, Wien 2010, S. 217.

分配的历史环境中予以审视。[①] 从这方面来看,宪法法院是“联邦立法与州立法之间冲突的仲裁者”。[②]

此外,1929 年《奥地利联邦宪法法修正案》还规定,若某一法律或法律的一部分为宪法法院的裁决所撤销,除非宪法法院的裁决另有规定,则被宪法法院宣告为违宪的法律所废止的规范自宪法法院宣告该违宪法律被撤销之日起重新生效。这一条款的规定在一定程度上解决了凯尔森所提出的作为“消极的立法者”的宪法法院在撤销违宪法律后会产生的一个问题:先前受到规范的事物在此后则可能不受规范,这在一定程度上会产生一个“‘无法’的空间”[③]。

在奥地利宪法法院最初十年即维托莱利任宪法法院院长时期(1919~1930 年)的裁决中,宪法法院的裁决几乎涉及宪法中规定的宪法法院职能的所有方面。[④] 1921 年 1 月 24 日,奥地利宪法法院第一次对执行命令(法规)的合法性作出裁决。宪法法院第一次对法律的合宪性进行审查并作出裁决是在 1921 年 6 月 28 日,在该裁决中,蒂罗尔州议会(Tiroler Landtag)通过的《奥地利关于假期旅行证

---

① *Theo Öhlinger*, Die Entstehung und Entfaltung des österreichischen Modells der Verfassungsgerichtsbarkeit, in: *Bernd-Christian Funk* u. a. (Hrsg.), Der Rechtsstaat vor neuen Herausforderungen. Festschrift für *Ludwig Adamovich* zum 70. Geburtstag, Wien 2002, S. 586.

② *Theo Öhlinger*, Die Entstehung und Entfaltung des österreichischen Modells der Verfassungsgerichtsbarkeit, in: *Bernd-Christian Funk* u. a. (Hrsg.), Der Rechtsstaat vor neuen Herausforderungen. Festschrift für *Ludwig Adamovich* zum 70. Geburtstag, Wien 2002, S. 587.

③ *Hans Kelsen*, Wesen und Entwicklung der Staatsgerichtsbarkeit, in: VVDStRL 5 (1929), S. 72.

④ Vgl *Oswald Gschliesser*, Die Verfassungsgerichtsbarkeit in der Ersten Republik, in: *Felix Ermacora* u. a. (Hrsg.), Hundert Jahre Verfassungsgerichtsbarkeit und Fünfzig Jahre Verfassungsgerichtshof in Österreich, Wien 1968, S. 27.

的法律》因违宪而被宣告为无效。[①] 这种由宪法法院统一对法律的合宪性进行审查的模式第一次在奥地利的法律实践中实现。根据维托莱利的统计，这一时期宪法法院的裁决中有相当一部分是对选举无效的确认。[②] 此外，还有大量的案件是关于公民受宪法保护的权利受到侵犯的情形，这些权利涉及公民权利的各个方面，如平等权、自由迁徙权、自由居住权、财产权、职业自由、人身自由、结社和集会自由、表达自由、宗教自由以及程序权利方面受法定法官审判的权利等，其中绝大部分案件是关于侵犯公民的财产权、居住和迁徙自由以及信仰自由。维托莱利认为，这一时期有大量关于居住自由和迁徙自由的诉愿，是由于战争（第一次世界大战）结束初年实施的入境限制。而大量关于侵犯公民财产权的诉愿，则是由于贯彻实施向农民田庄再次殖民的法律（Wiederbesiedlungsgesetze）所导致的很大数量的财产没收。[③] 对此，库尔特·海勒教授评论道，基于《关于国民一般权利的国家基本法》（1867 年）形式上的法律保留，宪法法院关于公民基本权利的大部分判决带有明显的时代印记。[④]

第二次世界大战前，奥地利宪法法院在一定程度上也涉入宗教问题，如关于火葬和天主教徒离婚等案件。凯尔森因为天主教徒离婚案的判决受到抨击。在美国，最高法院依据“政治问题回避原则”试图避免介入对政治问题的审查。在德国，联邦宪法法院宣称自己

① *Kurt Heller*, Der Verfassungsgerichtshof, Wien 2010, S.214 –216.

② *Paul Vittorelli*, Zehn Jahre Verfassungsgerichtshof, in: Zeitschrift für Öffentliches Recht (Band 8, 1929), S.442.

③ *Paul Vittorelli*, Zehn Jahre Verfassungsgerichtshof, in: Zeitschrift für Öffentliches Recht (Band 8, 1929), S.442 –443.

④ *Kurt Heller*, Der Verfassungsgerichtshof, Wien 2010, S.224.

是一个“宪法机构”。但是,奥地利宪法法院似乎为解决国家的政治问题而生——对选举问题的审查、对国家机构间权限争议的裁决以及对联邦和州之间权限的确认都不可避免地与政治产生联系。曾任奥地利宪法法院院长的路德维希·阿达莫维奇(Ludwig Adamovich)对此评论道:“没有任何其他法院像宪法法院那样游走于法律与政治之间。”[①]事实上,各国的宪法法院都不可避免地要或多或少地涉入政治问题。

(二)捷克斯洛伐克共和国宪法法院的职能

1920年2月29日,捷克斯洛伐克共和国国民大会在通过《捷克斯洛伐克共和国宪法》的同时也通过了《关于实施捷克斯洛伐克共和国宪法的法律》(法律号码:121/1920)。该法律第1条第1款规定,与宪法、宪法的组成部分、修改或补充宪法的法律相抵触的法律为无效。根据第2条的规定,宪法法院可以裁决捷克斯洛伐克共和国的法律和喀尔巴阡俄罗斯州议会的法律是否与第1条的原则相符合。此外,《捷克斯洛伐克宪法法院法》(1920年3月9日)也对宪法法院的职能作出了规定。《捷克斯洛伐克宪法法院法》第7条规定,捷克斯洛伐克宪法法院可以裁决:(1)捷克斯洛伐克共和国的法律和喀尔巴阡俄罗斯的法律是否与《关于实施捷克斯洛伐克共和国宪法的法律》第1条规定的原则相符合;(2)根据宪法第54条发布的临时命令是否与该条(《捷克斯洛伐克共和国宪法》第54条)第

① *Herbert Schambeck* (Hrsg.), Das österreichische Bundes-Verfassungsgesetz und seine Entwicklung, Berlin 1980, S. 556.

8b 款的规定相符合。[①] 由此可见，捷克斯洛伐克共和国宪法法院并不具有像奥地利宪法法院那样广泛的职能，其主要职能是对法律和临时命令的合宪性的审查。对法规（Verordnungen）的合宪性和合法性的审查则属于最高行政法院的职能。[②] 因而，赫伯特·哈勒教授将捷克斯洛伐克宪法法院称为"法律审查法院"。[③] 特奥·约林格尔（Theo Öhlinger）认为，捷克斯洛伐克宪法法院在法律审查方面要早于奥地利宪法法院，奥地利宪法法院在法律审查方面不具有"原创性和模范性"[④]，其评判标准是《捷克斯洛伐克共和国宪法》中关于法律审查的规定要早于 1920 年《奥地利联邦宪法法》。

捷克斯洛伐克宪法法院的法律审查职能在多个方面受到限制。绝大多数学者认为，捷克斯洛伐克宪法法院对法律和临时命令的审查仅限于对其内容的合宪性的审查。[⑤] 捷克斯洛伐克宪法法院对法律的审查是"抽象性的"，即无论现实中是否发生与有关法律的合宪

---

① 1920 年《捷克斯洛伐克共和国宪法》第 54 条第 1 款规定，在议会解散时或者在议员任期结束之后且新一届议员尚未选出时以及其他议会会议延期或者结束的情形下，应成立一个由 24 人组成的委员会来监督政府权力和执行权的行使。第 54 条第 8 款规定，该委员会行使所有属于国民大会的立法和行政职能，但第 8b 款对此作了限制性规定，该委员会无权更改宪法法（《关于实施捷克斯洛伐克共和国宪法的法律》第 1 条）和国家机构的职能。

② *Pavel Holländer*, Verfassungsgerichtsbarkeit in der Tschechischen Republik, in: *Georg Brunner* u. a., Verfassungsgerichtsbarkeit in der Tschechischen Republik, Baden-Baden 2001, S. 14.

③ *Herbert Haller*, Die Prüfung von Gesetzen, Wien-New York 1979, S. 67.

④ *Theo Öhlinger*, Verfassungsgerichtsbarkeit und parlamentarische Demokratie, in: *Heinz Schäffer* (Hrsg.), Im Dienst an Staat und Recht. Internationale Festschrift *Erwin Melichar* zum 70. Geburtstag, Wien 1983, S. 128, FN 21.

⑤ *Pavel Holländer*, Verfassungsgerichtsbarkeit in der Tschechischen Republik, in: *Georg Brunner* u. a., Verfassungsgerichtsbarkeit in der Tschechischen Republik, Baden-Baden 2001, S. 14.

性相关的具体案件，这些机构均可向宪法法院申请审查某法律的合宪性。[①] 根据法律规定，最高法院、最高行政法院、选举法院[②]、议会两院[③]和喀尔巴阡俄罗斯州议会可以向宪法法院提交书面申请以对法律的合宪性进行审查。[④] 捷克斯洛伐克宪法法院并不能依自己的职权主动对某一法律是否符合宪法或宪法法进行审查，作为法律争议之一方的公民个人也无权申请宪法法院对法律进行审查，宪法法院只能依上述国家机构的申请进行审查。[⑤] 上述国家机构在申请宪法法院对某一法律进行审查时，必须在申请中明确指明某法律的某一规定与宪法、宪法法或者与国民大会及喀尔巴阡俄罗斯州议会所通过的法律的某条规定相抵触。此外，这些机构须在相关

---

① *Theo Öhlinger*, Die Entstehung und Entfaltung des österreichischen Modells der Verfassungsgerichtsbarkeit, in: *Bernd-Christian Funk* u. a. (Hrsg.), Der Rechtsstaat vor neuen Herausforderungen. Festschrift für *Ludwig Adamovich* zum 70. Geburtstag, Wien 2002, S. 584.

② 捷克斯洛伐克宪法法院并没有类似奥地利宪法法院对选举问题进行裁决的职能，因为在捷克斯洛伐克设立了专门的选举法院。选举法院的主要职能是针对国家议会和州议会选举的诉愿及议员失去席位等问题进行裁决。然而，选举法院受到议会政党的强烈影响，主要原因则在于选举法院的组成人员与政党的亲密关系。霍茨尔（Jirí Hoetzel）——《捷克斯洛伐克共和国宪法》的缔造者之一——将选举法院的裁决看作是捷克斯洛伐克法律生活中"最令人悲哀的裁决"之一。Vgl *Jana Osterkamp*, Verfassungsgerichtsbarkeit in der Tschechoslowakei (1920 – 1939) (= Studien zur europäischen Rechtsgeschichte 243), Frankfurt am Main 2009, S. 17.

③ 实质上，议会两院向宪法法院申请审查法律的合宪性并不符合逻辑，议会两院实际上也从未行使过申请审查法律的权利，因为议会两院申请宪法法院对法律的合宪性进行审查在很大程度上意味着"自我审查"和反对自己作出的决议。Vgl *Jana Osterkamp*, Verfassungsgerichtsbarkeit in der Tschechoslowakei (1920 – 1939) (= Studien zur europäischen Rechtsgeschichte 243), Frankfurt am Main 2009, S. 13.

④ *Ludwig Adamovich*, Grundriss des Tschechoslowakischen Staatsrechtes, Wien 1929, S. 243f.

⑤ *Ludwig Adamovich*, Grundriss des Tschechoslowakischen Staatsrechtes, Wien 1929, S. 243.

法律公布之日起三年内提出对其合宪性进行审查的申请,若超过此期限,任何法律都不会因违宪而被宪法法院宣布为无效。①

捷克斯洛伐克宪法法院在保障公民个人的基本权利和自由方面是有缺陷的。1920 年的《捷克斯洛伐克共和国宪法》规定,公民个人权利受到行政机构的侵犯时,可由最高行政法院予以救济,但只是依据单行法律。公民宪法上的基本权利可由宪法法院予以保障,但宪法中规定的公民基本权利保护条款实际上通过前述 1920 年 3 月 9 日《捷克斯洛伐克宪法法院法》的颁布实施而失去效力,因为根据《捷克斯洛伐克宪法法院法》的规定,捷克斯洛伐克宪法法院的职能仅限于对法律和临时命令的审查。同时,一些宪法法院法官以宪法法院的"工作过于繁重"和"公法上权利保障的统一性"为由拒绝由宪法法院来保障公民的基本权利。因此,捷克斯洛伐克"宪法中所规定的基本权利保障不具有可实施性,同时也缺乏适合的审查标准"②。

依据塞维茨克(V. Ševčík)基于捷克斯洛伐克宪法法院档案的统计,至 1948 年,捷克斯洛伐克宪法法院仅发布过 65 个裁决——第一次是在 1922 年 11 月 7 日③,最后一次是在 1939 年 5 月。④ 所以,

---

① *Ludwig Adamovich*, Grundriss des Tschechoslowakischen Staatsrechtes, Wien 1929, S. 244.

② *Jana Osterkamp*, Verfassungsgerichtsbarkeit in der Tschechoslowakei (1920 - 1939) (=Studien zur europäischen Rechtsgeschichte 243), Frankfurt am Main 2009, S. 26.

③ *Jana Osterkamp*, Verfassungsgerichtsbarkeit in der Tschechoslowakei (1920 - 1939) (=Studien zur europäischen Rechtsgeschichte 243), Frankfurt am Main 2009, S. 1, FN 3.

④ *Pavel Holländer*, Verfassungsgerichtsbarkeit in der Tschechischen Republik, in: *Georg Brunner* u. a., Verfassungsgerichtsbarkeit in der Tschechischen Republik, Baden-Baden 2001, S. 15.

捷克斯洛伐克宪法法院实际上自 1922 年才真正履行其职能。在第二次世界大战前,捷克斯洛伐克宪法法院从未真正对法律的合宪性进行过审查。该宪法法院曾两次收到最高法院对法律的合宪性进行审查的申请(其他国家机构则从未提出过审查申请),但从未对此作出过裁决。其第一次收到最高法院对法律进行审查的申请是在 1936 年,而捷克斯洛伐克宪法法院实际上因法官人数不足不能作出有效决议已于 1931 年停止工作。① 作为一个"非政治性机构",捷克斯洛伐克宪法法院的裁决经常受到政治的影响。② 罗伯特·瓦尔特(Robert Walter)教授甚至评论道:"捷克斯洛伐克宪法法院从未真正履行其职能,实际上没有任何功能。"③因此,在严格的意义上,第二次世界大战前捷克斯洛伐克宪法法院的相关职能,特别是法律审查职能"仅具有理论意义",其法律审查工作也只是存在于纸面上。④

① *Pavel Holländer*, Verfassungsgerichtsbarkeit in der Tschechischen Republik, in: *Georg Brunner* u. a., Verfassungsgerichtsbarkeit in der Tschechischen Republik, Baden-Baden 2001, S. 15; *Jana Osterkamp*, Verfassungsgerichtsbarkeit in der Tschechoslowakei (1920 – 1939) (= Studien zur europäischen Rechtsgeschichte 243), Frankfurt am Main 2009, S. 13.

② *Jana Osterkamp*, Verfassungsgerichtsbarkeit in der Tschechoslowakei (1920 – 1939) (= Studien zur europäischen Rechtsgeschichte 243), Frankfurt am Main 2009, S. 65f.

③ *Robert Walter*, Die mitteleuropäische Verfassungsgerichtsbarkeit und die Reine Rechtslehre, in: Österreichische Richterzeitung 12 (1993), S. 267.

④ *Theo Öhlinger*, Die Entstehung und Entfaltung des österreichischen Modells der Verfassungsgerichtsbarkeit, in: *Bernd-Christian Funk* u. a. (Hrsg.), Der Rechtsstaat vor neuen Herausforderungen. Festschrift für *Ludwig Adamovich* zum 70. Geburtstag, Wien 2002, S. 585.

第三节 第二次世界大战前奥地利和捷克斯洛伐克宪法法院的“瘫痪”

第二次世界大战前，奥地利和捷克斯洛伐克宪法法院都因故不能正常履行职能，其原因各异，但又有一些相同之处。其共同的内在原因在于宪法法院的组织构成和对相关案件的裁决都受到政治和政党的强烈影响，不能合法、有效地履行职能。同时，部分法官的辞职或逝世等原因最终使宪法法院不能作出法律上有效的裁决。① 其外在原因则在于两国都在逐渐转向独裁专制政体，宪法法院失去了其赖以存在的法制和法治基础。宪法法院的“瘫痪”也意味着宪法不再是政治权力的行使基础，以宪法为基础的宪法制度也仅具有形式意义。

在奥地利，宪法法院受政治和政党的影响主要表现为：一是前述 1930 年联邦政府在关于重新任命宪法法院法官的过程中并未体现出 1929 年《奥地利联邦宪法法修正案》所要求的“去政治化”，而

---

① 1925 年《奥地利宪法法院法》第 8 条规定，宪法法院在主席（由院长或者副院长担任）和至少八位法官出席的情况下才能作出有效的决议（第 1 款）。对于针对联邦、州等的财产权诉求、法院与行政机构间的权限争议及其他不公开审理的案件可在主席和四位法官出席的情况下作出裁决（第 2 款）。

1920 年《捷克斯洛伐克宪法法院法》第 8 条规定，宪法法院以法官全体会议的形式作出裁决。会议由院长或履行院长职责的副院长召集并进行表决（第 1 ~2 款）。只有在院长或履行院长职责的副院长出席并且还要有至少四位法官出席的情形下，宪法法院才能作出有效的决议（简单多数原则）。表决时，在票数相等的情形下，院长所持的意见为最终的裁决意见（第 4 款）。对于宣告法律为无效的裁决，至少需要五票同意才能形成有效的决议（第 3 款）。

是旨在让那些与执政党关系较为密切的人担任宪法法院的法官,[①]实际上是为了达到“政治化”的目的。二是宪法法院法官对相关案件的裁决首先考虑相关政党的利益。例如,由社会民主党推荐任命的法官在对案件进行裁判时,“完全是基于政党政治的原因”。[②]

引致奥地利宪法法院“瘫痪”的另一个重要原因是当时依据《奥地利战时经济授权法》(das Kriegswirtschaftliche Ermächtigungsgesetz)(1917 年 7 月 24 日)颁布的与宪法或法律相抵触的法规为数甚多。[③]在维托莱利任宪法法院院长期间(1919 ~ 1930 年),奥地利宪法法院在很多裁决中确认 1917 年 7 月 24 日的《奥地利战时经济授权法》继续有效,虽然颁布该法律的战争状态早已结束。这使宪法法院日后处于不利的境地。自 1933 年 3 月起,宪法法院收到大量对依据《奥地利战时经济授权法》颁布的法规进行审查的申请。[④] 联邦政府担心大量的政府立法会被宪法法院撤销,而解决此问题的一个一劳永逸的办法是使宪法法院“瘫痪”:通过宪法法院法官的辞职或者退

① *Thomas Zavadil*, Die Ausschaltung des Verfassungsgerichtshofs 1933 (geisteswissenschaftliche Diplomarbeit der Universität Wien), April 1997, S. 11.

② *Klaus Berchtold*, Verfassungsgeschichte der Republik Österreich: Band 1. 1918 –1933, Wien-New York 1998, S. 752.

③ 据统计,仅自 1933 年 3 月初至 1934 年 4 月末,依据该法律颁布的法规共有 474 项之多。Vgl *Thomas Zavadil*, Die Ausschaltung des Verfassungsgerichtshofs 1933 (geisteswissenschaftliche Diplomarbeit der Universität Wien), April 1997, S. 14.

④ 据统计,从 1933 年 3 月 21 日至 5 月 30 日,宪法法院共收到 38 个要求对此类法规进行审查的申请。从 1933 年 4 月 4 日至 1934 年 4 月 28 日,共有 35 个公民诉愿是针对依据《奥地利战时经济授权法》颁布的法规而发布的行政决定。此外,从 1933 年 3 月中旬到 1933 年 12 月初,维也纳州政府共撤销 78 项依据《奥地利战时经济授权法》颁布的法规和 4 项依据这些法规而颁布的法规。Vgl *Thomas Zavadil*, Die Ausschaltung des Verfassungsgerichtshofs 1933 (geisteswissenschaftliche Diplomarbeit der Universität Wien), April 1997, S. 24ff.

休，从而使其达不到作出有效决议所必需的法官人数。① 据此，当时由联邦政府提名任命的宪法法院法官被要求放弃其法官职位。② 较为普遍的观点是，联邦政府建议任命的宪法法院法官在 1933 年 5 月辞职直接导致奥地利宪法法院“瘫痪”。③

此外，奥地利联邦政府也通过修改法律来达到使宪法法院“瘫痪”的目的。根据《奥地利宪法法院法》第 6 条的规定，所有宪法法院的法官——在法官不能履行职责的情况下，由候补法官代替——都应被邀请参与案件的审理。但是，1933 年 5 月 23 日《奥地利关于修改〈宪法法院法〉的联邦政府法规》（联邦法律公报号码：191/1933）规定，只有由国民议会或联邦议会建议任命的宪法法院法官才被邀请参加会议和案件的审判。这意味着包括院长和副院长在内的超过半数的法官不能参与案件的审判——这必然导致宪法法院的裁决无效。“对于达到使宪法法院瘫痪的目的，这一联邦政府法规是必要的，但它无疑是违宪的。”④一些政党，如社会民主党、国

---

① *Kurt Heller*, Der Verfassungsgerichtshof, Wien 2010, S. 258.

② 时任奥地利联邦政府总理的陶尔斐斯（Engelbert Dollfuß）委托陆军部司长（Sektionschef im Heeresministerium）赫希特（Robert Hecht）引导宪法法院法官放弃其职务。赫希特甚至被授权向有辞职意愿的法官许诺，他们会再次被任命为宪法法院法官。Vgl *Klaus Berchtold*, Verfassungsgeschichte der Republik Österreich: Band 1. 1918－1933, Wien-New York 1998, S. 751.

③ *Thomas Zavadil*, Die Parteienvereinbarungen über den Verfassungsgerichtshof und die Bundes-Verfassungsnovelle 1929, in: *Thomas Angerer* u. a. (Hrsg.), Geschichte und Recht. Festschrift für Gerald Stourzh zum 70. Geburtstag, Wien-Köln-Weimar 1999, S. 363. 但 1936 年出版的奥地利宪法法院 1933 年判决的前言中写道：“自 1933 年 3 月的会议之后，宪法法院就没有作出过任何裁决。” *Kurt Heller*, Der Verfassungsgerichtshof, Wien 2010, S. 241.

④ *Klaus Berchtold*, Verfassungsgeschichte der Republik Österreich: Band 1. 1918－1933, Wien-New York 1998, S. 752.

家社会主义党等反对宪法法院的“关闭”,但其吁求和抗议没有取得任何成效。[①] 最终,联邦政府的目的达到了——有目的性地使宪法法院不能作出有效的决议,从而导致宪法法院的关闭。随着议会和宪法法院的“瘫痪”,奥地利走向了专制独裁之路。

在捷克斯洛伐克共和国逐渐走向专制国家的过程中,其宪法法院实际上在1931年也处于瘫痪状态。[②] 但是在捷克斯洛伐克,授权立法和由此制定颁布的授权法(Ermächtigungsgesetze)并非导致其宪法法院瘫痪的本源性原因,因世界经济危机而制定的第一个授权法颁布于1933年6月9日,即在宪法法院关闭一年半之后才颁布。[③] 根据亚娜·奥斯特坎普的观点,第二次世界大战前捷克斯洛伐克共和国宪法法院的“关闭”主要基于两个方面的原因:一方面是由于“政党政治之间的意见分歧”(权力分配的冲突),另一方面是出于“财政政策的考虑”。[④] 1931年11月17日,第一届法官的任期届满之后,直至1938年5月10日,新一届宪法法院的法官才被重新任命。[⑤] 宪法法院法官“职位的更动或者法官的逝世”也最终导致捷克

---

① *Klaus Berchtold*, Verfassungsgeschichte der Republik Österreich: Band 1. 1918 – 1933, Wien-New York 1998, S. 753.

② *Kurt Heller*, Der Verfassungsgerichtshof, Wien 2010, S. 187.

③ *Jana Osterkamp*, Verfassungsgerichtsbarkeit in der Tschechoslowakei (1920 – 1939) (= Studien zur europäischen Rechtsgeschichte 243), Frankfurt am Main 2009, S. 84 – 86.

④ *Jana Osterkamp*, Verfassungsgerichtsbarkeit in der Tschechoslowakei (1920 – 1939) (= Studien zur europäischen Rechtsgeschichte 243), Frankfurt am Main 2009, S. 86 – 88.

⑤ *Pavel Holländer*, Verfassungsgerichtsbarkeit in der Tschechischen Republik, in: *Georg Brunner* u. a., Verfassungsgerichtsbarkeit in der Tschechischen Republik, Baden-Baden 2001, S. 15.

斯洛伐克宪法法院不能作出有效的决议。① 从 1931 年至 1938 年，捷克斯洛伐克宪法法院实际上处于“关闭”状态。②

通过对第二次世界大战前奥地利和捷克斯洛伐克宪法法院的设立、组织、职能等方面发展状况的论析，我们对于“哪个宪法法院是世界上第一个宪法法院”有了较为明晰的答案。若以宪法法院在宪法中正式予以规定为标准，那么捷克斯洛伐克宪法法院要比奥地利宪法法院早七个月；若以规定宪法法院组织和程序的《奥地利宪法法院法》的颁布为标准，则捷克斯洛伐克宪法法院要比奥地利宪法法院早五年多（即使与奥地利 1921 年 7 月 13 日通过的《奥地利关于宪法法院组织和程序的法律》相比，《捷克斯洛伐克宪法法院法》也要早一年多）。因此，从这两方面形式上的法律规定来看，捷克斯洛伐克共和国的宪法法院是世界上第一个宪法法院。但是从两国宪法法院法官的组织任命上看，奥地利宪法法院的院长、副院长、法官等于 1919 年 2 月 20 日获得国务委员会任命，这意味着奥地利宪法法院在 1919 年年初正式成立，而捷克斯洛伐克宪法法院的法官于 1921 年 11 月 17 日被正式任命，这说明捷克斯洛伐克宪法法院于 1921 年年底才正式成立。实际上，奥地利宪法法院在 1919 年即已建立，并于 1919 年 3 月 10 日作出其第一个裁决。虽然其当时的名称为“德意志奥地利宪法法院”（deutschösterreichischer Verfas-

① *Jana Osterkamp*, Verfassungsgerichtsbarkeit in der Tschechoslowakei (1920－1939) (＝Studien zur europäischen Rechtsgeschichte 243), Frankfurt am Main 2009, S. 90.

② *Jana Osterkamp*, Verfassungsgerichtsbarkeit in der Tschechoslowakei (1920－1939) (＝Studien zur europäischen Rechtsgeschichte 243), Frankfurt am Main 2009, S. 2.

sungsgerichtshof)，但这并不能改变其实际上是奥地利宪法法院的事实。1920年《奥地利联邦宪法法》颁布之后，奥地利宪法法院作出的第一个裁决是在1920年12月14日，第一次宣告法律违宪是在1921年6月28日。以法律审查为主要职能的捷克斯洛伐克宪法法院作出的第一个裁决是在1922年11月7日，却从未作出过关于法律审查的裁决。因此，在实质意义上，奥地利宪法法院要早于捷克斯洛伐克宪法法院。此外，第二次世界大战前，奥地利宪法法院也晚于捷克斯洛伐克宪法法院"关闭"，奥地利宪法法院的职能比捷克斯洛伐克宪法法院更为宽泛，发挥了比捷克斯洛伐克宪法法院更广泛、更积极的作用，奥地利在宪法法院制度方面扮演着"先驱者"的角色①。这种由宪法法院来统一行使特定审查权的模式亦被称为"奥地利模式"，而捷克斯洛伐克的宪法法院则没能像奥地利宪法法院那样同样具有制度职能方面的"模范作用"②。

奥地利共和国与捷克斯洛伐克共和国虽然在宪法法院制度的历史传统方面并无二致，但两国最终设计和建立的宪法法院在组织和职能等方面却大相径庭。与捷克斯洛伐克宪法法院相比，第二次世界大战前的奥地利宪法法院更具制度职能之实。无论是由于历史的原因还是因其职能的限制，捷克斯洛伐克宪法法院的影响力要小于奥地利宪法法院。

奥地利和捷克斯洛伐克共和国宪法法院在第二次世界大战前

---

① *Perter Häberle* (Hrsg.), Verfassungsgerichtsbarkeit (Darmstadt 1976), Vorwort, S. 14.

② *Robert Walter*, Die mitteleuropäische Verfassungsgerichtsbarkeit und die Reine Rechtslehre, in：Österreichische Richterzeitung 12 (1993), S. 267.

的发展及其“瘫痪”也给予我们一些启示：宪法法院是法治国家的一种保障，也是公民基本权利保护的最后屏障，法治国家是宪法法院存在的基础，宪法法院与法治国家是互为依存的关系。在非法治国家真正建立起类似于宪法法院的制度是一种奢望，即使在非法治国家建立起宪法法院，宪法法院也会因法律以外的因素，特别是因政府的专制独裁或其他权力的干涉而不能真正履行其应有的职能，甚或陷入“瘫痪”。

在奥地利宪法法院“关闭”后，时为奥地利联邦总统的威廉·米克拉斯(Wilhelm Miklas)(1928～1938年)在其手稿(1933年5月23日)中写道：

“这还是一个法治国家吗？在议会被摧毁之后，继之而来的是宪法法院——法律合宪性的最后依靠！！然而，更严重的是人民最后仅剩的法律意识和正义感被摧毁！一旦宪法法院停止工作，政府独裁者的紧急命令将不再受到任何限制——万能的政党在联邦宪法中刻意造就的权力孱弱的联邦总统除了忍耐之外，别无可为……”①

① *Thomas Zavadil*, Die Ausschaltung des Verfassungsgerichtshofs 1933 (geisteswissenschaftliche Diplomarbeit der Universität Wien), April 1997, S. 149.

参考文献

一、中文文献

(一)著作类

《马克思恩格斯文集》(第7卷),人民出版社2009年版。

中共中央文献研究室编:《习近平关于协调推进“四个全面”战略布局论述摘编》,中央文献出版社2015年版。

陈桂明:《诉讼公正与程序保障》,中国法制出版社1996年版。

冯天瑜:《“封建”考论》,武汉大学出版社2007年版。

何勤华、李秀清:《外国法与中国法——20世纪中国移植外国法反思》,中国政法大学出版社2003年版。

何勤华等:《法律移植论》,北京大学出版

社 2008 年版。

何勤华主编:《外国法制史》(第 5 版),法律出版社 2011 年版。

何勤华、马贺、蔡迪等:《大陆法系》(上卷),商务印书馆 2015 年版。

李力、任海涛、程维荣、王晓峰等:《古代远东法》,商务印书馆 2015 年版。

梁治平:《法辨:法律文化论集》,广西师范大学出版社 2015 年版。

宋冰编:《程序、正义与现代化》,中国政法大学出版社 1998 年版。

张书友:《凯尔森:纯粹法理论》,黑龙江大学出版社 2013 年版。

张文显主编:《法理学》(第 5 版),高等教育出版社 2018 年版。

郑永流:《法治四章:英德渊源、国际标准和中国问题》,中国政法大学出版社 2002 年版。

钟叔河:《从东方到西方》,岳麓书社 2002 年版。

[古希腊]柏拉图:《理想国》,郭斌和、张竹明译,商务印书馆 1986 年版。

[古希腊]柏拉图:《法律篇》,张智仁、何勤华译,商务印书馆 2016 年版。

[古希腊]亚里士多德:《政治学》,吴寿彭译,商务印书馆 1965 年版。

[爱尔兰]约翰·莫里斯·凯利:《西方法律思想史》,王笑红译,法律出版社 2010 年版。

[奥]凯尔森:《法与国家的一般理论》,沈宗灵译,中国大百科全

书出版社1996年版。

[奥]罗伯特·瓦尔特:《宪法法院的守护者:汉斯·凯尔森法官研究》,王银宏译,人民日报出版社2015年版。

[奥]汉斯·凯尔森等:《德意志公法的历史理论与实践》,王银宏译,法律出版社2019年版。

[德]康德:《历史理性批判文集》,何兆武译,商务印书馆1996年版。

[德]康德:《法的形而上学原理》,沈叔平译,林荣远校,商务印书馆2005年版。

[德]奥托·迈耶:《德国行政法》,刘飞译,商务印书馆2002年版。

[德]K. 茨威格特、H. 克茨:《比较法总论》,潘汉典等译,法律出版社2003年版。

[德]格尔德·克莱因海尔、扬·施罗德主编:《九百年来德意志及欧洲法学家》,许兰译,法律出版社2005年版。

[德]克劳斯·施莱希、斯特凡·科里奥特:《德国联邦宪法法院:地位、程序与裁判》,刘飞译,法律出版社2007年版。

[德]米歇尔·施托莱斯:《德国公法史:国家法学说和行政学(1800—1914)》,雷勇译,法律出版社2007年版。

[德]格奥尔格·耶利内克:《〈人权与公民权利宣言〉:现代宪法史论》,李锦辉译,商务印书馆2012年版。

[俄]B. B. 拉扎列夫主编:《法与国家的一般理论》,王哲等译,法律出版社1999年版。

[法]孟德斯鸠:《论法的精神》(上册),张雁深译,商务印书馆

1961 年版。

[法]勒内·达维德:《当代主要法律体系》,漆竹生译,上海译文出版社 1984 年版。

[法]马克·布洛赫:《封建社会》,张绪山译,郭守田、徐家玲校,商务印书馆 2004 年版。

[法]托克维尔:《论美国的民主》(上卷),董果良译,商务印书馆 2004 年版。

[荷兰]斯宾诺莎:《神学政治论》,温锡增译,商务印书馆 1997 年版。

[美]马丁·P. 戈尔丁:《法律哲学》,齐海滨译,生活·读书·新知三联书店 1987 年版。

[美]梅利尔·彼得森注释编辑:《杰斐逊集》(下),刘祚昌、邓红风译,生活·读书·新知三联书店 1993 年版。

[美]迈克尔·D. 贝勒斯:《法律的原则——一个规范的分析》,张文显等译,中国大百科全书出版社 1996 年版。

[美]爱德华·S. 考文:《美国宪法的"高级法"背景》,强世功译,李强校,生活·读书·新知三联书店 1996 年版。

[美]卡尔·J. 弗里德里希:《超验正义:宪政的宗教之维》,周勇、王丽芝译,生活·读书·新知三联书店 1997 年版。

[美]博登海默:《法理学:法律哲学与法律方法》,邓正来译,中国政法大学出版社 1999 年版。

[美]伯尔曼:《法律与宗教》,梁治平译,中国政法大学出版社 2003 年版。

[美]汉密尔顿、杰伊、麦迪逊:《联邦党人文集》,程逢如、在汉、

舒逊译,商务印书馆 2004 年版。

[美]艾伦·沃森:《民法法系的演变及形成》,李静冰、姚新华译,中国法制出版社 2005 年版。

[美]阿希尔·里德·阿马:《宪法与刑事诉讼:基本原理》,房保国译,中国政法大学出版社 2006 年版。

[美]约翰·罗尔斯:《正义论》,何怀宏、何包钢、廖申白译,中国社会科学出版社 2009 年版。

[美]查尔斯·比尔德、爱德华·考文、路易斯·布丁等:《伟大的篡权:美国 19、20 世纪之交关于司法审查的讨论》,李松锋译,上海三联书店 2009 年版。

[美]爱德华·考文:《司法审查的起源》,徐爽编,北京大学出版社 2015 年版。

[美]乔治·萨拜因:《政治学说史:城邦与世界社会》(第 4 版),托马斯·索尔森修订,邓正来译,上海人民出版社 2015 年版。

[日]大木雅夫:《比较法》,范愉译,法律出版社 1999 年版。

[意]朱塞佩·格罗索:《罗马法史》,黄风译,中国政法大学出版社 1994 年版。

[英]培根:《培根论说文集》,水天同译,商务印书馆 1958 年版。

[英]梅因:《古代法》,沈景一译,商务印书馆 1959 年版。

[英]霍布斯:《利维坦》,黎思复、黎廷弼译,杨昌裕校,商务印书馆 1985 年版。

[英]洛克:《政府论》(下篇),叶启芳、瞿菊农译,商务印书馆 1996 年版。

[英]弗里德里希·冯·哈耶克:《自由秩序原理》,邓正来译,生

活·读书·新知三联书店1997年版。

[英]戴雪:《英宪精义》,雷宾南译,中国法制出版社2001年版。

[英]威廉·布莱克斯通:《英国法释义》(第1卷),游云庭、缪苗译,上海人民出版社2006年版。

[英]彼得·威尔逊:《神圣罗马帝国1495—1806》,殷宏译,北京大学出版社2013年版。

(二)论文类

习近平:《加快建设社会主义法治国家》,载《求是》2015年第1期。

陈瑞华:《程序正义的理论基础——评马修的“尊严价值理论”》,载《中国法学》2000年第3期。

高鸿钧:《现代西方法治的冲突与整合》,载《清华法治论衡》2000年卷。

郭冬梅:《德国对日本近代地方自治的影响——以格奈斯特、莫塞和山县有朋的地方自治观为中心》,载《日本学论坛》2007年第4期。

何建华:《马克思的公平正义观与社会主义实践》,载《浙江社会科学》2007年第6期。

黄文艺:《为形式法治理论辩护——兼评〈法治:理念与制度〉》,载《政法论坛》2008年第1期。

雷磊:《再访拉德布鲁赫公式》,载《法制与社会发展》2015年第1期。

吕世伦、贺晓荣:《论程序正义在司法公正中的地位和价值》,载

《法学家》1998 年第 1 期。

申建平:《德国民法典的演进及其分析》,载《学习与探索》2000 年第 6 期。

施鹏鹏:《基本权利谱系与法国刑事诉讼的新发展——以〈欧洲人权公约〉及欧洲人权法院判例对法国刑事诉讼的影响为中心》,载《暨南学报(哲学社会科学版)》2013 年第 7 期。

王银宏:《世界上第一个宪法法院之争》,载《比较法研究》2014 年第 3 期。

王银宏:《通过宪法法院的宪法审查:凯尔森的理论与实践》,载《政法论坛》2015 年第 4 期。

王银宏:《1356 年〈金玺诏书〉与德意志国王选举制度》,载《史学月刊》2016 年第 7 期。

王银宏:《追寻最早的宪法法院——奥匈帝国的帝国法院及其宪法审查传统》,载《中国政法大学学报》2016 年第 5 期。

王银宏:《1495 年"帝国改革"与神圣罗马帝国和平秩序建构之制度困境的反思》,载《比较法研究》2016 年第 4 期。

王银宏:《略论近代德意志地区的自治实践及其理论》,载《社会科学论坛》2017 年第 2 期。

王银宏:《人性、宗教信仰与帝国秩序——1555 年〈奥格斯堡宗教和约〉及其规制意义》,载《史学月刊》2019 年第 11 期。

熊秋红:《解读公正审判权——从刑事司法角度的考察》,载《法学研究》2001 年第 6 期。

徐显明:《何谓司法公正》,载《文史哲》1999 年第 6 期。

徐显明:《公平正义:当代中国社会主义法治的价值追求》,载

《法学家》2006 年第 5 期。

杨建军:《西方法治的文化成因》,载《法律科学》2017 年第 3 期。

张卫平:《民事诉讼基本模式:转换与选择之根据》,载《现代法学》1996 年第 6 期。

赵建文:《〈公民权利和政治权利国际公约〉第 14 条关于公正审判权的规定》,载《法学研究》2005 年第 5 期。

郑戈:《传统中的变革与变革中的传统——德国宪法法院的诞生》,载《交大法学》2017 年第 1 期。

仲崇玉:《论基尔克法人有机体说的法理内涵和政治旨趣》,载《现代法学》2013 年第 2 期。

[德]米歇尔·施托莱斯:《干预性国家的形成与德国行政法的发展》,王银宏译,载《行政法学研究》2015 年第 5 期。

[荷]Mark R. Rutgers:《公共行政学研究可以撇开国家概念吗?——对劳伦斯·冯·斯坦因思想的反思》,韩莹莹译,载《天津行政学院学报》2012 年第 3 期。

[加]威廉·夏巴斯:《获得司法正义的权利——从国内运动到国际标准》,赵海峰译,载《环球法律评论》2003 年冬季号。

[美]劳伦斯·M. 弗里德曼:《法治、现代化和司法制度》,载宋冰编:《程序、正义与现代化》,中国政法大学出版社 1998 年版。

二、外文文献

(一)著作类

John Dalberg-Acton, Essays on Freedom und Power, Boston:

The Beacon Press, 1949.

Ludwig Adamovich, Grundriss des Tschechoslowakischen Staatsrechtes, Wien 1929.

Ludwig K. Adamovich, *Bernd-Christian Funk*, *Gerhart Holzinger*, Österreichisches Staatsrecht (Band 2), Wien-New York 1998.

Thomas Angerer u. a. (Hrsg.), Geschichte und Recht. Festschrift für Gerald Stourzh zum 70. Geburtstag, Wien-Köln-Weimar 1999.

Gerhard Anschütz, *Richard Thoma* (Hrsg.), Handbuch des Deutschen Staatsrechts, Tübingen 1929.

Heinz Barta, *Rudolf Palme*, *Wolfgang Ingenhaeff* (Hrsg.), Naturrecht und Privatrechtskodifikation. Tagungsband des Martini-Colloquiums 1998, Wien 1999.

Klaus Berchtold, Verfassungsgeschichte der Republik Österreich: Band 1. 1918 – 1933, Wien-New York 1998.

Walter Berka, Lehrbuch Verfassungsrecht. Grundzüge des österreichischen Verfassungsrechts für das juristische Studium, Wien-New York 2008.

Alexander M. Bickel, The least dangerous branch. The Supreme Court at the bar of politics, Indianapolis: Bobbs-Merrill Company 1962.

Ernst-Wolfgang Böckenförde, Recht, Staat, Freiheit: Studien zur Rechtsphilosophie, Staatstheorie und Verfassungsgeschichte, Frankfurt am Main: Suhrkamp 1992.

Hans Boldt, Deutsche Verfassungsgeschichte (Band 1) (3. Aufl.), München 1994.

Wilhelm Brauneder (Hrsg.), Abhandlung über die Principien des allgemeinen bürgerlichen Gesetzbuches für die gesammten deutschen Erbländer der österreichischen Monarchie vom Hofrath von Zeiller (Wien 1816 – 1820), Wien 1986.

Wilhelm Brauneder, Studien Ⅰ: Entwicklung des Öffentlichen Rechts, Frankfurt am Main 1994.

Wilhelm Brauneder, Österreichische Verfassungsgeschichte (11. Aufl.), Wien 2009.

Georg Brunner u. a., Verfassungsgerichtsbarkeit in der Tschechischen Republik, Baden-Baden 2001.

Agostino Carrino, *Günther Winkler* (Hrsg.), Rechtserfahrung und Reine Rechtslehre, Wien-New York 1995.

Pietro Costa, *Danilo Zolo* (eds.), The Rule of Law: History, Theory and Criticism, Dordrecht 2007.

Barbara Dölemeyer, *Heinz Mohnhaupt* (Hrsg.), 200 Jahre ABGB (1811 – 2011). Die österreichische Kodifikation im internationalen Kondext, Frankfurt am Main 2012.

Horst Dreier, Rechtslehre, Staatssoziologie und Demokratietheorie bei Hans Kelsen, Baden-Baden 1990.

Adalbert Erler u. a. (Hrsg.), Handwörterbuch zur deutschen Rechtsgeschichte (V. Band), Berlin 1998.

Felix Ermacora, Der Verfassungsgerichtshof, Graz-Wien-Köln 1956.

Felix Ermacora (Hrsg.), Quellen zum Österreichischen Verfassungsrecht (1920), Wien 1967.

Felix Ermacora/Klecatsky/Macic (Hrsg.), Hundert Jahre Verfassungsgerichtsbarkeit und Fünfzig Jahre Verfassungsgerichtshof in Österreich, Wien 1968.

Felix Ermacora, Die österreichische Bundesverfassung und Hans Kelsen: Analysen und Materialien. Zum 100. Geburtstag von Hans Kelsen, Wien 1982.

Felix Ermacora, Die Entstehung der Bundesverfassung Bd. 4: Die Sammlung der Entwürfe zur Staats-bzw. Bundesverfassung, Wien 1990.

Fritz Fleiner, Über die Umbildung zivilrechtlicher Institute durch das öffentliche Recht, Tübingen 1906.

Wolfgang D. Fritz, Die Goldene Bulle. Das Reichsgesetz Kaiser Karls Ⅳ. vom Jahre 1356, Weimar 1978.

Bernd-Christian Funk u. a. (Hrsg.), Der Rechtsstaat vor neuen Herausforderungen. Festschrift für Ludwig Adamovich zum 70. Geburtstag, Wien 2002.

Joachim Gaertner, *Erika Godel* (Hrsg.), Religionsfreiheit und Frieden. Vom Augsburger Religionsfrieden zum europäischen Verfassungsvertrag, Frankfurt am Main 2007.

Otto von Gierke, Das deutsche Genossenschaftsrecht (Band 1), Berlin 1868.

Otto von Gierke, Das deutsche Genossenschaftsrecht (Band 2), Berlin 1873.

Otto Gierke, Die Genossenschaftstheorie und die deutsche Rechtsprechung, Berlin 1887.

Rudolf Gneist, Verwaltung, Justiz, Rechtsweg, Berlin 1869.

Michael Geistlinger u. a. (Hrsg.), 200 Jahre ABGB—Ausstrahlungen. Die Bedeutung der Kodifikation für andere Staaten und andere Rechtskulturen, Wien 2011.

Ludwig Gumplowicz, Das österreichische Staatsrecht. Ein Lehr- und Handbuch, wien 1891.

Perter Häberle (Hrsg.), Verfassungsgerichtsbarkeit, Darmstadt 1976.

Erich J. Hahn, Rudolf von Gneist 1816 - 1895, Frankfurt am Main 1995.

Herbert Haller, Die Pfüfung von Gesetzen. Ein Beitrag zur verfassungsgerichtlichen Normenkontrolle, Wien-New York 1979.

Ulrike Harmat, Ehe auf Widerruf? Der Konflikt um das Eherecht in Österreich 1918 - 1938, Frankfurt am Main 1999.

Philipp Harras Ritter von Harrasowsky, Geschichte der Codification des österreichischen Civilrechtes, Frankfurt am Main 1968 (Nachruck der Ausgabe Wien 1868).

F. A. Hayek, Law, Legislation and Liberty (Vol. 1): Rules and Order, Routledge & Kegan Paul London 1973.

Kurt Heller, Der Verfassungsgerichtshof, Wien 2010.

Georg Jellinek, Ein Verfassungsgerichtshof für Österreich, Wien 1885.

Matthias Jestaedt(Hrsg.), Hans Kelsen Werke, Band 1 (2007).

Hans Kelsen, *Georg Froehlich*, *Adolf Merkl*, Die Bundesverfassung vom 1. Oktober 1920, Wien und Leipzig 1922.

Hans Kelsen, Reine Rechtslehre (2. Aufl.), Wien 1960.

Gerald Kohl, *Christian Neschwara*, *Thomas Simon* (Hrsg.), Festschrift für Wilhelm Brauneder zum 65. Geburtstag. Rechtsgeschichte mit internationaler Perspektive, Wien 2008.

Monika Krupar, Tschechische juristische Zeitschriften des 19. und 20. Jahrhunderts (= Schriften zur Rechtsgeschichte 152), Berlin 2011.

Oskar Lehner, Österreichische Verfassungs-und Verwaltungsgeschichte (4. Aufl.), Graz 2007.

René Marcic, Verfassungsgerichtsbarkeit und Reine Rechtslehre, Wien 1966.

Freyherr von Martini, Lehrbegriff des Naturrechtes, Wien 1787.

Carl Anton von Martini, Allgemeines Recht der Staaten, 1788.

Adolf Merkl, Die Lehre von der Rechtskraft, Leipzig und Wien 1923.

Rudolf Aladár Métall, Hans Kelsen. Leben und Werk, Wien 1969.

Robert von Mohl, Das Bundesstaatsrecht der Vereinigten Staaten von Nord-Amerika, Stuttgart 1824.

Christian Neschwara (Hrsg.), Die ältesten Quellen zur Kodifikationsgeschichte des österreichischen ABGB, Wien-Köln-Weimar 2012.

Helmut Neuhaus (Hrsg.), Selbstverwaltung in der Geschichte Europas in Mittelalter und Neuzeit. Tagung der Vereinigung für Verfassungsgeschichte in Hofgeismar vom 10. bis 12. März 2008 (= Der Staat, Beiheft 19), Berlin 2010.

Julius Ofner (Hrsg.), Der Ur-Entwurf und die Berathungs-Protokolle des Österreichischen Allgemeinen Bürgerlichen Gesetzbuches, Band 1, Wien 1889.

Jana Osterkamp, Verfassungsgerichtsbarkeit in der Tschechoslowakei (1920 – 1939) (= Studien zur europäischen Rechtsgeschichte 243), Frankfurt am Main 2009.

Stanley L. Paulson, *Michael Stolleis* (Hrsg.), Hans Kelsen. Staatsrechtslehrer und Rechtstheoretiker des 20. Jahrhunderts, Tübingen 2005.

Heinz Schäffer (Hrsg.), Im Dienst an Staat und Recht. Internationale Festschrift Erwin Melichar zum 70. Geburtstag, Wien 1983.

Herbert Schambeck (Hrsg.), Das österreichische Bundes-Verfassungsgesetz und seine Entwicklung, Berlin 1980.

Georg Schmitz, Die Vorentwürfe Hans Kelsens für die österreichische Bundesverfassung, Wien 1981.

Carl Schmitt, Der Hüter der Verfassung, Tübingen 1931.

Meinhard Schröder (Hrsg.), 350 Jahre Westfälischer Friede: Verfassungsgeschichte, Staatskirchenrecht, Völkerrechtsgeschichte, Berlin: Duncker & Humblot GmbH, 1999.

Dieter Schwab, Die „Selbstverwaltungsidee" des Freiherrn vom

Stein und ihre geistigen Grundlagen, Frankfurt am Main 1971.

Walter Selb, *Herbert Hofmeister* (Hrsg.), Forschungsband Franz von Zeiller (1751 – 1828), Wien-Graz-Köln 1980.

Thomas Simon, „Gute Policey". Ordnungsleitbilder und Zielvorstellungen politischen Handelns in der frühen Neuzeit, Frankfurt am Main 2004.

Thomas Simon, *Johannes Kalwoda* (Hrsg.), Schutz der Verfassung. Normen, Institutionen, Höchst-und Verfassungsgerichte, Berlin 2014.

Johann von Spaun, Das Rechtsgericht. Die auf dasselbe sich beziehenden Gesetze und Verordnungen samt Gesetzesmaterialien sowie Übersicht der einschlägigen Judikatur und Literatur, Wien 1904.

Christian Starck, *Albert Weber* (Hrsg.), Verfassungsgerichtsbarkeit in Westeuropa, Teilband 1: Berichte, Baden-Baden 1986.

Lorenz Stein, Die Verwaltungslehre (Erster Theil), Stuttgart 1865.

Manfred Stelzer, Grundzüge des Öffentlichen Rechts, Wien 2005.

Fritz Stier-Somlo und Alexander Elster (Hrsg.), Sonderabdruck aus Handwörterbuch der Rechtswissenschaft, Berlin und Leipzig: Verlag von Walter de Gruyter & Co. 1927.

Michael Stolleis, Konstitution und Intervention. Studien zur Geschichte des öffentlichen Rechts im 19. Jahrhundert, Frankfurt am Main 2001.

Gerald Stourzh, Vom Widerstandsrecht zur Verfassungsgerichtsbarkeit, Graz 1974.

Gerald Stourzh, Wege zur Grundrechtsdemokratie, Wien 1989.

Heinrich Strakosch, Privatrechtskodifikation und Staatsbildung in Österreich (1753 – 1811), Wien 1976.

Verwaltungsgerichtshof (Hrsg.), 90 Jahre Verwaltungsgerichtsbarkeit in Österreich, Wien 1966.

M. J. C. Vile, Constitutionalism and the Separation of Powers (2. Edition), Indianapolis: Liberty Fund 1998.

Robert Walter, *Clemens Jabloner*, *Klaus Zeleny* (Hrsg.), 30 Jahre Hans Kelsen-Institut, Wien 2003.

Robert Walter, *Clemens Jabloner und Klaus Zeleny* (Hrsg.), Hans Kelsens stete Aktualität (Schriftenreihe des Hans Kelsen-Instituts Band 25), Wien 2003.

Robert Walter, Hans Kelsen als Verfassungsrichter, Wien 2005.

Robert Walter, *Werner Ogris*, *Thomas Olechowski* (Hrsg.), Hans Kelsen: Leben-Werk-Wirksamkeit, Wien 2009.

Wandruszka/Urbanitsch (Hrsg.), Die Habsburgermonarchie 1848 – 1918, Band Ⅱ (Verwaltung und Rechtswesen), Wien 1975.

Armin Wolf, Die Goldene Bulle, Graz 2002.

Thomas Zavadil, Die Ausschaltung des Verfassungsgerichtshofs 1933 (geisteswissenschaftliche Diplomarbeit der Universität Wien), April 1997.

Franz Edler von Zeiller, Das natürliche Privatrecht (3. Aufl.),

Wien 1819.

Franz von Zeiller, Grundsätze der Gesetzgebung 1806/09 (Hg. von *Erik Wolf*), Frankfurt am Main 1948.

(二)论文类

Sigmund Adler, Die politische Gesetzgebung in ihren geschichtlichen Beziehungen zum allgemeinen bürgerlichen Gesetzbuche, in: Festschrift zur Jahrhundertfeier des Allgemeinen Bürgerlichen Gesetzbuches (Erster Teil), Wien 1911.

Robert Alexy, Hans Kelsens Begriff der Verfassung, in: *Stanley L. Paulson*, *Michael Stolleis* (Hrsg.), Hans Kelsen. Staatsrechtslehrer und Rechtstheoretiker des 20. Jahrhunderts, Tübingen 2005.

Walter Antoniolli, Hans Kelsen und die österreichische Verfassungsgerichtsbarkeit, in: *Robert Walter*, *Clemens Jabloner*, *Klaus Zeleny* (Hrsg.), 30 Jahre Hans Kelsen-Institut, Wien 2003.

Walter Antoniolli, Hans Kelsen und die österreichische Verfassungsgerichtsbarkeit, in: Hans Kelsen zum Gedenken, Wien 1974.

„Bericht des Verfassungsausschusses über den Entwurf eines Gesetzes, womit die Republik Österreich als Bundesstaat eingerichtet wird (Bundes-Verfassungsgesetz)“, in: *Felix Ermacora* (Hrsg.), Quellen zum Österreichischen Verfassungsrecht (1920), Wien 1967.

Ernst-Wolfgang Böckenförde, Entstehung und Wandel des Rechtsstaatsbegriffs, in: *derselbe*, Recht, Staat, Freiheit. Studien zur Rechtsphilosophie, Staatstheorie und Verfassungsgeschichte, Frankfurt am Main 1991.

Giorgio Bongiovanni, Rechtsstaat and Constitutional Justice in Austria: Hans Kelsen's Contribution, in: *Pietro Costa*, *Danilo Zolo* (eds.), The Rule of Law: History, Theory and Criticism, Dordrecht 2007.

Wilhelm Brauneder, Karl Renners „Entwurf einer provisorischen Verfassung", in: *derselbe*, Studien Ⅰ: Entwicklung des Öffentlichen Rechts, Frankfurt am Main 1994.

Wilhelm Brauneder, Gesetzgebungslehre und Kodifikationspraxis am Beipiel des ABGB, in: *Barbara Dölemeyer*, *Heinz Mohnhaupt* (Hrsg.), 200 Jahre ABGB (1811 – 2011). Die österreichische Kodifikation im internationalen Kondext, Frankfurt am Main 2012.

Henry Steele Commager, Documents of American History (9. Aufl.), Vol. 1, Engelwood Cliffs (NJ) 1973.

Dieter Grimm, Das Verhältnis von politischer und privater Freiheit bei Zeiller, in: *Walter Selb*, *Herbert Hofmeister* (Hrsg.), Forschungsband Franz von Zeiller (1751 – 1828), Wien-Graz-Köln 1980.

Oswald Gschliesser, Die Verfassungsgerichtsbarkeit in der Ersten Republik, in: *Ermacora/Klecatsky/Macic* (Hrsg.), Hundert Jahre Verfassungsgerichtsbarkeit und Fünfzig Jahre Verfassungsgerichtshof in Österreich, Wien 1968.

Martin Heckel, Der Augsburger Religionsfriede. Sein Sinnwandel vom provisorischen Notstands-Instrument zum sakrosankten Reichsfundamentalgesetz religiöser Freiheit und Gleichheit, in: *Joachim Gaert-*

ner, *Erika Godel* (Hrsg.), Religionsfreiheit und Frieden. Vom Augsburger Religionsfrieden zum europäischen Verfassungsvertrag, Frankfurt am Main 2007.

Herbert Hofmeister, Die Rolle Franz v. Zeillers bei den Beratungen zum ABGB, in: *Walter Selb*, *Herbert Hofmeister* (Hrsg.), Forschungsband Franz von Zeiller (1751 – 1828), Wien-Graz-Köln 1980.

Pavel Holländer, Verfassungsgerichtsbarkeit in der Tschechischen Republik, in: *Georg Brunner* u. a., Verfassungsgerichtsbarkeit in der Tschechischen Republik, Baden-Baden 2001.

Werner Kaegi, "Rechtsstaat und Demokratie", in: Demokratie und Rechtsstaat. FS Giacometti, Zürich 1953.

Erich Kaufmann, *Martin Drath*, Die Grenzen der Verfassungsgerichtsbarkeit, in: VVDStRL 9 (Berlin 1952).

Hans Kelsen, Verfassungs-und Verwaltungsgerichtsbarkeit im Dienste des Bundesstaates, nach der neuen österreichischen Bundesverfassung vom 1. Oktober 1920, in: Zeitschrift für Schweizerisches Recht 52 (Neue Folge, 1923/1924).

Hans Kelsen, Die Vollendung der österreichischen Bundesverfassung, in: Zeitschrift für Politik (Band 15, 1926).

Hans Kelsen, Verfassung, in: *Fritz Stier-Somlo und Alexander Elster* (Hrsg.), Sonderabdruck aus Handwörterbuch der Rechtswissenschaft, Berlin und Leipzig: Verlag von Walter de Gruyter & Co. 1927.

Hans Kelsen, La garantie juridictionnelle de la constitution (La

Justice constitutionnelle), in: Revue de Droit Public (1928).

Hans Kelsen, Der Begriff des Kompetenzkonfliktes nach geltendem österreichischen Recht, in: Juristische Blätter 6 (57. Jahrgang, 24.3.1928).

Hans Kelsen, Wesen und Entwicklung der Staatsgerichtsbarkeit, in: VVDStRL 5 (1929).

Hans Kelsen, Die Entwicklung des Staatsrechts in Österreich seit dem Jahre 1918, in: *Gerhard Anschütz*, *Richard Thoma* (Hrsg.), Handbuch des Deutschen Staatsrechts, Tübingen 1929.

Hans Kelsen, Wer soll Hüter der Verfassung sein?, in: Die Justiz 6 (1931).

Hans Kelsen, Judicial Review of Legislation. A Comparative Study of the Austrian und American Constitution, in: Journal of Politics 4 (1942).

Hans Kelsen, On the Basic Norm, in: California Law Review, 47. Band, 1959, Nr. 1.

Hans Kelsen, Archivaufnahme, in: *Robert Walter*, *Clemens Jabloner*, *Klaus Zeleny* (Hrsg.), 30 Jahre Hans Kelsen-Institut, Wien 2003.

Hans Kelsen, Autobiographie, in: *Matthias Jestaedt* (Hrsg.), Hans Kelsen Werke (Band 1), Tübingen 2007.

Hermann Klenner, Über Martinis Naturrechtsbegriff, in: *Heinz Barta*, *Rudolf Palme*, *Wolfgang Ingenhaeff* (Hrsg.), Naturrecht und Privatrechtskodifikation. Tagungsband des Martini-Colloquiums 1998,

Wien 1999.

Gerald Kohl, Das ABGB in den „Vaterländischen Blättern für den österreichischen Kaiserstaat“: Franz von Zeillers „dritter Kommentar“, in: *Gerald Kohl*, *Christian Neschwara*, *Thomas Simon* (Hrsg.), Festschrift für Wilhelm Brauneder zum 65. Geburtstag, Wien 2008.

Karl Korinek, *Jörg P. Müller*, *Klaus Schlaich*, Die Verfassungsgerichtsbarkeit im Gefüge der Staatsfunktionen, in: VVDStRL 39 (Berlin-New York 1981).

Karl Korinek, Die Verfassungsgerichtsbarkeit in Österreich, in: *Christian Starck*, *Albrecht Weber* (Hrsg.), Verfassungsgerichtsbarkeit in Westeuropa. Teilband 1: Berichte, Baden-Baden 1986.

Friedrich Lehne, Zur Geschichte der Verwaltungsstreitsache in Österreich. Ein Gedenkblatt für Friedrich Tezner, in: Verwaltungsgerichtshof (Hrsg.), 90 Jahre Verwaltungsgerichtsbarkeit in Österreich, Wien 1966.

Friedrich Lehne, Rechtsschutz im öffentlichen Recht: Staatsgerichtshof, Reichsgericht, Verwaltungsgerichtshof, in: *Wandruszka/Urbanitsch* (Hrsg.), Die Habsburgermonarchie 1848 – 1918, Band Ⅱ (Verwaltung und Rechtswesen), Wien 1975.

Abraham Lincoln, First Inaugural Address (1861.3.4, Washington, D.C.), in: *William Cohen*, *Jonathan D. Varat*, Constitutional Law.

Theo Mayer-Maly, Zeiller, ABGB und wir, in: *Walter Selb*,

Herbert Hofmeister (Hrsg.), Forschungsband Franz von Zeiller (1751 – 1828), Wien-Graz-Köln 1980.

Adolf Julius Merkl, Der „entpolitisierte" Verfassungsgerichtshof, in: Der Österreichische Volkswirt (1930).

Adolf Merkl, Prolegomena einer Theorie des rechtlichen Stufenbaues, in: Gesellschaft, Staat und Recht. Festschrift für Hans Kelsen, Wien 1931.

Detlef Merten, Aktuelle Probleme der Verfassungsgerichtsbarkeit in der Bundesrepublik Deutschland und in Österreich, in: *Heinz Schäffer* (Hrsg.), Im Dienst an Staat und Recht. Internationale Festschrift Erwin Melichar zum 70. Geburtstag, Wien 1983.

Eckhard Müller-Mertens, Geschichtliche Würdigung der Goldenen Bulle, in: *Wolfgang D. Fritz*, Die Goldene Bulle. Das Reichsgesetz Kaiser Karls Ⅳ. vom Jahre 1356, Weimar 1978.

Christian Neschwara, Kelsen als Verfassungsrichter. Seine Rolle in der Dispensehen-Kontroverse, in: *Stanley L. Paulson*, *Michael Stolleis* (Hrsg.), Hans Kelsen. Staatsrechtslehrer und Rechtstheoretiker des 20. Jahrhunderts, Tübingen 2005.

Theo Öhlinger, Die Entstehung und Entfaltung des österreichischen Modells der Verfassungsgerichtsbarkeit, in: *Bernd-Christian Funk* u. a. (Hrsg.), Der Rechtsstaat vor neuen Herausforderungen. Festschrift für *Ludwig Adamovich* zum 70. Geburtstag, Wien 2002.

Theo Öhlinger, Hans Kelsen—Vater der österreichischen Bundesverfassung?, in: *Gerald Kohl* u. a. (Hrsg.), Festschrift für *Wilhelm*

Brauneder zum 65. Geburtstag. Rechtsgeschichte mit internationaler Perspektive, Wien 2008.

Theo Öhlinger, Verfassungsgerichtsbarkeit und parlamentarische Demokratie, in: *Heinz Schäffer* (Hrsg.), Im Dienst an Staat und Recht. Internationale Festschrift *Erwin Melichar* zum 70. Geburtstag, Wien 1983.

Thomas Olechowski, Der Beitrag Hans Kelsens zur österreichischen Bundesverfassung, in: *Robert Walter*, *Werner Ogris*, *Thomas Olechowski* (Hrsg.), Hans Kelsen: Leben-Werk-Wirksamkeit, Wien 2009.

Helmut Quaritsch, "Kirchen und Staat. Verfassungs-und Staatstheoretische Probleme der Staatskirchenrechtlichen Lehre der Gegenwart", in: Der Staat 1 (1962).

Johannes Michael Rainer, Zur Entstehung des ABGB, in: *Michael Geistlinger* u. a. (Hrsg.), 200 Jahre ABGB—Ausstrahlungen. Die Bedeutung der Kodifikation für andere Staaten und andere Rechtskulturen, Wien 2011.

Trutz Rendtorff, Religion und Konfession. Zur Bedeutung des Westfälischen Friedens von 1648 für den politischen Rechtsfrieden, in: Leviathan, Vol. 27, No. 2, 1999.

Georg Schmitz, The constitutional Court of the Republic of Austria 1918 - 1920, in: Ratio Juris 16 (June 2003).

Meinhard Schröder, Der Westfälische Friede—eine Epochengrenze in der Völkerrechtsentwicklung?, in: *Meinhard Schröder* (Hrsg.),

350 Jahre Westfälischer Friede: Verfassungsgeschichte, Staatskirchenrecht, Völkerrechtsgeschichte, Berlin: Duncker & Humblot GmbH, 1999.

Thomas Simon, Was ist und wozu dient Gesetzgebung? Kodifikation und Steuerungsgesetzgebung: Zwei Grundfunktionen legislativer Normsetzung, in: *Gerald Kohl*, *Christian Neschwara*, *Thomas Simon* (Hrsg.), Festschrift für Wilhelm Brauneder zum 65. Geburtstag. Rechtsgeschichte mit internationaler Perspektive, Wien 2008.

Thomas Simon, Die Föderalisierung des Kaisertums Österreich nach 1860 und der Gedanke der Selbstverwaltung, in: *Helmut Neuhaus* (Hrsg.), Selbstverwaltung in der Geschichte Europas in Mittelalter und Neuzeit. Tagung der Vereinigung für Verfassungsgeschichte in Hofgeismar vom 10. bis 12. März 2008 (= Der Staat, Beiheft 19), Berlin 2010.

Christian Starck, Vorrang der Verfassung und Verfassungsgerichtsbarkeit, in: *Christian Starck*, *Albert Weber* (Hrsg.), Verfassungsgerichtsbarkeit in Westeuropa, Teilband 1: Berichte, Baden-Baden 1986.

Heinrich Triepel, Wesen und Entwicklung der Staatsgerichtsbarkeit, in: VVDStRL 5 (1929).

Michel Troper, Kelsen und die Kontrolle der Verfassungsmäßigkeit, in: *Agostino Carrino*, *Günther Winkler* (Hrsg.), Rechtserfahrung und Reine Rechtslehre, Wien-New York 1995.

Michel Troper, "The Guardian of the Constitution"—Hans Kelsen's

Evaluation of a Legal Concept, in: *Dan Diner*, *Michael Stolleis* (eds.), Hans Kelsen and Carl Schmitt: A Juxtaposition, Gerlingen 1999.

Paul Vittorelli, Zehn Jahre Verfassungsgerichtshof, in: Zeitschrift für Öffentliches Recht (Band 8, 1929).

Robert Walter, Die mitteleuropäische Verfassungsgerichtsbarkeit und die Reine Rechtslehre, in: Österreichische Richterzeitung 12 (1993).

Moriz Wellspacher, Das Naturrecht und das allgemeine bürgerliche Gesetzbuch, in: Festschrift zur Jahrhundertfeier des Allgemeinen Bürgerlichen Gesetzbuches (Erster Teil), Wien 1911.

Ewald Wiederin, Der österreichische Verfassungsgerichtshof als Schöpfung Hans Kelsens und sein Modellcharakter als eigenständiges Verfassungsgericht, in: *Thomas Simon*, *Johannes Kalwoda* (Hrsg.), Schutz der Verfassung. Normen, Institutionen, Höchst-und Verfassungsgerichte, Berlin 2014.

Thomas Zavadil, Die Parteienvereinbarungen über den Verfassungsgerichtshof und die Bundes-Verfassungsnovelle 1929, in: *Thomas Angerer* u. a. (Hrsg.), Geschichte und Recht. Festschrift für Gerald Stourzh zum 70. Geburtstag, Wien-Köln-Weimar 1999.

Franz von Zeiller, Notwendigkeit eines einheimischen bürgerlichen Privatrechts, in: *Franz von Zeiller*, Grundsätze der Gesetzgebung 1806/09 (Hg. von *Erik Wolf*), Frankfurt am Main 1948.

Hofrath von Zeiller, Abhandlung über die Principien des allgemeinen bürgerlichen Gesetzbuches für die gesammten deutschen Erbländer der österreichischen Monarchie, in: *Wilhelm Brauneder* (Hrsg.), Abhandlung über die Principien des allgemeinen bürgerlichen Gesetzbuches für die gesammten deutschen Erbländer der österreichischen Monarchie vom Hofrath von Zeiller (Wien 1816 – 1820) , Wien 1986.

附　录　汉斯·凯尔森著述目录*

1. 1905 年

Die Staatslehre des Dante Alighieri. Wiener Staatswissenschaftliche Studien, 6. Band, Ⅲ. Heft. Wien und Leipig 1905.（被译为意大利语、日语）

2. 1906 年

Wählerlisten und Reklamationsrecht. Unter Berücksichtigung der jüngsten Regierungsvorlage betreffend die Wahlreform. Juristische Blätter, 35. Jahrgang 1906.

---

* *Robert Walter*, *Clemens Jabloner und Klaus Zeleny* (Hrsg.), Hans Kelsens stete Aktualität (Schriftenreihe des Hans Kelsen-Instituts Band 25), Wien 2003, Anhang 2, S. 115ff.

3.1907 年

(1) **Kommentar zur österreichischen Reichsratswahlordnung** (Gesetz vom 26. Jänner 1907, RGBl. Nr. 17). Wien 1907.

(2) **Naturalisation und Heimatsberechtigung nach österreichischem Rechte**. Das österreichische Verwaltungsarchiv, 3. Jahrgang, 1907.

4.1910 年

(1) **Buchbesprechung** von: ornhak, C.: Allgemeine Staatslehre. 2. Auflage. Berlin 1909. Archiv für Sozialwissenschaft und Sozialpolitik, 31. Band, 1910.

(2) **Buchbesprechung** von: Bredt, J. V.: Die Zonenentiegnung und ihre Zulässigkeit in Preußen. Zugleich ein Beitrag zur Lehre vom öffentlichen Interesse. Leipzig 1909. Archiv für Sozialwissenschaft und Sozialpolitik, 31. Band, 1910.

(3) **Buchbesprechung** von: Hatschek, J.: Das Interpellationsrecht im Rahmen der modernen Ministerverantwortlichkeit. Eine rechtsvergleichende Studie. Leipzig 1909. Archiv für Sozialwissenschaft und Sozialpolitik, 31. Band, 1910.

(4) **Buchbesprechung** von: Lcbon, A.: Das Verfassungsrecht der französischen Republik. Tübingen 1909. —Saripolos, S.: Das Staatsrecht des Königreichs Griechenland. Tübingen 1909. —Eyschen: Das Staatsrecht des Großherzogtums Luxemburg. Tübingen 1910. Archiv für Sozialwissenschaft und Sozialpolitik, 31. Band, 1910.

(5) **Buchbesprechung** von: Spira, E.: Die Wahlpflicht.

Öffentlich-rechtliche Studie. Wien 1909. Archiv für Sozialwissenschaft und Sozialpolitik, 31. Band, 1910.

(6) **Buchbesprechung** von：Wieser, F. Freiherr von：Recht und Macht. Sechs Vorträge. Leipzig 1910. Archiv für Sozialwissenschaft und Sozialpolitik, 31. Band, 1910.

5. 1911 年

(1) **Hauptprobleme der Staatsrechtslehre entwickelt aus der Lehre vom Rechtssatze**. Tübingen 1911.（1923 年、1960 年、1984 年再版）（被译为英语、意大利语、日语、波兰语、塞尔维亚语、西班牙语）

(2) **Über Grenzen zwischen juristischer und soziologischer Methode**. Vortrag, gehalten in der Soziologischen Gesellschaft zu Wien. Tübingen 1911.（1970 年再版）（被译为英语、意大利语、日语、塞尔维亚语、西班牙语）

6. 1912 年

(1) **Buchbesprechung** von：Coermann, W.：Die Reichsverfassung und Reichsverwaltung. Ein Führer durch die Einrichtungen des Deutschen Reiches und seine Gesetzgebung. Kempten und München 1911. Archiv für Sozialwissenschaft und Sozialpolitik, 34. Band, 1912.

(2) **Buchbesprechung** von：Errera, P.：Das Staatsrecht des Königreichs Belgien. Tübingen 1909. —Freund, E.：Das öffentliche Recht der Vereinigten Staaten von Amerika. Tübingen 1911. —Schücking, W.：Das Staatsrecht des Großherzogtums Oldenburg.

Tübingen 1911. Archiv für Sozialwissenschaft und Sozialpolitik, 34. Band, 1912.

（3）**Buchbesprechung** von：Glambi-Campbell, P.：Abriß des Staats-und Verwaltungsrechts der Argentinischen Republik. Hannover 1911. Archiv für Sozialwissenschaft und Sozialpolitik, 34. Band, 1912.

（4）**Buchbesprechung** von：Krasny, A.：Die Aufgaben der Elektrizitätsgesetzgebung, mit dem Entwurfe eines allgemeinen Elektrizitätsgesetzes. Wien 1910. Zeitschrift für Volkswirtschaft, Sozialpolitik und Verwaltung, 21. Band, 1912.

（5）**Industrieförderung in Rumänien**. Das Handelsmuseum, 27. Band, Nr. 7, 15. Februar 1912.

（6）**Zur Soziologie des Rechtes. Kritische Betrachtungen**. Archiv für Sozialwissenschaft und Sozialpolitik, 34. Band, 1912.（被译为意大利语）

7. 1913 年

（1）**Buchbesprechung** von：Menzel, A.：Naturrecht und Soziologie. Wien und Leipzig 1912. Archiv für die Geschichte des Sozialismus und der Arbeiterbewegung, 5. Band, 1913.（被译为意大利语）

（2）**Der Buchforderungseskont und die inakzeptabledeckungsberechtigende Tratte**. Das Handelsmuseum, 28. Band, Nr. 24, 12. Juni 1913.

（3）**Politische Weltanschauung und Erziehung**. Annalen für soziale Politik und Gesetzgebung, 2. Band, 1913.（被译为意大利语）

（4）**Rechtsstaat und Staatsrecht**. Österreichische Rundschau, 36. Band, 1913.（被译为意大利语）

（5）**Rudolf von Jhering in Briefen**. Neue Freie Presse (Wien), Nr. 17423, 23. Februar 1913.

（6）**Über Staatsunrecht. Zugleich ein Beitrag zur Frage der Deliktsfähigkeit juristischer Personen und zur Lehre vom fehlerhaften Staatsakt**. Grünhuts Zeitschrift für das Privat-und öffentliche Recht der Gegenwart, 40. Band, 1913.（被译为意大利语）

（7）**Zur Lehre vom Gesetz im formellen und materiellen Sinn, mit besonderer Berücksichtung der österreichischen Verfassung**. Juristische Blätter, 42. Jahrgang, 1913.（被译为意大利语）

（8）**Zur Lehre vom öffentlichen Rechtsgeschäft**. Archiv des öffentlichen Rechts, 31. Band, 1913.

（9）**Die böhmische Verwaltungskommission vor dem Verwaltungsgerichtshof**. Neue Freie Presse (Wien), Nr. 17673, 5. November 1913.

8. 1914 年

（1）**Sociologická a právnická idea státní**. Übersetzt von Karel Engliš. Sborník věd právních a státních, 14. Band, 1914.

（2）**Buchbesprechung** von: Spiegel, L.: Gesetz und Recht. Vorträge und Aufsätze zur Rechtsquellentheorie. München und Leipzig 1913. Österreichische Zeitschrift für öfftenliches Recht, 1. Band, 1914.

（3）**Reichsgesetz und Landesgesetz nach österreichischer Ver-**

fassung. Archiv des öffentlichen Rechts, 32. Band, 1914.

9. 1915 年

(1) **Buchbesprechung** von: Pitamic, L.: Die parlamentarische Mitwirkung bei Staatsverträgen in Österreich. Leipzig und Wien 1915. Österreichische Zeitschrift für öfftenliches Recht, 2. Band, 1915.

(2) **Eine Grundlegung der Rechtssoziologie**. Archiv für Sozialwissenschaft und Sozialpolitik, 39. Band, 1915. (被译为意大利语)

10. 1916 年

(1) **Die Rechtswissenschaft als Norm-oder als Kulturwissenschaft. Eine methodenkritische Untersuchung**. Schmollers Jahrbuch für Gesetzgebung, Verwaltung und Volkswirtschaft im Deutschen Reiche, 40. Jahrgang, 1916. (被译为意大利语、日语)

(2) **Replik**. Archiv für Sozialwissenschaft und Sozialpolitik, 41. Band, 1916. (被译为意大利语)

(3) **Schlußwort**. Archiv für Sozialwissenschaft und Sozialpolitik, 42. Band, 1916. (被译为意大利语)

11. 1917 年

Zur Reform der verfassungsrechtlichen Grundlagen der Wehrmacht Österreich-Ungarns. Zeitschrift für Militärrecht, 1. Band, 1917.

12. 1918 年

(1) **Buchbesprechung** von: Laun, R.: Zur Nationalitätenfrage. Haag 1917. Österreichische Zeitschrift für öfftenliches Recht, 3. Band, 1918.

(2) **Buchbesprechung** von: Wurmbrand, N.: Die rechtliche Stellung Bosniens und der Herzegowina. Leipzig und Wien 1915. Österreichische Zeitschrift für öfftenliches Recht, 3. Band, 1918.

(3) **Ein einfaches Proportionalwahlsystem**. Arbeiter-Zeitung (Wien), 30. Jahrgang, Nr. 321, 24. November 1918.

(4) **Der Proporz im Wahlordnungsentwurf**. Neue Freie Presse (Wien), Nr. 19494, 1. Dezember 1918.

(5) **Die Verfassungsnovelle**. Neue Freie Presse (Wien), Nr. 19513, 20. Dezember 1918.

(6) **Die verfassungsrechtliche Stellung des Staatskanzlers**. Arbeiter-Zeitung (Wien), 30. Jahrgang, Nr. 354, 28. Dezember 1918.

13. 1919 年

(1) **Edmund Bernatzik**. Zeitschrift für öffentliches Recht, 1. Band, 1919/1920.

(2) **Zur Theorie der juristischen Fiktionen. Mit besonderer Berücksichtigung von Vaihingers Philosophie des Als Ob**. Annalen der Philosophie, 1. Band, 1919.(被译为意大利语)

(3) **Das Proportionalsystem**. Der österreichische Volkswirt, 1919.

(4) **Buchbesprechung** von: Layer, M.: Zur Lehre vom öffentlich-rechtlich Vertrag. Graz und Leipzig 1916. Zeitschrift für öfftenliches Recht, 1. Band, 1919/1920.

(5) **Die Organisation der vollziehenden Gewalt Deutschösterreichs nach der Gesetzgebung der konstituierenden Nationalver-**

sammlung. Zeitschrift für öfftenliches Recht, 1. Band, 1919/1920.

(6) **Die Stellung der Länder in der künfigen Verfassung Deutschösterreichs**. Zeitschrift für öfftenliches Recht, 1. Band, 1919/1920.

(7) **Wesen und Wert der Demokratie**. Vortrag, gehalten vor der Vollsammlung der Wiener Juristischen Gesellschaft am 5. November 1919. Juristische Blätter, 48. Jahrgang, 1919.

(8) **Die Verfassungsgesetze der Republik Deutschösterreich. Mit einer historischen Übersicht und kritischen Erläuterungen herausgegeben**. Wien und Leipzig 1919.

14. 1920 年

(1) **Buchbesprechung** von: Gerlich, F.: Der Kommunismus als Lehre vom Tausendjährigen Reich. München 1920. Archiv für die Geschichte des Sozialismus und der Arbeiterbewegung, 9. Jahrgang, 1920.

(2) **Zum Bundesverfassungsentwurf des Tiroler Landtages**. Neue Freie Presse (Wien), 10. Jänner 1920.

(3) **Der Vorentwurf der österreichischen Verfassung**. Neue Freie Presse (Wien), 11. Februar 1920.

(4) **Die ökonomische und die politische Theorie des Marxismus. Eine Selbstanzeige**. Der österreichische Volkswirt, 12. Jahrgang, 1920.

(5) **Das Problem der Souveränität und die Theorie des Völkerrechts. Beitrag zu einer reinen Rechtslehre**. Tübingen 1920.

（被译为意大利语）

（6）**Sozialismus und Staat. Eine Untersuchung der politischen Theorie des Marxismus**. Leipzig 1920.

（7）**Die Verfassung Deutschösterreichs**. Jahrbuch des öffentlichen Rechts der Gegenwart, 9. Band, 1920.

（8）**Die Verfassungsgesetze der Republik Österreich. Mit einer historischen Übersicht und kritischen Erläuterungen herausgegeben**. Bundesverfassung（Textausgabe）. Wien und Leipzig 1920.

（9）**Vom Wesen und Wert der Demokratie**. Tübingen 1920.（被译为意大利语、日语、塞尔维亚语）

15. 1921 年

（1）**Buchbesprechung** von：Lenz, F.：Staat und Marxismus. Stuttgart und Berlin 1921. Archiv für die Geschichte des Sozialismus und der Arbeiterbewegung, 10. Jahrgang, 1921.

（2）**Demokratisierung der Verwaltung**. Zeitschrift für Verwaltung, 54. Jahrgang, 1921.（被译为意大利语）

（3）**Eugen Hubers Lehre vom Wesen des Rechts**. Schweizerische Zeitschrift für Strafrecht, 34. Jahrgang, 1921.

（4）**Die Not der Universität**. Neue Freie Presse（Wien）, Nr. 20409, 24. Juni 1921.

（5）**Der Staatsbegriff der „verstehenden Soziologie"**. Zeitschrift für Volkswirtschaft und Sozialpolitik, Neue Folge, 1. Band, 1921.（被译为意大利语、西班牙语）

（6）**Das Verhältnis von Staat und Recht im Lichte der**

Erkenntniskritik. Zeitschrift für öfftenliches Recht, 2. Band, 1921. (被译为意大利语)

(7) **Zu Professor Friedrich Wiesers 70. Geburtstag**. Neue Freie Presse (Wien), Nr. 20425, 10. Juli 1921.

16. 1922 年

(1) **Der Begriff des Staates und die Sozialpsychologie. Mit besonderer Berücksichtigung von Freuds Theorie der Masse**. Imago. Zeitschrift für Anwendung der Psychoanalyse auf die Geisteswissenschaften, 8. Jahrgang, 1922. (被译为英语、法语、意大利语、葡萄牙语、西班牙语)

(2) **Rechtswissenschaft und Recht. Erledigung eines Versuchs zur Überwindung der „Rechtsdogmatik"**. Wien und Leipzig 1922.

(3) **In eigener Sache**. Zeitschrift für öfftenliches Recht, 3. Band, 1922.

(4) **Österreich als Bundesstaat**. Österreichische Rundschau, 18. Jahrgang, 1922.

(5) **Der soziologische und der juristische Staatsbegriff. Kritische Untersuchung des Verhältnisses von Staat und Recht**. Tübingen 1922. (1928 年、1977 年再版)(被译为意大利语、日语)

(6) **Staat und Recht. Zum Problem der soziologischen oder juristischen Erkenntnis des Staates**. Kölner Vierteljahrshefte für Sozialwissenschaften. Zeitschrift des Forschungsinstituts für Sozialwissenschaften in Köln, Reihe A.: Soziologische Hefte, zugleich Mitteilungen der deutschen Gesellllschaft für Soziologie, 2. Jahrgang, 1922.

（被译为意大利语）

（7）**Die Verfassung Österreichs**. Jahrbuch des öffentlichen Rechts der Gegenwart, 11. Band, 1922.

（8）**Die Verfassungsgesetze der Republik Österreich. Mit historischen Einleitungen und kritischen Erläuterungen herausgegeben**. Herausgegeben in Verbindung mit Dr. Georg Froehlich und Dr. Adolf Merkl. Wien und Leipzig 1922.

（9）**Michael Mayr**. Neue Freie Presse（Wien）, Nr. 20740, 27. Mai 1922.

（10）**Zur Besetzung der nationalökonomischen Lehrkanzel an der Wiener juristischen Fakultät**. Neue Freie Presse（Wien）, Nr. 20923, 7. Dezember 1922.

（11）**Gott und Staat**. Logos, Interantionale Zeitschrift für Philosophie der Kultur, 11. Band, 1922/1923.（被译为英语、意大利语、日语、西班牙语）

17.1923 年

（1）**Buchbesprechung** von：Mautner, W.：Der Bolschewismus. Voraussetzungen, Geschichte, Theorie. Zugleich eine Untersuchung seines Verhältnissses zum Marxismus. Stuttgart 1920. 2. Aufl. 1922. Archiv für die Geschichte des Sozialimsu und der Arbeiterbewegung, 11. Jahrgang, 1923.

（2）**Josef Schey**. Frankfurter Zeitung, Nr. 207, 19. März 1923.

（3）**Julius Ofners Rechtsphilosophie**. Neue Freie Presse（Wien）, Nr. 21251, 7. November 1923.

(4) **Österreichisches Staatsrecht**. Ein Grundriß entwicklungsgeschichtlich dargestellt. Tübingen 1923. (1970 年、1981 年再版)

(5) **Die Politische Theorie des Sozialismus**. Österreichische Rundschau, 19. Jahrgang, 1923. (被译为西班牙语)

(6) **Der Proporz in der neuen Wahlordnung für den Nationalrat.** Neue Freie Presse (Wien), Nr. 21184, 31. August 1923.

(7) **Der Rechtsschutz für die dienstrechtlichen Ansprüche der Staatsbeamten**. Gerichts-Zeitung, 74. Jahrgang, 1923.

(8) **Sozialismus und Staat. Eine Untersuchung der politischen Theorie des Marxismus**. Zweite erweiterte Auflage. Leipzig 1923. (被译为意大利语、日语、西班牙语)

(9) **Das Verhältnis von Gesetz und Verordnung nach der cechoslovakischen Verfassungsurkunde**. Parlament 1923.

(10) **Die Verfassung Österreichs**. Jahrbuch des öffentlichen Rechts, 12. Band, 1923/1924.

(11) **Verfassungs-und Verwaltungsgerichtsbarkeit im Dienste des Bundesstaates, nach der neuen österreichischen Bundesverfassung vom 1. Oktober 1920**. Zeitschrift für Schweizerisches Recht, Neue Folge, 42. Band, 1923/1924. (被译为意大利语、葡萄牙语)

18. 1924 年

(1) **Franz Oppenheimer. Zu seinem sechtigsten Geburtstag**. Neue Freie Presse (Wien), Nr. 21391, 30. März 1924.

(2) **Für die Vollendung der Verfassung!** Neue Freie Presse (Wien), Nr. 21487, 6. Juli 1924.

(3) **Der Bund und die Länder**. Neue Freie Presse (Wien), Nr. 21620, 20. November 1924.

(4) **Der Bundespräsident. Anläßlich der Wiederwahl Dr. Michael Hainisch**. Neue Freie Presse (Wien), Nr. 21639, 10. Dezember 1924.

(5) **Diritto pubblico e privato. Rivista Internationale di Filosofia del Diritto**, 4. Jahrgang, 1924.

(6) **Die Lehre von den drei Gewalten oder Funktionen des Staates**. Kant-Festschrift zu Kants 200. Geburtstag am 22. April 1924. (被译为意大利语)

(7) **Marx oder Lassalle. Wandlungen in der politischen Theorie des Marxismus**. Leipzig 1924. (被译为意大利语、日语)

(8) **Otto Bauers politische Theorien**. Der Kampf, 17. Band, 1924.

(9) **Die politische Theorie Lassalles**. Neue Freie Presse (Wien), Nr. 21405, 13. April 1924.

(10) **Gutachten zur Frage der österreichischen Staatsbürgerschaft des Fürsten Thurn und Taxis. Beiträge zur Kritik des Rechtsgutachtens über die Frage der österreichischen Staatsbürgerschaft des Fürsten von Thurn und Taxis**. Ohne Herausgeber. Zagreb 1924.

19. 1925 年

(1) **Allgemeine Staatslehre**. Berlin 1925. (1966 年、1993 年再版)(被译为日语、汉语、西班牙语)

(2) **Die Aenderung der Kompetenzbestimmungen in der Verfassungsreform.** Neue Freie Presse (Wien), Nr. 21804, 27. Mai 1925.

(3) **Buchbesprechung** von: Adamovich, L. und Fröhlich, L.: Die österreichishen Verfassungsgesetze des Bundes und der Länder mit den Ausführungs-und Nebengesetzen und Erkenntnissen des Verfassungs-und Verwaltungsgerichtshofs. Wien 1925. Neue Freie Presse (Wien), Nr. 21776, 29. April 1925.

(4) **Ferdinand Lassale**. Neue Freie Presse (Wien), Nr. 21759, 11. April 1925.

(5) **Friedrich Tezner**. Neues Wiener Tagblatt, 59. Jahrgang, Nr. 164, 14. Juni 1925.

(6) **Das Kompromiß in der Verfassungsfrage**. Der Inhalt der endgültigen Vorlagen. Neue Freie Presse (Wien), Nr. 21800, 23. Mai 1925.

(7) **Das Problem des Parlamentarismus**. Wien und Leipzig 1925.(被译为意大利语、日语、波兰语、葡萄牙语、西班牙语、捷克语)

(8) **Souveränität, Völkerrechtliche. Wörterbuch des Völkerrechts und der Diplomatie. Begonnen von Julius Hatschek**. Berlin und Leipzig 1925.

(9) **Staat und Völkerrecht**. Zeitschrift für öffentliches Recht, 4. Band, 1925.

(10) **Die Vollendung der Bundesverfassung**. Neue Freie Presse

(Wien), Nr. 21734, 17. März 1925.

(11) **Die Vollendung der Bundesverfassung. Rechnungshof und Verwaltungsgerichtshof**. Neue Freie Presse (Wien), Nr. 21744, 27. März 1925.

(12) **Die Vollendung der Bundesverfassung. Verfassungsgerichtshof**. Neue Freie Presse (Wien), Nr. 21792, 15. März 1925.

20. 1926 年

(1) **Staatsform als Rechtsform**. Zeitschrift für öffentliches Recht, 5. Band, 1926.

(2) **Bemerkungen zur Chilenischen Verfassung**. Zeitschrift für öffentliches Recht, 5. Band, 1926.

(3) **Demokratie**. Der deutsche Volkswirt, 1. Jahrgang, 1926.

(4) **Diskussionsreden**. Stenographische Verhandlungsschrift über die Mittwoch, den 12. Mai 1926 im Prälatensaale des n. ö. Landhauses, Wien, Ⅰ., Herrengassse 13. Wien 1926.

(5) **Grundriß einer allgemeinen Theorie des Staates**. Als Manuskript gedruckt. Wien 1926.（被译为汉语、法语、希腊语、意大利语、日语、葡萄牙语、罗马尼亚语、西班牙语、捷克语、匈牙利语）

(6) **Die räumliche Gliederung des Staates, Theorie der Zentralisation und Dezentralisation und zugleich der Staaten-Verbindungen**. Revista de drept public. Organ al intitutului de stiinite administrative din Romania, 1. Band, 1926.（被译为罗马尼亚语）

(7) **Die proportionale Einerwahl. Vorschlag eines neuen Wahlsystems**. Neue Freie Presse (Wien), Nr. 22090, 14. März 1926.

(8) **Robert Neumann-Ettenreich**. Neues Wiener Tagblatt, 60. Jahrgang, Nr. 86, 27. März 1926.

(9) **Rudolf Herrnritts „Oesterreichisches Verwaltungsrecht“**. Neue Freie Presse (Wien), Nr. 22096, 20. März 1926.

(10) **Der Staat als Übermensch**. Eine Erwiderung. Wien 1926. (被译为意大利语)

(11) **Die Unzufriedenheit mit dem Wahlrecht. Für Einzelwahlen an Stelle der Listen**. Neue Freie Presse (Wien), Nr. 22088, 12. März 1926.

(12) **Die Vollendung der österreichischen Bundesverfassung**. Zeitschrift für Politik, 15. Band, 1926.

(13) **Das Wesen des Staates**. Internationale Zeitschrift für Theorie des Rechts, 1. Jahrgang, 1926. (被译为法语、意大利语)

(14) **Zur Anschlussfrage**. Republikanische Hochschul-Zeitung (München), 2. Jahrgang, 1926.

(15) **Zur Soziologie der Demokratie**. Der oesterreichische Volkswirt, 19. Jahrgang, 1926. (被译为意大利语)

(16) **Les rapports de système entre le droit interne et le droit international public**. Académie de droit international, Recueil des cours, 14. Band, 1926.

21. 1927 年

(1) **Die Bundesexekution. Ein Beitrag zur Theorie und Praxis des Bundesstaates, unter besonderer Berücksichtigung der deutschen Reichs-und der österreichischen Bundes-Verfassung**. Festgabe

für Fritz Fleiner zum 60. Geburtstag (24. Januar 1927). Herausgegeben von Zaccaria Giacometti und Dietrich Schindler. Tübingen 1927. (被译为意大利语、葡萄牙语)

(2) **Vortrag über die „Demokratie“ und Schlusswort in der Diskussion über „Demokratie“**. Verhandlungen des Fünften Deutschen Soziologentrages vom 26. bis 29. September 1926 in Wien. Tübingen 1927. (被译为意大利语、日语)

(3) **Diskussionsrede**. Die Gleichheit vor dem Gesetz im Sinne des Art. 109 der Reichsverfassung. Einfluss des Steuerrechts auf die Begriffsbildung des öffentlichen Rechts. Berlin und Leipzig 1927.

(4) **Geleitwort**. Erich Bernheimer: Probleme der Rechtsphilosophie. Berlin-Grunewald 1927.

(5) **Gutachten über die Frage der Entstehung des cechoslovakischen Staates und der cechoslovakischen Staatsbürgerschaft**. Prag 1927. (被译为法语)

(6) **Verfassung**. Handwörterbuch der Rechtswissenschaft. Herausgegeben von Fritz Stier-Somlo und Alexander Elster. 2. Band. Berlin und Leipzig 1927.

(7) **Der Staatsbegriff und die Psychoanalyse**. Almanach für das Jahr 1927. Herausgegeben von A. J. Storfer. Wien 1927. (被译为意大利语)

(8) **Die staatsrechtliche Durchführung des Anschlusses Österreichs an das Deutsche Reich**. Wien 1927.

(9) **Die Verfassung Oesterreichs**. Jahrbuch des öffentlichen Re-

chts, 15. Band, 1927.

(10) **Die Idee des Naturrechtes**. Zeitschrift für öffentliches Recht, 7. Band, 1927/1928. (被译为英语、希伯来语、意大利语、日语、西班牙语)

(11) **Naturrecht und positives Recht. Eine Untersuchung ihres gegenseitigen Verhältnisses**. Internationale Zeitschrift für Theorie des Rechts, 2. Jahrgang, 1927/1928.

(12) **Zum Begriff des Kompetenzkonfliktes**. Zeitschrift für öffentliches Recht, 7. Band, 1927/1928.

22. 1928 年

(1) **Der Begriff des Kompetenzkonfliktes nach geltendem österreichischen Recht**. Juristische Blätter, 57. Jahrgang, 1928.

(2) **Diskussionsreden**. Das Recht der freien Meinungsäusserung. Der Begriff des Gesetzes in der Reichsverfassung. Berlin und Leipzig 1928.

(3) **Die Philosophischen Grundlagen der Naturrechtslehre und des Rechtspositivismus**. Charlottenburg 1928. (被译为英语、意大利语、日语、西班牙语)

(4) **Rechtsgeschichte gegen Rechtsphilosophie? Eine Erwiderung**. Wien 1928.

23. 1929 年

(1) **Betrachtungen zur Verfassungsreform in Oesterreich**. St. Galler Tagblatt, 89. Jahrgang, Nr. 510, 30. Oktober 1929.

(2) **Diskussionsrede**. Wesen und Entwicklung der Staatsgerichts-

barkeit. Berlin und Leipzig 1929.

(3) **Der Drang zur Verfassungsreform. Eine Folge der politischen Machtverschiebung**. Neue Freie Presse (Wien), Nr. 23370, 6. Oktober 1929.（被译为意大利语、葡萄牙语）

(4) **La garantie juridictionnelle de la Constitution** (La Justice constitutionelle). Rapport présenté à la session de 1928. Annuarie de l'Insititut International de Droit Public 1929. Paris: Les Presses Universitaires de France 1929.（被译为意大利语、西班牙语）

(5) **Geschwornengericht und Demokratie. Das Prinzip der Legalität**. Neue Freie Presse (Wien), Nr. 23128, 3. Februar 1929.

(6) **Die Grundzüge der Verfassungsreform. Umgestaltung der Gesetzgebung**. Neue Freie Presse (Wien), Nr. 23384, 20. Oktober 1929.（被译为意大利语、葡萄牙语）

(7) **Juristischer Formalismus und reine Rechtslehre**. Juristische Wochenschrift, 58. Jahrgang, 1929.（被译为意大利语、捷克语、英语）

(8) **Justiz und Verwaltung**. Wien 1929.（被译为意大利语）

(9) **Karl Brockhausen. Zu seinem siebzigsten Geburtstag**. Neue Freie Presse (Wien), Nr. 23229, 9. Mai 1929.

(10) **Die österreichische Verfassungsreform**. Der oesterreichische Volkswirt, 22. Jahrgang, 1929.

(11) **Die Reform der Wiener Verfassung. Ein Landesverwaltungsgerichtshof als zweite Instanz**. Die Stunde (Wien), 7. Jahrgang, Nr. 1989, 26. Oktober 1929.

(12) **Souveränität**. Die neue Rundschau, 40. Jahrgang, 1929.

(13) **Staatsrechtliches Gutachten**. Mit einem Vorwort der Parteileitung der Liechtensteinischen Volkspartei. Ohne Orts-und Jahresangabe.

(14) **Die Verfassungskrisis in Oesterreich**. Frankfurter Zeitung und Handelsblatt, 74. Jahrgang, Nr. 746, 6. Oktober 1929.

(15) **Die Verfassungsreform**. Juristische Blätter, 58. Jahrgang, 1929.

(16) **Verfassungsreform in Österreich**. Die Justiz, 5. Band, 1929.

(17) **Vom Wesen und Wert der Demokratie**. Zweite umgearbeitete Auflage. Tübingen 1929.(被译为法语、意大利语、日语、韩语、波兰语、葡萄牙语、西班牙语、捷克语、土耳其语、英语、爱沙尼亚语)

(18) **Vorrede** des Herausgebers zu Bund X der Wiener Staats- und Rechtswissenschaftlichen Studien (Neue Folge der Wiener Staatswissenschaftlichen Studien). Wien und Leipzig 1929.

(19) **Mitbericht und Schlusswort**. Wesen und Entwicklung der Staatsgerichtsbarkeit. Berlin und Leipzig 1929.(被译为法语、葡萄牙语、西班牙语)

(20) **Wien und die Länder im Regierungsentwurf**. Der Morgen (Wien), 28. Oktober 1929.

24. 1930 年

(1) **Die Entwicklung des Staatsrechts in Oesterreich seit dem**

Jahre 1918. Handbuch des Deutschen Staatsrechts. Herausgegeben von Gerhard Anschütz und Richard Thoma. 1. Band. Tübingen 1930.

(2) **Ein freiheitliches Wahlverfahren. Deutschland vor neuen Aufgaben**. Frankfurter Zeitung, Reichsausgabe, Nr. 526 – 528, 18. Juli 1930.

(3) **Die proportionale Einerwahl**. Neue Leipziger Zeitung, Nr. 12, 12. Januar 1930.

(4) **Der Staat als Integration. Eine pinzipielle Auseinandersetzung**. Wien 1930.（被译为意大利语、日语、韩语、西班牙语）

(5) **Die Verfassung Österreichs** (Fortsetzung). Jahrbuch des öffentlichen Rechts, 18. Band, 1930.

(6) **Wahlreform**. Das Tagebuch, 11. Jahrgang, 1930.

25. 1931 年

(1) **Allgemeine Rechtslehre im Lichte materialistischer Geschichtsauffassung**. Archiv für Sozialwissenschaft und Sozialpolitik, 66. Band, 1931.（被译为意大利语）

(2) **Buchbesprechung** von: Nipperdey, H. C. (Herausgeber): Die Grundrechte und Grundpflichten der Reichsverfassung. Kommentar zum zweiten Teil der Reichsverfassung. 2. Band. Berlin 1930. Juristische Wochenschrift, 60. Jahrgang, 1931.

(3) **Buchbesprechung** von: Kunz, J. L.: Die Staatenverbindungen, Stuttgart 1929. Zeitschrift für öffentliches Recht, 11. Band, 1931.

(4) **Der Fall Frieders** (**Buchbesprechung** von: Jastrow, J.: Der

angekalgte Staatsanwalt. Geschichte der Verurteilung eines Unschuldigen. Berlin 1930). Die Literatur. Beilage zur Kölnischen Zeitung vom 23. August 1931.

(5) **De gerechtigheid bij Plato**. Utrechtsch Dagbald, Nr. 278, 24. Novermber 1931.

(6) **Ist eine Zollunion zwischen Deutschland und Oesterreich völkerrechtlich zulässig?** Kölnische Zeitung, Nr. 166, 25. März 1931.

(7) **Der Wandel des Souveränitätsbegriffes**. Studi Filosofico-Giuridici dedicati a Giorgio Del Vecchio. Modena 1931. (被译为匈牙利语)

(8) **Wer soll der Hüter der Verfassung sein?** Die Justiz, 6. Band, 1931. (被译为意大利语、韩语、葡萄牙语、塞尔维亚语、西班牙语、匈牙利语)

(9) **Zollunion und Völkerrecht. Der deutsche Volkswirt**. Zeitschrift für Politik und Wirtschaft, 5. Jahrgang, 1931.

26. 1932 年

(1) **Fritz Stier-Somlo**. Worte des Abschieds. Kölner Universitäts-Zeitung, 14. Jahrgang, Nr. 1, 16. April 1932.

(2) **Geleitwort**. Heinrich Engländer: Die Staatenlosen. Wien 1932. (被译为西班牙语)

(3) **Gegen die Todesstrafe!** Wiener Allgemeine Zeitung, 21. Februar 1932.

(4) **Rechtstechnik und Abrüstung**. Der deutsche Volkswirt.

Zeitschrift für Politik und Wirtschaft, 6. Jahrgang, 1932.

(5) **La technique du droit et l'organisation de la paix**. La théorie du droit devant le problème du désarmement. Journal des Nations (Genf), 2. Jahrgang, Nr. 135, 3. Februar 1932.

(6) **Unrecht und Unrechtsfolge im Völkerrecht**. Zeitschrift für öffentliches Recht, 12. Band, 1932.

(7) **Das Urteil des Staatsgerichtshofs vom 25. Oktober 1932**. Die Justiz, 8. Band, 1932.

(8) **Verteidigung der Demokratie**. Blätter der Staatspartei, 2. Jahrgang, 1932.(被译为意大利语、日语)

(9) **Prólogo**. E. F. Camus: Filosofia Jurídica Contemporánea. 1. Auflage. La Habana: Jesus Montero 1932.

(10) **Vorwort**. M. M. van Praag: Die Rechtsfuntionen. Haag 1932.

(11) **Théorie générale du droit international public.** Problèmes choisis. Académie de droit international, Recueil des cours, 42. Band, 1932.

27. 1933 年

(1) **Die hellenisch-makedonische Politik und die „Politik" des Aristoteles**. Zeitschrift für öffentliches Recht, 13. Band, 1933.(被译为英语、法语、意大利语、西班牙语)

(2) **Die Kriegsschuld-Frage im Lichte der Rechtswissenschaft. Die Friedens-Warte**. Blätter für internationale Verständigung und zwischenstaatliche Organisation, 33. Jahrgang, 1933.

（3）**Methode und Grundbegriff der reinen Rechtslehre**. Annalen der critische philosophie（Assen）, 3. Band, 1933.（被译为法语）

（4）**Die platonische Gerechtigkeit**. Kant-Studien. Philosophische Zeitschrift, 38. Band, 1933.（被译为英语、法语、日语、韩语、塞尔维亚语、西班牙语）

（5）**Die platonische Liebe**. Imago. Zeitschrift für psychoanalytische Psychologie, ihre Grenzgebiete und Anwendung, 19. Band, 1933.（被译为英语、意大利语、日语）

（6）**Staatsform und Weltanschauung**. Tübingen 1933.（被译为英语、意大利语、日语、韩语、西班牙语、捷克语）

28. 1934 年

（1）**A competencia da Assembléia Nacional Consitituinte**. Politica. Revista de Dereito Público, Legislaçǎo Social e Economia, 1. Jahrgang, 1934.

（2）**The Legal Process and International Order**. The New Commenwealth. Being the Monthly Organ of a Society fort he Promotion of International Law and Order, 2. Jahrgang, 1934.

（3）**Reine Rechtslehre. Einleitung in die rechtswissenschaftlichc Problematik**. Leipzig und Wien 1934.（1985 年、1994 年再版）（被译为英语、意大利语、日语、韩语、塞尔维亚语、西班牙语、匈牙利语、保加利亚语、汉语、波兰语、葡萄牙语、捷克语、瑞典语）

（4）**Die Technik des Völkerrechts und die Organisation des Friedens**. Zeitschrift für öffentliches Recht, 14. Band, 1934.（被译为英语、法语、西班牙语、波兰语）

(5) **Völkerrechtliche Verträge zu Lasten Dritter**. Prager Juristische Zeitschrift, 14. Jahrgang, 1934. (被译为法语)

(6) **Zur Theorie der Interpretation**. Zeitschrift für Theorie des Rechts. Offizielles Organ des „Insitut international de Philosophie du Droit et de Sociologie juridque", 8. Jahrgang, 1934. (被译为英语、意大利语、韩语)

(7) **Resümee und Diskussionsreden**. Seance du vendredi 5. octobre, apres-midi („La Dictature de Parti"). Session de 1934. Annuaire de l'Institut International de Droit Public 1935. Paris 1935.

(8) **Diskussionsreden**. Séance du vendredi 5. octobre, apresmidi (Georges Scelle, „Theorie du government international"). Session de 1934. Annuaire de l'Institut International de Droit Public 1935. Paris 1935.

29. 1936 年

(1) **L'ame le droit**. Annuaire de l'Institut International de Philosophie du Droit et de Sociologie Juridique. 1935 – 1936. Travaux de la seconde session. Droit, Morale, Moeurs. Paris: Recueil Sirey 1936. (被译为德语、英语、意大利语、日语、西班牙语)

(2) **Contribution ὰ la théorie du traité international**. Internationale Zeitschrift für Theorie des Rechts. Offiyielles Organ des „Institut International de Philosophie du Droit et de Sociologie Juridique", 10. Jahrgang, 1936.

(3) **Droit et état du point de vue d'une théorie pure**. Annales de l'Institut de Droit comparé de l'Université de Paris. Paris: Recueil

Sirey 1936.

(4) **Sanktionen sind Sache des Gerichtes!** Geneva Press Service. L'Agence quotidienne d'Informations concernant les questions et les événements de la Société des Nations, 10. Juli 1936.

(5) **La transformation du droit international en droit interne.** Revue Générale de Droit International Public, 43. Band, 1936.

(6) **Die Ziele der Reinen Rechtslehre.** Pocta k sesdesiatym narodeninam dr. Karla Lastovka. Bratislava: Knihovna pravnickej fakulty university Komenskeho v Bratislave, Svazok 45. 1936.（被译为英语、法语、意大利语）

(7) **Zur Diskussion über die allgemeinen Rechtsgrundsätze im Völkerrecht.** Offizielles Organ des „Institut international de Philosophie du Droit et de Sociologie juridique", 10. Jahrgang, 1936.

(8) **Lieber Doktor Bibo.** Tiszta Jogtan. Budapest 1988.（被译为匈牙利语）

30. 1937 年

(1) **Centralization and Decentralization.** A paper delivered at the Harvard Tercentanary Conference of Arts and Sciences. Übersetzt von Wolfgang Herbert Kraus. Harvard Tercentenary Publications. Authority and the Individual. Cambridge. Massachusetts: Harvard University Press. 1937.

(2) **Die Parteidiktatur.** Festschrift für Dolenc, Krek, Kusej und Skerlj, 2. Band. Ljubjana: Jugoslovanska Tiskarna, 1937.（被译为英语、法语、希腊语、日语、波兰语、西班牙语、匈牙利语）

(3) **Wissenschaft und Demokratie**. Neue Zürcher Zeitung, Nr. 321, 23. Februar 1937.

(4) **Zur rechtstechnischen Revision des Völkerbundstatutes**. Zeitschrift für öffentliches Recht, 17. Band, 1937. (被译为法语)

31. 1938 年

(1) **De la séparation du Pacte de la Société des Nations et des Traités de paix**. La Crise Mondiale. Collection d'études publiée à l'occasion du Dixième Anniversaire de l'Institut Universitare de Hautes Etudes Internationles par ses Professeurs. Zürich: Editions Polygraphiques 1938. (被译为英语)

(2) **Zur Lehre vom Primat des Völkerrechts**. Internationale Zeitschrift für Theorie des Rechts. Offizielles Organ des „Institut international de Philosophie du Droit et de Sociologie juridique", 12. Band, 1938. (被译为法语)

(3) **Zur Reform des Völkerbundes.** Prag 1938. (被译为土耳其语)

32. 1939 年

(1) **Causality and Retribution**. The Journal of Unified Science (Erknntnis), 9. Band, 1939.

(2) **Die Entstehung des Kausalgesetzes aus dem Vergeltungsprinzip**. The Journal of Unified Science (Erkenntnis), 8. Band, 1939. (被译为英语、意大利语、西班牙语、日语、韩语)

(3) **Legal Technique in international Law. A textual critique of the League Covenant**. Geneva Research Centre. Geneva Studies,

10. Band, Nr. 6, 1939.

(4)**Les résolution de la S. d. N. concernant la séparation du Pacte et des Traités de Paix**. Revue de droit international et de législation comparée, 66. Jahrgang, 1939.

(5)**Théorie du droit international coutumier**. Sborník pracík poctě šedesátych narozenin Františka Weyra. Prag: Orbis 1939.(被译为西班牙语)

(6)**Lieber und verehrter Freund!** Sborník pracík poctě šedesátych narozenin Františka Weyra. Prag: Orbis 1939.(被译为西班牙语)

33. 1941 年

(1)**Vergeltung und Kausalität. Eine soziologische Untersuchung**. The Hague: W. p. van Stockum; Chicago: The University of Chicago Press 1941.(被译为日语)

(2)**La Théorie Juridique de la Convention**. Paris: Archives de la Philosophie du Droit et de Sociologie Juridique, 10. Band, Nr. 1 – 4.

(3)**Buchbesprechung** von: Cairns, H.: Theory of Legal Science. Chapel Hill 1941. Iowa Law Review, 27. Band, 1941.

(4)**Buchbesprechung** von: Pound, R.: Contemporary Juristic Theory. Los Angeles 1940. Harvard Law Review, 54. Band, 1941.

(5)**The Essential Conditions of International Justice**. Proceedings of the Thirty-fifth Annual Meetings of the American Society of Internantional Law, 24. – 26. April 1941. Washington: American Society of International Law 1941.

(6) **International Peace—by Court or Government**? Übersetzt von Aaron Bell. The American Journal of Sociology, 46. Band, 1941.

(7) **The Law as a Specific Social Technique**. The University of Chicago Law Review, 9. Band, 1941.(被译为意大利语、日语、韩语、西班牙语、匈牙利语)

(8) **The Pure Theory of Law and Analytical Jurisprudence**. Harvard Law Review, 55. Band, 1941.(被译为意大利语、韩语、西班牙语、匈牙利语)

(9) **Recognition in international law. Theoretical observations**. The American Journal of International Law, 35. Band, 1941.

34. 1942 年

(1) **Post-War Problems**. Discussion of Professor Whitehead's Paper. Presented November 12, 1941. Proceedings of the American Academy of Arts and Sciences, 75. Band, 1942/1944.

(2) **Judicial review of Legislation. A comparative study of the Austrian and the American Constitution**. The Journal of Politics, 4. Band, 1942.(被译为法语、意大利语、葡萄牙语、西班牙语)

(3) **Law and Peace in international relations**. The Oliver Wendell Holmes Lectures, 1940 – 41. Cambridge (Mass.): Harvard University Press, 1942.(1948 年、1997 年再版)(被译为日语、韩语、西班牙语)

(4) **Revision of the Covenant of the League of Nations**. World

Organization. A Symposium of the Institute of Wolrd Organization. 1942.

(5) **Value judgments in the science of law**. Journal of Social Philosophy and Jurisprudence, 7. Band, 1942.(被译为意大利语、日语、韩语、西班牙语、匈牙利语)

35. 1943 年

(1) **Buchbesprechung** von: Nussbaum, A.: Principles of private international law. New York 1943. California Law Review, 31. Band, 1943.

(2) **Collective and individual responsibility in international law with particular regard to punishment of war criminals**. California Law Review, 31. Band, 1943.(被译为西班牙语)

(3) **Compulsory adjudication of international disputes**. The Amercan Journal of International Law, 37. Band, 1943.

(4) **El contrato y el tratado**. Analizados desde el punto de vista de la Teoría Pura del Derecho. Übersetzt von Eduardo Garcia Máynez, eingeleitet von Alfonso Noriega. México: Imprenta Universitaria 1943.

(5) **La Paz por el Derecho**. Una Liga Permanente el Mantenimiento de la Paz. Übersetzt von Constantino Ramos. Revista del Colegio de Abogados de Buenos Aires, 21. Band, 1943.

(6) **Peace through Law**. Journal of Legal and Political Sociology, 2. Band, 1943.

(7) **Quincy Wrigth's A Study of War and the Bellum Justum**

Theory. Ethics, 53. Band, 1943.

(8) **Society and Nature. A Sociological Inquity**. Chicago: The University of Chicago Press 1943. (被译为意大利语、西班牙语)

36. 1944 年

(1) **Austria: Her actual legal status and re-establishment as an independent State**. Berkeley: June 1, 1944.

(2) **Buchbesprechung** von: Stapleton, L.: Justice and World Society. Chapel Hill 1944. The American Journal of International Law, 38. Band, 1944.

(3) **A convenção coletiva do direito social**. Übersetzt von Rudolf Aladár Métall. Revista do Trabalho (Rio de Janeiro), Nr. 136, Oktober 1944.

(4) **The International Legal Status of Germany to be Established Immediately upon Termination of the War**. The American Journal of International Law, 38. Band, 1944.

(5) **Peace through Law**. Chapel Hill: The University fo North Carolina Press 1944. (被译为意大利语、韩语、西班牙语)

(6) **The principle of Sovereign Equality of States as a basis for international organization**. The Yale Law Journal, 53. Band, 1944. (被译为葡萄牙语、西班牙语)

(7) **The Strategy of Peace**. The American Journal of Sociology, 49. Band, 1944.

37. 1945 年

(1) **Buchbesprechung** von: Wise, M. K.: Requisition in France

and Italy. The treatment of national private property and services. New York 1944. Harvard Law Review, 58. Band, 1945.

(2) **General Theory of Law and State**. Übersetzt von Anders Wedberg, 20th Century Legal Philosophy Series, Vol. 1. Cambridge (Mass.): Harvard University Press 1945. (1946 年、1949 年、1961 年、1973 年、1990 年、1999 年)(被译为汉语、法语、意大利语、日语、葡萄牙语、塞尔维亚语、西班牙语、韩语)

(3) **The Legal Status of Germany according to the Declaration of Berlin**. The American Journal of International Law, 39. Band, 1945. (被译为西班牙语)

(4) **The Old and the New League: The Covenant and the Dumbarton Oaks Proposals**. The American Journal of International Law, 39. Band, 1945.

(5) **The Rule against Ex Post Facto Laws and the Prosecution of Axis War Criminals**. The Judge Advocate Journal, 2. Band, 1945.

38. 1946 年

(1) **Buchbesprechung** von: Lernkin, R.: Axis Rule in occupied Europa. Washington 1944. California Law Review, 34. Band, 1946.

(2) **Diskussionsreden** zu den Berichten "The International Court of Justice" von Franz B. Schick and Betty Davies bei der 21. Tagung des Institute of World Affairs. The Mission Inn, Reverside, California, vom 16. Bis 19. Dezember 1945. The San Francisco Conference and the United Nations Organization. Proceedings of the Institute of

World Affairs, 21 st Session, 1945. Los Angeles: The University fo South California 1946.

(3) **The International Law of the Future**. The San Francisco Conference and the United Nations Organization. Proceedings of the Institute of World Affairs, 21 st Session, 1945. Los Angeles: The University fo South California 1946.

(4) **Limitations on the Functions of the United Nations**. The Yale Law Journal, 55. Band, 1946.

(5) **Membership in the United Nations**. Columbia Law Review, 46. Band, 1946. (被译为西班牙语)

(6) **Organization and Procedure of the Society Council of the United Nation**. Harvard Law Review, 59. Band, 1946.

(7) **The Preamble of the Charter. A Critical Analysis**. The Journal of Politics, 8. Band, 1946.

(8) **Roscoe Pound's Outstanding Contribution to American Jurisprudence**. Harvard Law School Year Book 1945/46.

(9) **Sanctions in International Law under the Charter of the United Nations**. Iowa Law Review, 31. Band, 1946.

(10) **Sanctions under the Charter of the United Nations**. Canadian Journal of Economics and Political Science, 12. Band, 1946, Nr. 4.

(11) **Zur Grundlegung der Völkerrechtslehre. Eine Auseinandersetzung mit Heinrich Drost**. Österreichische Zeitschrift für öffentliches Recht, Neue Folge, 1. Band, 1946/48.

39. 1947 年

(1) **Is a Peace Treaty with Germany Legally Posssible and Politically Desirable?** The American Political Science Review, 41. Band, 1947.

(2) **German Peace Terms.** The New York Times, 7. September 1947.

(3) **The Metamorphoses of the Idea of Justice. Interpretations of Modern Legal Philosophies**. Essays in Honor of Roscoe Pound. New York: Oxford Unversity Press 1947.(被译为意大利语、西班牙语)

(4) **Will the Judgment in the Nuremberg Trial Constitute a Precedent in International Law?** The International Law Quarterly, 1. Band, 1947.(被译为意大利语)

40. 1948 年

(1) **Absolutism and Relativism in Philosophy and Politics**. The American Political Science Review, 42. Band, 1948.(被译为意大利语、日语、韩语、葡萄牙语、西班牙语)

(2) **Collective Security and Collective Self-Defense under the Charter of the United Nations**. The American Journal of International Law, 42. Band, 1948.(被译为西班牙语)

(3) **Ein Friedensvertrag oder rein neues Deutschland**. Berlin: Berliner Hefte für geistiges Leben, 3. Band, 1948.

(4) **Law, State and Justice in the Pure Theory of Law**. The Yale Law Journal, 57. Band, 1948.(被译为意大利语、韩语、西班牙语)

(5) **The Political Theory of Bolshevism. A Critical Analysis**. University of California Publications in Political Science, Vol. 2, No. 1. Berkeley—Los Angeles: University of California Press 1948. (被译为阿拉伯语、汉语、荷兰语、意大利语、印度尼西亚语、日语、韩语、葡萄牙语、西班牙语)

(6) **The Settlement of Disputes by the Security Council**. The International Law Quarterly, 2. Band, 1948. (被译为西班牙语)

(7) **Withdrawal from the United Nations**. The Western Political Quarterly, 1. Band, 1948. (被译为法语)

(8) **Memorandum**. Austria from Habsburg to Hitler. Vol. 1, Labors Workshop of Democracy. Von Charles A. Gulick. Berkeley and Los Angeles: University of California Press 1948. (被译为德语)

41. 1949 年

(1) **The Atlantic Pact and the UN Charter**. The New Leader, 32. Band, Nr. 23, 4. Juni 1949.

(2) **Collective and Individual Responsibility for Acts of State in International Law**. The Jewish Yearbook of Internantional Law, 1948/49.

(3) **Confilcts between Obligations under the Charter of the United Nations and other International Agreements**. University of Pittsburgh Law Review, 10. Band, 1949.

(4) **Foreword**. Sette Camara, J.: The ratification of international treaties. Toronto: The Ontario Publishing Company Limited, 1949.

(5) **Hundreth Birthday of Josef Kohler**. The American Journal

of International Law, 43. Band, 1949.

(6) **The Natural Law Doctrine before the Tribunal of Science**. The Western Political Quarterly, 2. Band, 1949.(被译为意大利语、日语、韩语、西班牙语)

(7) **The North Atlantic Defense Treaty and the Charter of the United Nations**. Acta Scandinavica Juris Gentium, 19. Band, 1949.(被译为丹麦语、葡萄牙语)

42. 1950 年

(1) **El Derecho como Objeto de la Ciencia del Derecho**. Revista de la Facultad de Derecho y Ciencias Socials (Buenos Aires), 5. Jahrgang, Nr. 18, 1950.

(2) **Causality and Imputation**. Ethics, 61. Band, 1950.(被译为法语、意大利语、日语、韩语、波兰语、西班牙语)

(3) **The Draft Declaration on Rights and Duties of States**. The Amrican Journal of International Law, 44. Band, 1950.(被译为西班牙语)

(4) **Is the Acheson Plan Constitutional?** The Western Political Quarterly, 3. Band, 1950.

(5) **The Law of the United Nations. A Critical Analysis of Its Fundamental Problems**. Published under the auspices of the London Institute of World Affairs. London: Stevens & Sons; New York: Frederick A. Praeger Inc. 1950.(被译为韩语)

(6) **The Free Territory of Trieste under the United Nations**. London: The Year Book of World Affairs, 4. Band, 1950.

(7) **Is the North Atlantic Treaty in Conformity with the Charter of the United Nations?** University of Kansas City Law Review, 19. Band, 1950/51.

43. 1951 年

(1) **Future of Collective Security**. Revista juridical de la Universidad de Puerto Rico, 21. Band, 1951. (被译为西班牙语)

(2) **Is the North Atlantic Treaty in Conformity with the Charter of the United Nations?** Österreichische Zeitschrift für öffentliches Recht, Neue Folge, 3. Band, 1951.

(3) **Recent Trends in the Law of the United Nations**. A Supplement to "The Law of the United Nations". Published under the auspices of the London Institute of World Affairs. London: Stevens & Sons Ltd.; New York: Frederick A. Praeger Inc. 1951.

(4) **Recent Trends in the Law of the United Nations**. Social Research, 18. Band, 1951. (被译为法语、西班牙语、韩语)

(5) **Science and Politics**. The American Political Science Review, 45. Band, 1951. (被译为意大利语、西班牙语、韩语)

(6) **What Happened to the Security Council?** The New Leader, 27. August 1951.

44. 1952 年

(1) **Principles of International Law.** New York: Rinehart & Co. 1952. (被译为汉语、韩语、西班牙语、希腊语)

(2) **Problemas escogidos de la Teoría Pura del Derecho**. Kelsen—Cossio: Problemas escogidos de la Teoría Pura del Derecho.

Teoría Egológica y Teoría Pura. Buenos Aires: Ed. G. Kraft Ltda. 1952.

(3) **Brief an Carlos Cossio**. La Ley, 18. Dezember 1952.

(4) **Was ist ein Rechtsakt?** Österreichische Zeitschrift für öffentliches Recht, Neue Folge, 4. Band, 1951/52. (被译为英语)

(5) **The Idea of Justice in the Holy Scriptures**. Revista Juridica de la Universidad de Puerto Rico, 22. Band, 1952/53. (被译为意大利语、日语、韩语、塞尔维亚语、西班牙语)

45. 1953 年

(1) **Absolutism, Political**. Encyclopaedia Britannica, 1. Band, 1953.

(2) **Die Idee der Gerechtigkeit nach den Lehren der christlichen Theologie. Eine kritische Analyse von Emil Brunners "Gerechtigkeit"**. Studia Philosophica (Basel), 13. Band, 1953.

(3) **Was ist Gerechtigkeit?** Vortrag, gehalten bei der Sitzung der Wiener Juristischen Gesellschaft vom 11. Februar 1953. Juristische Blätter, 75. Jahrgang, 1953.

(4) **Reine Rechtslehre und Egologische Theorie**. Antwort auf Carlos Cossio: Egologische Theorie und Reine Rechtslehre, eine vorläufige Bilanz von Kelsens Besuch in Argentinien. Österreichische Zeitschrift für öffentliches Recht, 5. Band, 1953. (被译为意大利语、西班牙语)

(5) **Théorie Pure de Droit**. Introduction á la science du droit. Mit einem Vorwort von Hans Kelsen in französischer Sprache.

Übersetzt von Henri Thévenaz. Neuchatel：Editions de la Baconnière 1953.（被译为阿拉伯语、西班牙语）

（6）**Was ist Gerechtigkeit?** Wien 1953.（被译为汉语、丹麦语、英语、芬兰语、荷兰语、意大利语、日语、韩语、挪威语、塞尔维亚语、西班牙语、匈牙利语）

（7）**Was ist die Reine Rechtslehre?** Demokratische und Rechtsstaat. Festschrift zum 60. Geburtstag von Prof. Dr. Zaccaria Giacometti. Zürich：Polygraphischer Verlag 1953.（被译为法语、荷兰语、意大利语、日语、韩语、西班牙语）

46. 1954 年

Kausalität und Zurechnung. Österreichische Zeitschrift für öffentliches Recht, 6. Band, 1954.（被译为韩语、西班牙语）

47. 1955 年

（1）**The Communist Theory of Law**. New York：Frederick A. Praeger 1955.（被译为阿拉伯语、汉语、意大利语、日语、韩语、西班牙语）

（2）**Democracy and Socialism**. The Law School. The University of Chicago. Conference on Jurisprudence and Politics, April 30, 1954. Conference Series, No. 15, Chicago 1955.（被译为德语）

（3）**Foundations of Democracy**. Ethics, 66. Band, 1955, Nr. 1.（被译为意大利语、日语、韩语、葡萄牙语、西班牙语）

（4）**Österreichische Gelehrte im Ausland：Hans Kelsen, Berkeley（California）, USA**. Österreischische Hochschulzeitung, 7. Jahrgang, Nr. 5, 1. März 1955.

(5) **Théorie du Droit International Public**. Académie de droit international, Recueil des cours, 84. Band, 1953, Teil 3. Leyde: A. W. Sijthoff. 1955.

48. 1956 年

(1) **Address**. Hommage à William E. Rappard. Décembre 1956.

(2) **Contiguity as a title to territorial sovereignty**. Rechtsfragen der internationalen Organisation. Festschrift für Hans Wehberg zu seinem 70. Geburtstag. Frankfurt a. M. 1956.

(3) **A „Dynamic" Theory of Natural Law**. Lousiana Law Review, 16. Band, 1956. (被译为韩语、西班牙语)

(4) **General international la wand the law oft he United Nations**. The United Nations. Ten Year's Legal Progress. The Hague: Nederlandse Studentenvereinigung voor Wereldrechtsorde. 1956.

(5) **Quel est le fondement de la validité du droit?** Revue international de criminologie et police technique, 10. Band, 1956. (被译为意大利语、西班牙语、英语)

49. 1957 年

(1) **Buchbesprechung** von: Maurach, R.: Handbuch der Sowjetverfassung. München 1955. Ost-Probleme, 9. Jahrgang, 1957.

(2) **Collective Security under International Law**. Naval War College, New-port, Rhode Island. International Law Studies 1954 (1956). Navpers 15031. Volume XLIX. Washington: United States Government Printing Office 1957.

(3) **E possibile e desiderabile definire l'aggressione?** Übersetzt

von M. G. de Rossi. Scritti di diritto internazionale in onore di Tomaso Perassi, 2. Band. Milano 1957.

(4) **Exisentzialismus in der Rechtswissenschaft?** Archiv für Rechts-und Sozialphilosophie, 43. Band, 1957. (被译为韩语)

(5) **Obervations**. Annuaire de l'Institut de droit international, 47. Band, 2. Teil (Session d'Amsterdam, Septembre 1957).

(6) **Platon und die Naturrechtslehre**. Österrreichische Zeitschrift für öffentliches Recht, 8. Band, 1957. (被译为英语)

(7) **Aristotle's Doctrine of Justice**. What is Justice? Justice, Law and Politics in the Mirror of Science. Collected Essays. Berkeley und Los Angeles: University of California Press 1957. (被译为韩语、塞尔维亚语、西班牙语)

(8) **Why should the Law be obeyed?** What is Justice? Justice, Law and Politics in the Mirror of Science. Collected Essays. Berkeley und Los Angeles: University of California Press 1957. (被译为意大利语、韩语、西班牙语)

50. 1958 年

(1) **The Basis of Obligation in International Law**. Estudios de Derecho International. Homenaje al Professor Camilo Barcia Trelles. Universidad de Santiago de Compostela 1958.

(2) **Der Begriff der Rechtsordnung**. Logique et Analyse, Nouvelle Série, I année, Publication trimestrielle du Centre National Belge de Recherches de Logique. Rapports du Colloue de Logique, September 1958. (被译为英语、韩语、西班牙语)

(3) **Buchbesprechung** von: Brierly, J. L.: The Basis of Obligation in International Law and other Papers. Selected and edited by Sir Hersch Lauterpacht and C. H. M. Waldock. Oxford 1958. California Law Review, 46. Band, 1958.

(4) **Die Einheit von Völkerrecht und staatlichem Recht**. Festgabe für Alexander N. Makarov. Abhandlungen zum Völkerrecht. Zeitschrift für ausländisches öffentliches Recht, 19. Band, Nr. 1–3, 1958. (被译为西班牙语)

(5) **Problems of Collective Security**. Text of a lecture given in Athens on May 6, 1957, at the Ninth A. A. A. Congress. Annuaire de l'Association des Auditeurs et Anciens Auditeurs de l'Academie de droit international de La Haye, 1958, No. 28. (被译为挪威语)

(6) **Buchbesprechung** von: Cohn, G.: Existentialismus und Rechtswissenschaft. Besel 1959. The American Journal of International Law, 53. Band, 1959.

51. 1959 年

(1) **Buchbesprechung** von: Cohn, G.: Existentialismus und Rechtswissenschaft. Besel 1959. The American Journal of International Law, 53. Band, 1959.

(2) **On the Basic Norm**. Address delivered to Boalt Student Association, School of Law, Unversity of California, on December 11, 1958. Case and Comment, 64. Band, Nr. 6. November—Dezember 1959. (被译为西班牙语)

(3) **Eine „Realistische“ und die Reine Rechtslehre**. Bemerkun-

gen zu Alf Ross：On Law and Justice. Österreichische Zeitschrift für öffentliches Recht, 10. Band, 1959.（被译为法语、西班牙语）

52. 1960 年

（1）**Adolf Merkl zu seinem siebzigsten Geburtstag am 23. März 1960**. Österreichische Zeitschrift für öffentliches Recht, 10. Band, 1960.

（2）**Introducción a la Teoria pura del derecho**. Eingeleitet und übersetzt von Emilio O. Rabasa. México：Unverstidad Nacional Autónoma de México 1960.

（3）**Josef L. Kunz zu seinem siebzigsten Geburtstag am 7. April 1960**. Österreichische Zeitschrift für öffentliches Recht, 10. Band, 1960.

（4）**Kausalität und Zurechnung**. Archiv für Rechts-und Sozialphilosophie, 46. Band, 1960.（被译为英语）

（5）**Recht und Moral**. Estudios juridico-socials. Homenaje al professor Luis Legaz y Lacambra, 1. Band. Santiago de Compostela：Universidad 1960.（被译为英语、韩语）

（6）**Reine Rechtslehre**. Mit einem Anhang：Das Problem der Gerechtigkeit. Zweite, völlig neu bearbeitete und erweiterte Auflage, Wien 1960.（被译为英语、韩语、汉语、法语、芬兰语、意大利语、葡萄牙语、俄语、罗马尼亚语、塞尔维亚语、西班牙语、乌克兰语）

（7）**Sovereignty and International Law**. The Georgetown Law Journal, 48. Band, 1960.

（8）**Vom Geltungsgrund des Rechts**. Völkerrecht und rechtliches

Weltbild. Festschrift für Alfred Verdroß. Wien 1960.（被译为英语）

（9）**What is the Pure Theory of Law?** Tulane Law Review, 34. Band, 1960.

53. 1961 年

（1）**Hersch Lauterpacht**. The international and Comparative Law Quarterly, 10. Band, 1961.

（2）**Naturrechtslehre und Rechtspositivismus**. Revista juridical de Buenos Aires, 1961, Heft 4.（被译为法语、日语、韩语、西班牙语、匈牙利语）

54. 1962 年

（1）**Gespräch** mit einer Reporterin von Radio Bremen. Auszug des Geistes. Bericht über eine Sendereihe. Bremer Beiträge, Ⅳ. Band, Bremen: Heyen & Co. 1962.

（2）**Derogation**. American Society of Legal History, ed. Ralph A. Newman: Essays in Jurisprudence in Honor of Roscoe Pound. Indianapolis—New York: The Bobb Merrill & Co. 1962.（被译为意大利语、西班牙语）

（3）**Grundlage der Naturrechtslehre**. Die neue Ordnung, 16. Jahrgang, Heft 5, 1962.（被译为西班牙语）

（4）**Der Richter und die Verfassung**. Das Recht der Arbeit, 12. Jahr, Nr. 6, 57. Heft, 1962.

（5）**Souveränität**. Wörterbuch des Völkerrechts, 3. Band, Berlin 1962.（被译为英语）

（6）**Qu'est-ce que la Philosophie du droit?** Archives de philosophie du droit, 7. Band, 1962.(被译为西班牙语)

55. 1963 年

(1)**Glückwunsch**(zum 80. Geburtstag von Egbert Mannlicher). Salzburger Nachrichten, 18. Jahrgang, Nr. 43, 21. Februar 1963.

(2)**Die Grundlage der Naturrechtslehre**. Das Naturrecht in der politischen Theorie. Internationales Forschungszentrum für Grundfragen der Wissenschaften in Salzburg. Erstes Forschungsgespräch, Herausgegeben von Franz Martin Schmölz, Wien 1963.(被译为英语、意大利语、西班牙语)

(3)**Politics, ethics, religion and law**. Faktoren der politischen Entscheidung. Festgabe für Ernst Fraenkel zum 65. Geburtstag. Berlin 1963.

(4)**Positivisme juridique et doctrine du droit naturel**. Mélanges en l'honneur de Jean Dabin. Bruxelles: Bruylant. Paris: Sirey. 1963.(被译为西班牙语)

(5)**Die Selbstbestimmung des Rechts**. Universitas. Zeitschrift für Wissenschaft, Kunst und Literatur, 18. Jahrgang, Heft 10, 1963.(被译为韩语、西班牙语)

56. 1964 年

(1)**Die Funktion der Verfassung**. Verhandlungen des Zweiten Österreichischen Juristentages Wien 1964, Band Ⅱ, Teil 7, Wien 1964.

(2)**Die Funktion der Verfassung**. Forum (Wien), 11. Jahr, Heft 132, Dezember 1964.(被译为英语、韩语、西班牙语)

57. 1965 年

(1) **Encounters and Problems**. Yearbook of the Summer School of the Unversity of Vienna 1965. University of Viennna, 1365 – 1965. Herausgegeben vom Verein der Freunde der Sommer-hochschule der Universität Wien. Dr. Norbert Tschulik. Freistadt (Oberösterreich) 1965.

(2) **Frei von politischem Zwang**. Tabula gratulatoria zum 600. Geburtstag der Alma Mater Rudolphia von ihren Schülern in aller Welt. Die Presse (Wien), Wochenbeilage, 8./9. Mai 1965.

(3) **In eigener Sache**. Österreichische Zeitschrift für öffentliches Recht, 15. Band, 1965.

(4) **International Law and Diplomacy**. Die modernen Wissenschaften und die Aufgaben der Diplomatie. Beiträge aus dem Internationalen Diplomatenseminar Kleßheim, herausgegeben von Karl Braunias und Peter Meraviglia, Graz 1965.

(5) **Law and Logic**. Philosophy and Christianity. Philosophical essays dedicated to Professor Dr. Hermann Dooyeweerd. Amsterdam: North-Holland Publishing Company 1965.

(6) **Eine phänomenologische Rechtstheorie**. Österreichische Zeitschrift für öffentliches Recht, 15. Band, 1965.(被译为意大利语)

(7) **Professor Marcics Theorie der Verfassungsgerichtsbarkeit**. Österreichische Zeitschrift für öffentliches Recht, 15. Band, 1965.

(8) **Professor Stone and the Pure Theory of Law**. Stanford Law

Review, 17. Band, 1965.(被译为西班牙语)

(9)**Recht und Logik**. Forum (Wien), 12. Jahr, Heft 142, Oktober 1965; Heft 143, November 1965; Heft 144, Dezember 1965.(被译为英语、意大利语、韩语、西班牙语)

(10)**Was ist juristischer Positivismus?** Juristenzeitung (Tübingen), Nr. 15/16, 13. August 1965.(被译为韩语、西班牙语)

(11)**Zum Begriff der Norm**. Festschrift für Hans Carl Nipperdey, 1. Band, München-Berlin 1965.(被译为英语、意大利语、西班牙语)

58. 1966 年

(1)**Norm and Value**. California Law Review, 54. Band, 1966.(被译为西班牙语)

(2)**On the Pure Theory of Law**. Israel Law Review, 1. Band, 1. Heft, 1966.

(3)**Principles of International Law**. Second edition. Revised and edited by Robert W. Tucker. New York-Chicago-San Francisco-Toronto-London: Hold, Rinehart and Winstin 1966.

(4)**The Pure Theory of Law**. The Nature of Law. Readings in Legal Philosophy, edited by M. P. Golding. New York: Random House Inc. 1966.

(5)**Recht, Rechtswissenschaft und Logik**. Archiv für Rechts- und Sozialphilosophie, 52. Band, 1966.(被译为西班牙语)

(6)**Rechtswissenschaft oder Rechtstheologie?** Antwort auf: Dr. Albert Vonlanthen, Zu Hans Kelsens Anschauung über die Rechtsnorm. Österreichische Zeitschrift für öffentliches Recht, 16. Band, 1966.

59. 1967 年

(1) **Comment devant la guerre penser á l'après-guerre**. Lettre á William Rappard, Genève, 11. Octobre 1939; Projekt élaboré par Hans Kelsen et revu par Paul Guggenheim, Commentaires de William Rappard, 4. Novembre 1939, 7. Novembre 1939; An International Court or an International Government. Institut Universitaire des Hautes Etudes Internationales Genève. Quarantième Anniversaire 1927 – 1967, 1967.

(2) **Nochmals: Recht und Logik**. Zur Frage der Anwendbarkeit logischer Prinzipien auf Rechtsnormen. Neues Forum (Wien), 14. Jahr, Heft 157, Januar 1967. (被译为英语)

60. 1968 年

(1) **Die Problematik der Reinen Rechtslehre**. Österreichische Zeitschrift für öffentliches Recht, 18. Band, 1968.

(2) **Zur Frage des praktischen Syllogismus**. Neues Forum (Wien), 15. Jahr, Heft 173, Mai 1968. (被译为英语)

(3) **The Essence of International Law**. Übersetzt von Max Knight. The Relevance of International Law. Essays in Honor of Leo Gross. Edited by Karl W. Deutsch and Stanley Hoffmann. Cambridge (Mass): Schenkman Publishing Company Inc, 1968.

61. 1970 年

Brief an Professor Dr. Adolf Julius Merkl. Festschrift für Adolf

J. Merkl. München-Salzburg 1970.

62. 1972 年

(1) **Brief** an Fernando Ojesto Martinez und Rafael Preciado Hernandez. Revista de la Facultad de Derecho de México, 22. Band, 1972.

(2) **Brief** an Fernando Flores García. Revista de la Facultad de Derecho de México, 22. Band, 1972.

63. 1979 年

Allgemeine Theorie der Normen. Im Auftrag des Hans Kelsen-Institut aus dem Nachlaß herausgegeben von Kurt Ringhofer und Robert Walter, Wien 1979.(被译为英语、法语、意大利语、葡萄牙语、西班牙语、捷克语、韩语)

64. 1981 年

(1) **Rechtsnormen und logische Analyse.** Ein Briefwechsel 1959 bis 1965. Hans Kelsen—Ulrich Klug, Wien 1981.(被译为意大利语、葡萄牙语、西班牙语)

(2) **Diskussionsbemerkung.** Protokolle der Wiener Psycho-analytischen Vereinigung. Herausgegeben von Herman Nunberg und Ernst Feder. Band Ⅳ. Frankfurt am Main 1981.

65. 1985 年

Die Illusion der Gerechtigkeit. Eine kritische Untersuchung der Sozialphilosophie Platons. Im Auftrag des Hans Kelsen-Instituts dem Nachlaß herausgegeben von Kurt Ringhofer und Robert Walter, Wien 1985.(被译为葡萄牙语、乌克兰语)

66.1986 年

(1) **Ein Gutachten Hans Kelsens über Verträge zu Gunsten dritter Staaten und deren Transformation in innerstaatliches Recht.** Österreichische Zeitschrift für öffentliches Recht und Völkerrecht, 37. Band, 1986.

(2) **On the Issue of the Continental Shelf. Two Legal Opinions.** Österreichische Zeitschrift für öffentliches Recht und Völkerrecht, Supplementum 8, 1986.

67.1987 年

Auseinandersetzungen zur Reinen Rechtslehre. Kritische Bemerkungen zu Georgs Scelle und Michel Virally. Im Auftrag des Hans Kelsen-Instituts dem Nachlaß herausgegeben von Kurt Ringhofer und Robert Walter. Österreichische Zeitschrift für öffentliches Recht und Völkerrecht, Supplementum 9, 1987.

68.1992 年

(1) **Über die Entstehung der Reinen Rechtslehre.** Die erste autobiographische Skizze. Formalismo giuridico e realtà sociale. Herausgegeben und eingeleitet von Stanley L. Paulson. Übersetzt von Agostino Carrino. Napoli: Edizioni Scientifiche Italiane 1992. (被译为法语、意大利语)

(2) **Reine Rechtslehre, „Labandismus“ und Neukantianismus.** Ein Brief an Renato Treves. Formalismo giuridico e realtà sociale. Herausgegeben und eingeleitet von Stanley L. Paulson. Übersetzt von Agostino Carrino. Napoli: Edizioni Scientifiche Italiane 1992. (被译

为法语、意大利语)

69. 1999 年

Bemerkungen zu Campagnolos Doktor-These „ Nations et droit“. Hans Kelsen—Umberto Campagnolo, Diritto internazionale e Stato sovrano Con un inedito di Hans Kelsen e un saggio di Norberto Bobbio. Herausgegeben von Mario G. Losano. Miland: Giuffrè Editore 1999. (被译为意大利语)

70. 2003 年

Geltung und Wirksamkeit des Rechts. Hans Kelsens stete Aktualität. Schriftenreihe des Hans Kelsen-Instituts, Band 25, Wien 2003.

后　记

十余年前，我刚到维也纳大学学习时与导师托马斯·西蒙（Thomas Simon）教授商讨，想以“汉斯·凯尔森与奥地利宪法法院”作为博士论文的主题进行研究，而西蒙教授则建议我先从比较的角度进行研究，而非纯粹地进行“外国”法律制度方面的研究，因为对于一个对他国的法律文化传统尚未有较多认识的外国人而言，这种研究的难度是可想而知的。但是，我对凯尔森与奥地利宪法法院之间的关系有着强烈的兴趣，我不仅有意识地参加了维也纳大学法学院与此相关的课程的学习，同时也参加了这方面的研讨课并提交研讨课论文（Seminararbeiten），这些研讨课论文成为本书部分内容的基础。

作为我最初设想中的博士论文的重要部分，将这些文字出版是有缺憾的，有些内容和主题的研究、论述并非自己理想中的呈现,甚至与最初的设想有很大差距,但是这在一定程度上使我了却了最初的心愿。维也纳大学国家法与行政法学的魏德林(Ewald Wiederin)教授所著的凯尔森对于奥地利宪法法院贡献的论文《奥地利宪法法院:凯尔森之创造及其模式特性》是学术界在这方面研究的最新成果,曾作为笔者所译的《宪法法院的守护者:汉斯·凯尔森法官研究》一书的"代译序",这篇论文可以让我们更好地理解凯尔森对于奥地利宪法法院的设立和发展所作出的贡献以及宪法法院制度的"凯尔森模式"所具有的特性及其意义,我们亦可从中知晓,凯尔森作为一个男性为何被魏德林教授视为"宪法法院之母",而非"宪法法院之父"。笔者在附录中收入凯尔森的著述目录,希望能有助于读者诸君更好地理解当时奥地利的历史环境和学术背景以及凯尔森的相关理论论述,因为除"纯粹法理论"之外,宪法、国际法、国家理论、民主理论也是凯尔森学术研究的重要领域,凯尔森的学术研究还广泛涉及政治学、政治哲学、社会学等诸多方面。

维也纳大学的李夏德(Richard Trappl)教授、李雅瑞(Astrid Lipinsky)老师和导师托马斯·西蒙教授在我初到维也纳时,在入学注册以及住宿、生活等各个方面为我排忧解难,帮助我度过了那个初到异国之时并且时有感到无助、无力、无奈的学习和生活阶段。与维也纳大学法学院法律史与宪法史研究所的米洛斯·维奇(Miloš Vec)教授、克里斯蒂安·内施瓦拉(Christian Neschwara)教授、托马斯·奥勒科夫斯基(Thomas Olechowski)教授以及魏德林教授、魏格林(Susanne Weigelin-Schwiedrzik)教授等老师、同学的交流和学习,不仅使我开阔了眼界、提高了学识、丰富了生活,还直接促进了我德语的表达和思维的提升，虽然我的德语表达和思维水平至今也不高。犹记得，克里斯蒂安·内施瓦拉教授既当司机又当导游地带我们这些参加其研讨课的同学到位于布尔诺(Brünn)的马萨里克大学(Masaryk-Universität)一起参加研讨课，参观访问捷克宪法法院，一路上带我们游览古堡和小镇，他冒着雨、拿着地图向人问路、给我们解说和介绍历史渊源的情形历历在目。

这里，我也要感谢维也纳大学法学院的曼弗雷德·施特尔策(Manfred Stelzer)教授、克里斯蒂安娜·文德霍斯特(Christiane Wendehorst)教授和阿莉娜－玛丽亚·伦格尔(Alina-Maria Lengauer)教授，他们在我补修的奥地利宪法、民法和欧盟法课程的口语考试中都给了我一个很高的分数(sehr gut)，这给了我极大的自信和学习的动力。此外，还要感谢维也纳大学各个图书馆中和蔼可亲、热情好助的图书管理人员，虽然有些不知道他们的名字，也没有过多的交流，但是每天见面时的点头微笑和一句简单的"您好"，就能令人感受到脉脉温情和这个世界的美好。

最后，我更要感谢诸多老师、尊长、亲人、朋友一直以来的关心、关爱、关怀以及无言的爱、无私的帮助和付出。这些饱含着恩情、友情、温情和亲情的真情，我将铭记于心。

王银宏

2017年12月16日初稿

2020年6月29日修改